Georges RENAULT & Henri CHATEAU

MONTMARTRE

Illustrations de Ballurian, Steinlen, Léandre, etc.

PARIS. — Librairie ERNEST FLAMMARION, 26, rue Racine. — PARIS.

MONTMARTRE

A LA MÊME LIBRAIRIE :

OUVRAGES DE M. HENRI CHATEAU

Gens de Chœurs (*Sparafucile*). . . . . 1 vol.
Le Zohar, traduction française . . . . 1 vol.
Ioland-la-Saincte, Roman du Moyen-Age. . . . . . . 1 vol.

POUR PARAITRE PROCHAINEMENT :

Thalassa, roman d'anxiété moderne.

La Proie et l'Ombre, drame en cinq actes (en collaboration
avec Edmond COUTANCES).

OUVRAGES DE M. GEORGES RENAULT

L'Homme, Drame lyrique en trois actes.
Sur la Butte ! (En collaboration avec Henri CHATEAU.)
Honnête ! (En collaboration avec Henri CHATEAU.)

IMPRIMERIE E. FLAMMARION, 26, RUE RACINE, PARIS.

GEORGES **RENAULT** & HENRI **CHATEAU**

MONTMARTRE

COUVERTURE DE A. WILLETTE

DESSINS, PORTRAITS ET ILLUSTRATIONS

DE

Balluriau, Buret, Émile Cohl, M. Decouter, George-Edward,
O'Galop, Grün, Hubert, Léandre, Payen, Pelez, Rib-Roy, Redon, Steinlen,
Tichon, Willette, etc.

PARIS

ERNEST FLAMMARION, ÉDITEUR

26, RUE RACINE, PRÈS L'ODÉON

A

NOTRE TRÈS SYMPATHIQUE CONFRÈRE ET AMI

PAUL GAVAULT

AVANT-PROPOS

Il faut bien l'avouer : Si l'histoire de Paris est assez peu connue des Parisiens, celle de Montmartre est totalement ignorée des Montmartrois.

Quel sujet pourtant plus digne d'une étude historique, quelle terre plus riche en souvenirs, quelles pages plus sombres dans l'histoire des destinées humaines, quels rires plus sonores au milieu du concert des joies nous pourraient être offerts en quelque coin de la planète, si ce n'est à Montmartre, la Butte sacrée ?

Montmartre ! n'est-ce pas un peu du cerveau de Paris, — tout au moins la partie des lobes frontaux où se localise la folie, — et Paris a-t-il cessé d'être le phare du monde ?

Il nous a donc paru intéressant de reconstituer cette histoire de Montmartre au point de vue archéologique, social, artistique et, faut-il le dire, religieux. Nous n'avons pas oublié que la Butte a tiré son nom de l'une de ces sources : *Mont des Martyrs* ou *Mont de Mars*. Mais, Christianisme ou Paganisme, il y a toujours une religion à l'origine, comme il y a des croyances religieuses, — d'aucuns les eussent appelées superstitions, — au berceau de tous les peuples.

Nous avons dû, pour cet important essai de reconstitution, consulter nombre de documents, puiser nos matériaux en de considérables ouvrages d'historiographes anciens ou modernes. Nous avons fait en sorte de ne rien omettre de ce qui était susceptible d'intéresser le public au cours de cette revue minutieuse, aussi de ce qui pouvait contribuer à faire aimer Montmartre, terre sacrée où se manifestèrent de grands héroïsmes et des passions ; toute la beauté et la laideur humaines ; où s'est éveillé un art exquis, où fusent des rires et sanglotent des larmes : toute la gamme qu'ont chantée les hommes !

Rendons ici un juste tribut de reconnaissance à tous ceux qui, par leurs travaux, nous furent de si précieux auxiliaires en la tâche que nous avons assumée, aux fondateurs et collaborateurs du *Bulletin de la Société d'histoire et d'archéologie du XVIIIe arrondissement : le Vieux Montmartre*, à MM. Wiggishoff, maire actuel du XVIIIe arrondissement et président de ladite Société ; Lamquet, adjoint ; J. Mauzin, J. Nora, Félix Jahyer, Am. Burion, L. Lucipia, docteur Fourès, Alexis Martin, L. Lazard, L.-A. Bertrand, H. Compan, Pierre Delcourt, Charles Sellier, Léon d'Agenais, Michel de l'Hay, Blondel, Frémont, etc.

C'est à eux que reviendra l'honneur d'avoir, les premiers, par leurs recherches patientes et leur érudition donné le jour à la monographie de Montmartre.

A l'œuvre, maintenant, dans notre essai d'historiographie. Mais voici que des murmures s'élèvent, bougons et fâchés. « Montmartre, dit-on, terre d'immoralité !... »

Non, monsieur, terre d'immortalité ! Quelle chose néfaste vraiment que le bérengérisme à tendances ultra-vertueuses et qui prétend conduire les hommes, une férule à la main ! Laissez donc s'amuser la jeunesse, vieillard à l'œil

jaloux. La morale ! La morale !... Elle diffère
suivant les latitudes et les époques. Laissez
donc s'amuser la jeunesse, laissez Montmartre
fol, libertin et rieur, bercer en son giron l'humanité grave et sérieuse de demain.

MONTMARTRE

CHAPITRE PREMIER

QUELQUES MOTS SUR PARIS — GÉOLOGIE DE MONTMARTRE
LES FONTAINES, LES CARRIÈRES
ÉTYMOLOGIE DU MOT *MONTMARTRE* — CONSIDÉRATIONS
GÉNÉRALES

Les historiographes, qui n'ont pu se mettre d'accord sur l'origine de Paris, devaient présenter, sur celle de Montmartre, des divergences d'opinions. Qu'il nous soit permis, avant d'aborder l'histoire de l'enfant, de dire en quelques mots, à grands traits, ce que fut Paris, cette nourrice bienfaisante dont Montmartre a tiré à la fois sa vie physique, sa vie intellectuelle et morale.

Quels furent ses fondateurs et d'où vient son nom? D'après quelques auteurs, Paris serait plus ancien que Rome; l'absence de documents probants ne permettra sans doute jamais d'établir la vérité sur ce point. Jules César, dans ses *Commentaires*, parle de Paris, et l'apostat Julien s'y arrêta longtemps, semble-t-il, pendant son séjour dans les Gaules. Les Grecs et les Latins l'ont appelé diversement : *Lutetia, Lœutetia, Lucotetia Parisii et Lutetia Parisiorum*. Du culte d'Isis, du mot celte *Var* signifiant « ce qui s'élève au bord de l'eau, ce qui flotte », on a déduit également *Var-Isis, Barisis* (vaisseau d'Isis) d'où *Parisis*. La nef figurant dans les armes de la Ville peut s'expliquer ainsi. Nous trouvons en égyptiaque *Ber-Isis*, barque d'Isis.

D'autres savants rapportent l'origine du nom *Lutèce* aux marais croupissant alentour et qui la rendaient extrêmement boueuse. Était-ce déjà un présage, et ce mot *lutum*, boue, plus tard *Lutetia*, devra-t-il nous faire tirer de la sagacité ancestrale des conclusions faciles, mais fâcheuses, relatives à notre temps?

A son origine, Lutèce se trouvait renfermée dans une île de la Seine, aujourd'hui *la Cité*, entourée de bois, de marais (rive droite) et de vignes (rive gauche). Les Romains conquirent Paris environ 52 ans avant Jésus-Christ ; pour éviter cette domination, les habitants avaient brûlé leur ville, mais subjugués par Labiénus, ils aidèrent les Romains à sa réédification.

Sous ces maîtres du monde, qui la possédèrent jusqu'en 486, Lutèce s'agrandit considérablement. Conquise alors par les Francs, elle devint, en 508, capitale des États de Clovis, premier roi chrétien (481-511).

Clovis continua l'œuvre de ses prédécesseurs, il fit de Paris son séjour ordinaire, y construisit maisons et châteaux, donnant en somme le premier grand essor dans la voie d'accroissement de notre merveilleuse cité actuelle.

Des hameaux, des petits bourgs, des centres d'habitats se formèrent aux environs qui furent réunis et encadrés 600 ans plus tard sous le règne de Philippe

Une Fontaine à Montmartre, d'après une estampe
de la Bibliothèque nationale.
(Dessin de O' Galop.)

Auguste (1180-1223) par la construction, qui dura vingt ans, de murailles à jamais fameuses, car elles sont en effet les premières fortifications de Paris. Or, cette ceinture, qu'avait rêvée le vainqueur de Bouvines et qu'aujourd'hui les Parisiens aspirent à délier — ô tempora — cette ligne fortifiée passait précisément au pied de la Butte, donnant accès dans la cité par la porte

Montmartre. Voici quelles étaient en 1628 les vingt portes de Paris, énumérées dans l'ordre périphérique : Les portes *Saint-Antoine, Saint-Louis, Saint-Martin, Sainte-Anne, de Richelieu, Saint-Honoré, de Nesle, de Bucy, Saint-Michel, Saint-Marceau, du Temple, Saint-Denis, Montmartre, Saint-Roch, de la Conférence, Dauphine, Saint-Germain, Saint-Jacques, Saint-Victor* et *Saint-Bernard.*

Passons à l'histoire de Montmartre. Il est à peu près certain, si nous remontons jusqu'aux temps géologiques, que la vieille butte gisait alors au fond d'un océan quelconque, qu'elle émergea par suite des lents et considérables bouleversements du sol et parut enfin avec d'autres monticules plus ou moins élevés, les mers allant au loin se creuser un autre lit. Elle se recouvrit alors d'une luxuriante végétation. C'est l'époque des fougères arborescentes. Transformée, elle offrit plus tard des bois, des fontaines, des sources. Les chansons de gestes du cycle carlovingien, pour faire de suite un grand pas, nous parlent du grand bois de Montmartre qu'arrosaient les *Fontaines de Saint-Denys, du But ou du Buc, de l'Eau-Bonne et de la Fontenelle.*

La légende attribuait aux eaux de la fontaine Saint-Denis, — située à peu près à l'emplacement actuel de l'impasse Girardon,—une vertu merveilleuse. « Jeune fille qui a bu de l'eau de Saint-Denis sera fidèle à son mari ». Tel était le dicton populaire. C'est que, toujours d'après la légende, saint Denis décapité, aurait lavé sa tête dans cette fontaine! On raconte aussi que, dès son arrivée à Paris, Ignace de Loyola s'y baigna.

La fontaine du *But* ou du *Buc*, ainsi nommée de ce que les Anglais, lors de la guerre de Cent ans, y venaient tirer à l'arc, était située sur le versant nord

La Fontaine du But. (Dessin de O' Galop.)

de la Butte où passe aujourd'hui la rue Caulaincourt. On l'appelait également Fontaine de Mercure.

Mais la fontaine de l'*Eau-Bonne* était celle dont on faisait le plus grand usage. Elle a disparu en 1850, laissant son nom à une rue encore existante : la rue de la *Bonne*. Quant à la quatrième, elle avait aussi donné son nom à une rue, la rue *Fontenelle*, devenue depuis quelques années rue de la Barre.

Ces fontaines, causes fréquentes d'éboulements par suite d'infiltrations dans le sol, entretenaient sur la Butte une riche végétation. En 1834, elles ne suffisaient plus à alimenter Montmartre dont la population était alors de 24.000 habitants. On construisit donc, rue Ravignan, un réservoir de faible distribution. En 1860, les eaux de la Dhuys vinrent l'alimenter plus abondamment. Devenu insuffisant en 1888, on a dû songer à en établir un autre. Collé presque au flanc du Sacré-Cœur, ce réservoir, aujourd'hui complètement terminé, est alimenté par les eaux de la Seine et de la Dhuys.

Montmartre est un témoin des âges disparus ; le mont Valérien est dans ce cas. La montagne est debout, avec ses strates apparentes et horizontales pour attester que les terrains parallèles ont été enlevés par les eaux de la mer ou par d'immenses courants, probablement au début de l'époque quaternaire. Les géologues constatent la parfaite horizontalité des couches, de Meudon à Montmartre. Des sables de Fontainebleau, des bancs de marne, tantôt argileuse, tantôt calcaire ; des assises puissantes de gypse constituent ces couches sédimentaires. Le sable de la crête s'étend jusqu'à 10 mètres de profondeur.

Sans être très riche en fossiles, Montmartre a cependant fait faire d'immenses progrès à la géologie et fourni de précieux documents aux naturalistes, notamment à Cuvier. Des découvertes qu'il a pu faire dans la première masse de gypse de la butte découle peut-être le fameux principe de la corrélation des formes qui lui a permis la reconstitution de types disparus : l'Anoplotherium, le Paleotherium magnum, etc.

A diverses reprises, dans les bancs de marne, on a rencontré, pétrifiés en silex, des troncs de palmier

Un four à plâtre, à Montmartre.
(Dessin de O' Galop.)

d'un très gros volume. On a également trouvé, sur la Butte, le mica en grande quantité, ainsi qu'une variété de gypse calcarifère, appelée montmartrite.

D'ailleurs, l'assise des gypses, qui atteint à Montmartre 50 mètres environ d'épaisseur, a fourni long-temps un plâtre très estimé. De là encore une nouvelle dénomination de la cité : *Ville Blanche*, en raison de l'aspect coquet et neigeux qu'offrit le vieux Paris construit presque en entier avec le plâtre de Montmartre, ce plâtre que chantèrent des poètes du XVIe siècle.

L'exploitation des carrières — arrêtée depuis l'hiver 1859-60, bien qu'elle puisse encore donner un plâtre abondant — eut pour effet d'enlever à la Butte son côté pittoresque, ses fontaines, ses arbres, mais favorisa la viticulture montmartroise. Si l'on en croit l'adage populaire :

> C'est du vin de Montmartre
> Qui en boit pinte en pisse quatre,

le vin recueilli sur les couches de plâtre d'un terrain gypseux formé de bancs de marne et d'argile devait être de qualité inférieure, mais tiendrait peut-être à notre époque un rang honorable, mis en parallèle avec les produits chimiques de nos débitants parisiens.

Le point culminant de la Butte est à 127 mètres au-dessus du niveau de la mer ; 65 mètres au-dessus des places Blanche, Pigalle et des Martyrs, 104 mètres au-dessus de la Seine.

Les savants ne sont pas d'accord sur l'étymologie du nom de Montmartre ; fondant leur opinion sur l'existence des temples élevés en l'honneur de Mars et de Mercure, les uns le font dériver de *Mons Mercurii*, de *Mons Cori*, de *Mercomire*, de *Mons Mercorii* ou de *Mons Martis* ; d'autres, dom Duplessis, par exemple, l'appellent *Mons Corus*, du nom des vents du Nord-Ouest ; d'autres enfin, l'abbé Hilduin, Frodoard, disent *Mons Martyrum*, et ces dénominations sont devenues Mont-Marte et, par corruption, Montmartre.

Ce nom : *Mons Martyrum*, a été donné à la Butte après le supplice de saint Denis et de ses compagnons. *Marte* et *Martre* indiquent, en effet, des lieux d'exécution. L'ancienne rue du Martroi ou Martrai, à Paris, conduisait place de Grève. Des places de village portent encore les noms de Marte, Martrais, Martrois, Marthuret ; enfin des pierres druidiques sur lesquelles se consommèrent des sacrifices portent les noms de Marte, Martel ou Martine.

Mars et Mercure ont eu leur temple sur la Butte ; des auteurs estimés, Guillebert de Metz, Raoul de Presles, Hilduin, Hurtaut et Magny, Gilles Corrozet, Sauval, etc., sont d'accord sur ce point. Le temple de Mars devait être situé entre la place du Tertre et l'endroit où fut élevée plus tard la chapelle du martyre. A la fin du XVIIe siècle on voyait encore vers le midi de la place du Tertre un vaste terrain ayant appartenu à cet édifice. Plus considérable, le temple de Mercure occupait le milieu d'un bois à l'extrémité occidentale de la colline, à peu près sur l'éminence où se trouve encore aujourd'hui le moulin de la Galette.

De toute sa végétation riche, de ses temples où furent adorés les dieux, Montmartre n'a gardé que ce faible souvenir. Le temps a fait son œuvre ; la pioche des carriers a fouillé la colline, le flot montant d'une humanité industrieuse a vécu sur ses flancs ; ce furent des moulins, des fontaines, une abbaye. Le flot a grandi ; il ne reste rien du pittoresque d'autrefois. Les bois ont disparu. Montmartre n'est plus qu'un amas de maisons hautes, d'habitations banales, parmi lesquelles des places, des rues, des marchés et sur la crête, à la place où furent adorés les dieux, une construction disgracieuse et lourde : le Sacré-Cœur.

CHAPITRE II

LA LÉGENDE DE SAINT DENIS, LE DÉCAPITÉ MARCHANT
LES SEPT STATIONS
LE CHRISTIANISME A MONTMARTRE

Saint Denis, évêque d'Athènes, surnommé l'*Aréo-pagite*, avait un goût particulier pour les voyages. Après avoir parcouru l'Égypte, il se trouvait à Hiéropolis quand mourut Jésus-Christ. Denis avait alors vingt-cinq ans. Le Conseil de l'aréopage le reçut dans son sein; plus tard, entraîné et converti par Paul, il eut pour mission de fonder l'Église d'Athènes. Vingt ans après, il installe Publius sur son siège épiscopal, quitte son église et se rend à Rome. Saint Clément, successeur de saint Pierre, envoie alors Denis vers l'Occident. Malgré son grand âge, nous disent les livres saints, il obéit et se met en route, escorté de nombreux compagnons. Plus on est de fous, plus on rit. La caravane chrétienne pénètre et se disperse dans les Gaules;

Arles, Beauvais, Rouen, Évreux, Chartres, Toul, Reims, le Mans, etc., reçoivent respectueusement un saint.

Saint Denis portant sa tête.
(Dessin de Willette.)

Quant à Denis, il prend naturellement la plus grosse part : Lutèce. Charité bien ordonnée... Montmartre fut alors un de ses endroits favoris. Le saint homme y fit, dit la légende, de nombreux discours, il y opéra aussi des miracles. Des auteurs anciens nient absolument cette version, laquelle possède aussi ses partisans : l'abbé Doublet, en tête. Que Denis ait opéré des miracles — il y a des gens qui voient du merveilleux partout — qu'il ait converti les foules à sa croyance ou qu'il ait vécu en misanthrope sur les hauteurs de la Butte pour n'être plus qu'à deux pas du Paradis, le certain ou le probable, d'après les écrits du temps, est que Fercennius Sisinnius, préfet des Gaules, fit martyriser notre pauvre Denis, ainsi que ses deux compagnons, le prêtre Rustique et le diacre Eleuthère ; voulut les obliger à sacrifier aux dieux Mars et Mercure ; puis, devant leur refus formel, les fit flageller et conduire au pied du temple de Mars où comme dernière... mésaventure, il leur arriva de perdre la tête par le moyen violent de la décollation. Ce supplice achevé, le préfet des Gaules eut lieu d'être surpris, si nous en croyons le P. Binet qui écrivait en 1625 : « Recueillant sa teste qui estait tombée à ses pieds, saint Denys la met entre ses mains comme s'il eut porté la couronne et le trophée de ses victoires. Si on vit gens estonnez au monde, ce furent les Chrestiens et même les payens et surtout les satellistes et bourreaux qui sachant bien asseurément d'avoir tranché la teste, estaient quasi hors d'eux-mêmes voyant ce mort qui s'en allait ainsi. » Il y avait de quoi, Père Binet, il y avait de quoi !

Maintenant que nous avons sacrifié à la légende, voyons ce qu'il faut penser, non plus de saint Denis portant sa tête dans ses mains, position assez anormale et plutôt gênante en voyage, mais du fonds même de vérité sur lequel toute légende prétend s'appuyer. Saint Denis a-t-il été martyrisé à Montmartre?

Des quelques découvertes faites en 1611 et de traditions très anciennes, il semble résulter que la chose est probable, toutefois, de nos jours, se sont renouvelées des prétentions contraires qu'il serait injuste de ne pas mentionner.

Vers 1869, à propos de travaux d'embellissement projetés à Montmartre, un habitant de cette commune demandait à l'autorité compétente « s'il n'y avait pas lieu d'ériger à cette occasion un monument destiné à perpétuer la mémoire de cet événement, se fondant sur ce que le projet, qui n'avait jamais été exécuté, consacrerait une place glorieuse et sainte au haut d'un escalier projeté à l'endroit où, pour la première fois, saint Denis et ses compagnons prêchèrent le Christianisme dans les Gaules et reçurent la couronne du martyre, projet digne du sujet et que devait apprécier l'administration municipale. »

Mais saint Denis ne prêchait pas pour la première fois dans les Gaules, ayant déjà converti avant son arrivée sur la Butte une partie du Parisis, du Meldois et des pays dont Rouen et Chartres étaient les métropoles. Et puis, saint Denis a-t-il été mis à mort par les ordres d'Aurélien, par ceux de Fercennius ou antérieurement par ceux de Valérien? On manque de documents originaux. On n'est d'accord que sur le genre de supplice : la décapitation. Quant au lieu, mêmes ténèbres; quelques auteurs l'ont placé dans la cité, à Saint-Denis-du-Pas, oubliant que les Romains suppliciaient hors des villes; d'autres, entre Paris et Montmartre, sur une colline; or, où est la colline? d'autres, enfin, et ceux-là sont le plus grand nombre, ont choisi Montmartre, on ne sait pourquoi, et cette tradition a prévalu. Pourtant, Grégoire de Tours, historien d'une grande valeur et témoin presque contemporain, écrit que « le bienheureux Denis termine enfin sa vie sous le glaive » et... c'est tout. Dans son ignorance probable de tout détail relatif au supplice, il ne dit mot du lieu même où il fut accompli.

On doit donc mettre au rang des interpolations et, par conséquent, des choses douteuses, que saint Denis aurait été martyrisé sur la colline de Montmartre.

Hilduin, abbé de Saint-Denis sous Louis le Débonnaire, est également perplexe. Il se contente de dire, dans sa *Vie de saint Denis*, « que les élus du Seigneur furent livrés au bourreau et conduits au lieu du supplice, *ad pœnalia loca*. »

Comme les hagiographes, les chroniqueurs s'étant plus ou moins répétés, nous dit l'abbé Valentin Dufour, sans mentionner Guilbert de Metz qui a copié Raoul de Presles, nous nous bornerons à indiquer des critiques plus sérieux.

« En ce temps, dit le *Journal de Paris sous Charles VI*, 1429, s'en alla le Père Richart et le dimanche devant dit qu'il devait aller prêcher *au lieu du beau pré* ou le glorieux martyr, Monsieur saint Denys avait été décollé et maint autre martyr. » D. Félibien, dans son histoire de saint Denis, consent à placer le lieu de l'exécution hors la ville, sur une éminence, abattue depuis, dépendant de Montmartre, ne voulant pas contredire les partisans de la Butte, ni ceux du Catalogus qui le placent à la Chapelle, ou à l'Etrée, près Saint-Denis, ou même dans la ville actuelle de Saint-Denis. Le Père Longueval, dans son *Histoire de l'Église gallicane*, est d'avis que c'est sur la butte Montmartre. Il s'appuie pour cela sur d'anciens monuments qu'il oublie toutefois de mentionner. L'abbé Lebœuf, qui avait cru trouver le lieu du supplice de saint Denis dans certaine *Vie de sainte Geneviève* écrite au milieu du VIe siècle, a dû revenir au sentiment commun.

Dans son *Histoire de la Ville et du diocèse de Paris*, l'abbé Lebeuf constate l'existence, au temps de Louis le Chauve, d'une église vouée à saint Denis et sise sur la montagne appelée depuis Mons Martyrum, bien qu'on ne puisse inférer de l'autel consacré dans l'église de l'abbaye par Eugène III en 1137, que ce fut le lieu du martyre.

« La rue des Martyrs, dit Jaillot, *Recherches sur Paris*, est la continuation de la rue du Faubourg-Montmartre depuis la barrière jusqu'à Montmartre même. Une chapelle, appelée « du saint martyre », et l'opinion où l'on croit que saint Denis et ses compagnons y ont été décapités, lui ont fait donner ce nom qui ne se trouve que sur un plan moderne de Paris. »

Un érudit et un antiquaire contemporain, M. Albert Lenoir, dans la *Statistique monumentale de Paris* n'est pas plus précis. Même opinion irrésolue chez M. Edmond Leblant, autre archéologue de mérite.

Dans ses *Études historiques sur Montmartre*, M. de Trétaigne rapporte la version la plus accréditée relative à la mort de saint Denis en se basant sur les assertions suivantes d'Hilduin : « Ils furent ramenés sur le penchant méridional de Montmartre près de l'endroit où l'on croit que se trouvait le temple de Mars, et là, ils furent tous les trois décapités. »

E regnare idoli Mercurii ad locum constitutum educti ad decollationem, sunt genua flectere jussi (Aréop. v° 116).

Les mêmes hésitations se retrouvent chez les Bol-

landistes qui font toujours mourir saint Denis à Montmartre.

Personne donc n'est d'accord, et toutes recherches
dans ce sens ne feront qu'accroître les incertitudes.

Citons pourtant une quatrième et traditionnelle version d'après laquelle saint Denis aurait été surpris au
fond d'une cave où il avait accoutumé de dire clandes-
tinement sa messe, puis décollé ainsi que l'un de ses
amis. De là, sa tête entre ses mains, le décapité serait
parti pour le lieu de sa sépulture, parcourant ainsi un
demi-myriamètre environ avec trois haltes de repos le
long du chemin! Jolie performance en pareil accoutrement! diraient les incrédules s'ils ne se rappelaient
que, dans ces questions de record, la parole célèbre de
Polignac conserve toute sa force : il n'y a que le premier pas qui coûte.

En résumé, avec l'abbé Valentin Dufour, concluons
que l'endroit précis où fut décapité saint Denis, — si
toutefois saint Denis a été décapité, — si même il a
existé — ne pourra jamais être déterminé rigoureu-
sement.

Laissons maintenant parler Albert Lenoir qui nous
donne les six stations de saint Denis :

« Saint Denis, apôtre et premier évêque de Paris,
arriva de Rome par la voie antique située au midi de la
ville, s'arrêtant à trois endroits différents sur cette
route, au lieu où s'élevèrent plus tard les églises de
Notre-Dame-des-Champs, Saint-Étienne-des-Grés et
Saint-Benoît. Ces lieux furent considérés comme ses

premières stations. Dans l'île de la Cité, deux chapelles lui furent consacrées, comme ses quatrième et
cinquième stations; on les nommait Saint-Denis-du-
Pas et Saint-Denis de la Chartre. A la gauche du monastère de Montmartre et plus bas, la chapelle du
Martyre, depuis des siècles, était un lieu de pèlerinage
que l'on considérait comme la sixième, et devenu station de Saint-Denis; cette croyance s'accrut par la
découverte que l'on fit, le 13 juillet 1611, d'une crypte
profonde, située à l'orient de cette chapelle et qui
contenait un autel grossièrement exécuté, et au-dessus
une croix cassée gravée dans le mur, selon le procès-
verbal publié par les historiens du temps; croix de
forme grecque comme on les faisait dans les premiers
siècles chrétiens. D'autres croix et des fragments
d'inscriptions étaient gravés sur les parois de cette
crypte. »

Enfin, d'après Catulle, il paraît que saint Denis eut
une septième station au lieu où il fut enterré et qui
porte aujourd'hui son nom. Hilduin, le premier, a
désigné Montmartre comme le lieu du supplice de
saint Denis *quorum memoranda et gloriosissima
passio e regione urbis Parisiorum, antea mons Mercurii... nunc vero mons martyrum colatur (apud
Surium, t. Ier, p.* 40). Une charte du roi Robert con-
firme cette tradition (Dom Bouquet, *Historiens de la
France*, t. X, p. 503). Deux églises sous le vocable de
saint Denis y existaient déjà au temps de Louis le
Gros.

S'appuyant sur des documents divers, M. L. Lazard prétend que « c'est au bon roi Dagobert, — création que ne lui ont attribuée ni la légende ni la chanson populaire qui lui ont cependant fait gloire de tant de choses, — qu'est due l'institution de la célèbre procession « *du chef de saint Denis* ». Il serait assez malaisé de fournir les preuves de cette affirmation ; mais elle est présentée, sans l'ombre d'un doute, par le premier historiographe de Montmartre, le R. Père Léon. Son livre paru en 1661, chez Florentin Lambert, à Paris, *la France convertie,* octave de sermons en l'honneur de saint Denis, « avec un recueil des plus belles antiquitez de la Royale abbaye de Montmartre », est dédié à la reine Marie-Thérèse d'Autriche, *colombe de la paix* comme la nomme galamment l'ex-provincial des carmes réformés de la province de Touraine, devenu prédicateur de Leurs Majestés Royales.

L'introduction en soixante-dix pages, consacrée à l'histoire du martyre de saint Denis qui est, sans contestation possible, aux yeux du Père Léon, saint Denis l'Aréopagite, comprend également l'histoire du culte rendu au saint et des détails, qui tous ne sont pas intéressants, sur l'histoire de l'abbaye.

A la page 46 se trouve le passage auquel nous faisions allusion : « Dagobert... obligea les Religieux « de Saint-Denys d'aller en procession de sept ans en « sept ans et de porter le chef du glorieux martyr et « de célébrer une messe solennelle en ce lieu de son « martyre : ce qui se continue et ordinairement avec

« quelques miracles, ainsi que nous l'avons encore
« veu avec admiration la dernière fois que se fit cette
« belle procession en l'an MDCLVIII. »

Une procession rehaussée chaque fois d'un miracle
ne pouvait manquer d'attirer un nombreux concours.
Le Père Léon énumère les grands personnages qui se
firent gloire d'y assister et notamment un nonce du
pape. « Il y a environ quarante ans qu'en cette qualité
« Monseigneur Bagni voulut assister à la procession
« du chef de saint Denys, qu'il accompagna à pié,
« depuis la ville de Saint-Denys jusqu'à Montmartre
« où il célébra la grand'messe pontificalement. »

On trouve dans les historiens de l'abbaye de Saint
Denis des détails sur l'ordre et la marche de cette
procession qui sont trop connus pour que nous ayons à
les reproduire ici : on est peut-être moins bien informé
sur la part que prenait à cette solennité le clergé de
Montmartre : cette lacune est comblée par le petit
manuscrit du XVIIe siècle, conservé à la Bibliothèque
nationale dans le fonds français, sous le numéro 19248,
et dont le titre est « Directoire du clergé de Mont-
« martre pour recevoir la procession du chef de saint
« Denis à Montmartre. »

L'auteur anonyme constate d'abord que la procession avait lieu jusqu'en 1639 aux environs de Pâques,
et qu'en cette année elle fut transportée le jour de la
Saint-Philippe et Saint-Jacques (1er mai).

Puis viennent les règles et prescriptions que doit
suivre le clergé de Montmartre et la façon dont il doit

accueillir les religieux et habitants de Saint-Denis.

Nous passons le texte du manuscrit.

La tradition, quant au lieu où fut enterré saint Denis, est incontestée. Pour ce qui est de la légende — plutôt amusante — qui fait porter à saint Denis sa propre tête en ses propres mains, peut-être convient-il d'en essayer l'explication. La statuaire moyenâgeuse plaçait entre les mains des saints un symbole qui caractérisait leur vie ; on plaçait dans celles des martyrs les instruments de leur supplice. Mais pour qu'il ne fût pas possible de confondre les décapités avec saint Paul armé du glaive symbolique de la parole, on mit leur tête entre leurs bras. Cette confusion évitée fit tomber dans une autre ; les âmes simples, inhabiles aux symboles, s'imaginèrent que ces martyrs avaient ainsi marché portant leur chef coupé dans leurs mains sanglantes. La légende populaire était dès lors créée.

Saint Denis a donné son nom à une ville, aujourd'hui chef-lieu d'arrondissement de la Seine. Il y fut enterré — dit la tradition — et cette église de l'antique abbaye où reposent les restes de nombreux rois de France demeure encore un but de pèlerinages en l'honneur de celui qui fut ou qu'on identifia avec l'Aréopagite.

Constatons, en terminant ce chapitre, que Montmartre fut un centre de foi dès l'invasion du christianisme dans les Gaules. Malgré son Sacré-Cœur, Montmartre aujourd'hui demeure un foyer, non plus chrétien, mais d'amusements, de débauches même, diront des critiques sévères et chagrins.

Ah! monsieur saint Denis, grand saint Denis, qu'étiez-vous venu faire en cette galère? Est-ce là votre œuvre, sont-ce là les fruits de votre évangélisation dans les Gaules? Dans quelle terre avez-vous jeté la semence dont sortirent le Moulin-Rouge et les Quat'z Arts. Que n'êtes-vous resté, brave saint Denis, sur votre siège épiscopal d'Athènes qui vous assurait peut-être la vieillesse tranquille, la mort douce, c'est-à-dire la mort absolue, l'oubli!

Eh! bien, non, monsieur saint Denis, vous avez bien fait. Il reste de vous une légende et c'est là peut-être la seule chose que les grands hommes de tous les temps auraient pu ambitionner. Amen.

CHAPITRE III

MONTMARTRE HISTORIQUE — ANNEXION DE LA COMMUNE
DE MONTMARTRE — LES CONFLITS

Dès 628, Montmartre joue, dans les annales historiques de la France, un rôle important. Dagobert le déclare lieu d'asile, en mémoire de saint Denis. Plus tard, lors du siège de Paris (886) qui se défendit si vaillamment sous la conduite de son évêque Gozlin et de son gouverneur le comte Eudes, contre les trente mille Normands conduits par Godefried et Sigefried, Montmartre connut d'effroyables jours, précurseurs de ceux qui ensanglantèrent 1870, l'année terrible. Farouches, les guerriers normands, après avoir satisfait leurs instincts sauvages, accompli leur œuvre de dévastation, se rembarquaient, disparaissant. Ils saccagèrent ainsi Rouen, Pontoise, d'autres villes. La terreur était à son comble. Alors, raconte M. Amédée Burion (*Bulletin du vieux Montmartre*, fasc. I), d'après le moine Abbon « portés sur les eaux de la Seine, ils (*les Normands*) arrivèrent droit du côté de l'abbaye du bienheureux Saint-Denis et établirent un camp retranché autour de l'église circulaire de Saint-Germain-des-Prés. Ils amenaient avec eux ou construisaient sur place d'énormes machines de guerre qui, s'abattant sur les remparts, vomissaient des flots de soldats ou lançaient des matières inflammables. Il fallait alors lutter corps à corps et broyer sous des blocs de rocher ces grappes de démons qui revenaient toujours à la charge et se faisaient un rempart de leurs compagnons tombés autour d'eux. » L'abbaye de Saint-Germain fut le témoin de luttes acharnées. Eudes, Gozlin et Ebble arrêtèrent du mieux qu'ils purent le flot montant des envahisseurs. Les malades et les blessés remplissaient Paris qui ne voulait pas se rendre. Époque terrible où du moins les assiégeants se battaient, ne réduisaient pas une ville, comme firent les Prussiens de 1870, par ce lâche moyen : la famine !

Ainsi que Grouchy à Waterloo, le duc Henriech, conseiller de Charles le Gros, ne put arriver au secours des Parisiens. Il venait de la Saxe ; il succomba en route. Gozlin et le duc d'Anjou moururent aussi. Alors, désespéré, le futur roi de France, Eudes (887-898) eut une idée héroïque. Confiant à Ebble, qui avait juré de mourir plutôt que de se rendre, le soin de veiller sur la capitale, il alla presser l'empereur de venir le secourir et de sauver Paris. En l'absence d'Eudes, et malgré des assauts chaque fois repoussés, tout alla pour le mieux. Hughes paraît enfin sur les hauteurs de Montmartre. A la tête de son armée, il brise les lignes des Normands et rentre dans Paris dont les portes lui ont été ouvertes par Ebble en poussant une vigoureuse sortie. Mais l'empereur tarde bien à venir. Sous le commandement des deux frères Thierry et d'Alderan, l'avant-garde de l'armée de secours, forte de six cents hommes, s'élance de Montmartre et triomphe des Normands qui comptent plus de trois mille morts. Les assiégés redoublent d'énergie, ils attendent l'empereur, ils espèrent. Enfin sur la cime de Montmartre, c'est, un matin, le flamboiement des piques, des épées, des lances. Les Parisiens poussent des cris de joie. Voilà l'empereur ! Charles le Gros est là avec son armée composée de [soldats de toutes nations. Déjà les Normands se préparent à regagner leurs barques, à fuir en toute hâte devant ce surcroît de forces qu'a dressées contre eux la venue de l'empereur... Il en fut autrement.

On sait par quelle paix honteuse se termina ce siège mémorable ; 700 écus d'or furent la rançon de ceux qui ne demandaient qu'à combattre et à vaincre. De plus, Charles le Gros livrait à la dévastation la vallée de la Seine jusqu'à Sens, accordant aux Normands un délai de quatre mois (on était alors en novembre) pour quitter le territoire parisien. L'empereur Charles le Gros — Bazaine ne fit pas autrement — a donc livré la France aux ennemis. La vengeance nationale l'atteignit bientôt : il fut déposé à la Diète de Tibur. On nomma Eudes duc de France en raison de sa conduite.

Montmartre a donc été, dans cette lutte, le pivot de la défense. C'est vers Montmartre qu'Eudes se dirige quand il va presser l'empereur de venir au secours des Parisiens ; c'est de Montmartre qu'il descend pour s'enfermer de nouveau dans Paris ; c'est de Montmartre que les 600 hommes composant l'avant-garde de l'armée de secours s'élancent sur Paris ; c'est enfin sur les hauteurs même de Montmartre qu'apparait l'armée libératrice et que s'accuse la duplicité de Charles le Gros.

Mais, objectera-t-on, pourquoi les Normands ne s'étaient-ils pas emparés de Montmartre, étant donnée son excellente position stratégique ? La réponse est aisée. Bien que formidables, leurs forces ne pouvaient suffire à la réalisation d'un tel projet : les fortifications dont ils entouraient leurs camps en sont une preuve évidente ; de plus, pouvaient-ils s'écarter de leur flotte, l'âme, la raison même de leur force presque alors invincible ? N'étaient-ils pas, plutôt qu'une armée de terre, des navigateurs et des marins.

Si nous poursuivons nos recherches sur l'historique de Montmartre, nous voyons qu'en 977 dans sa guerre contre Lothaire, Othon II (955-983), fils d'Othon Ier, dit le Grand, empereur d'Allemagne, mort en 973, pénétra en France avec une armée de 60.000 hommes, saccageant tout sur son passage, incendiant

le faubourg méridional et menaçant de brûler Paris.
Il occupa Montmartre mais défendit que l'on détruisit
les chapelles élevées en l'honneur des saints martyrs ;
il se contenta d'accomplir une promesse qu'il avait
faite à Hugues-Capet renfermé dans Paris « que l'alleluia qui serait dit pour remercier Dieu de ses victoires, serait chanté si haut et si fort qu'on n'en aurait
jamais entendu de semblable. » C'est pourquoi, ayant
réuni sur la butte un nombre considérable de clercs, il
fit entonner l'*Alleluia te Martyrum candidatus lau-
dat exercitus* par ce faisceau de voix stridentes à ce
point que les habitants de Paris, surpris d'entendre
ce chant solennel, se préparèrent à un siège aussi
long que terrible. L'empereur allemand vint ensuite
— accomplissant un vœu — frapper de sa lance à l'une
des portes de la cité. Mais Hughes et Lothaire le
contraignirent à battre en retraite.

La lutte qui, plus tard encore, aura pour foyer ce
point stratégique si envié des assaillants — toutes les
fois que les troupes ennemies ont investi la capitale,
elles n'ont pas manqué de s'emparer de ses hauteurs —
sera jusqu'en 1428 relativement assez calme. Notons
pourtant les luttes des Armagnacs et des Bourguignons
qui firent accorder à l'abbaye des lettres de sauvegarde
royale par Charles VI en 1408. Mais vingt ans plus
tard, lors du siège malheureux que Charles VII et
Jeanne d'Arc viennent mettre devant Paris (septembre 1428) nous voyons son étoile glorieuse reparaître.

Au siècle suivant (8 mai 1590) Henri IV établit sur

la Butte son quartier général ; il s'installe dans les appartements de l'abbesse du couvent et y mène joyeuse vie en compagnie des religieuses, si nous en croyons les chroniques du temps. Le salut aux Parisiens fut une décharge d'artillerie. Deux des pièces étaient placées sur la Butte-Montmartre. Et le siège en règle commença.

Un siècle encore après, le traité de Montmartre, relatif à l'annexion de la Lorraine à la France, devient un fait saillant du règne de Louis XIV. M. Mauzin nous donne à ce sujet des renseignements d'une grande valeur : « C'est par le traité de Montmartre, en daté du 6 février 1662, que Charles IV, duc de Lorraine, fit le roi de France héritier de ses États, à condition que tous les princes de sa famille seraient déclarés princes du sang de France, et qu'on lui permettrait de lever un million sur l'État qu'il abandonnait. Le Parlement décida que ce traité n'aurait son effet que lorsqu'il aurait été signé par tous les intéressés : ce qui n'eut jamais lieu. — « Qui aurait dit à Charles IV, que le don qu'il faisait alors de la Lorraine sous des conditions illusoires, dit le président Hénault *(Abrégé chronologique de l'histoire de France)* se réaliserait sous Louis XV, qui en deviendrait un jour le souverain par le consentement de toute l'Europe. » — En effet, la Lorraine, au lieu d'être réunie à la France à la mort de Charles IV en 1675, ne le fut qu'en 1766 à la mort de Stanislas.

Si Montmartre a la bonne fortune d'être pour quelque chose dans l'annexion de la Lorraine à la France, à quelles circonstances, à quel hasard le doit-il?

En consultant les mémoires des premières années du règne de Louis XIV, nous avons, dans le récit succint qu'on va lire, exposé les principaux motifs qui provoquèrent la signature de ce traité.

Ambitions de ministres et vanités de princes, telles furent les seules causes du traité de Montmartre par lequel la Lorraine devait être réunie à la France.

A la mort de Mazarin, deux hommes, élevés à son école, prirent en main le pouvoir. C'étaient Colbert et Lyonne.

Ce dernier, jaloux de l'autorité et de l'influence que Colbert commençait à prendre sur le jeune roi, voulut, par un coup de maître, renverser son rival et s'assurer le crédit du monarque.

La réunion de la Lorraine à la France devint le but de ses efforts.

L'héritier du duché de Lorraine était le prince Charles, fils de François, frère du duc régnant Charles IV. Or, M. de Lyonne n'ignorait pas que Charles IV détestait autant son frère que son neveu. Il savait, en outre, que ce prince était conseillé ou plutôt gouverné par Henri II de Lorraine, duc de Guise, et par la sœur de celui-ci, Françoise-Renée de Lorraine, alors abbesse de Montmartre. Il connaissait surtout l'ambition des princes de la maison de Guise, leur espérance, tant de fois déçue, de se faire reconnaître, comme descendants de Charlemagne, princes de sang royal.

3.

Sûr de l'appui de M. de Guise et de l'abbesse, son plan fut tracé et le mariage du prince Charles avec Mlle de Nemours, fille de Charles Amédée de Savoie, servit de base à ses desseins.

Cette union avait été projetée au printemps de 1661, sur les conseils de la reine-mère, Anne d'Autriche, et malgré la signature d'un contrat, on était arrivé aux premiers jours de l'année 1662 sans que Charles IV se fût décidé à donner un consentement formel à la célébration de cet hymen.

Louis XIV, instruit des projets de M. de Lyonne, écrivit au duc, envoya des courriers pour le sommer de prendre une décision au sujet du mariage de son neveu. Charles IV, craignant d'irriter le roi et prévenu par le duc de Guise, vint à Paris.

Le duc de Lorraine à Paris, M. de Lyonne crut la partie gagnée.

Logé dans le palais des Guise, qui devint plus tard l'hôtel de Soubise, enivré des fêtes et des plaisirs que le prince lorrain lui offrait chaque jour, surveillé et conseillé d'un côté par M. de Lyonne, de l'autre par le duc de Guise et l'abbesse de Montmartre, Charles IV n'eut bientôt plus d'autre volonté, d'autre désir que se soumettre à leurs projets.

On lui persuada facilement que sa vie était menacée, que son neveu révolté contre lui, n'attendait qu'une occasion pour saisir la couronne et que sa sûreté, aussi bien que le bonheur de son peuple, nécessitaient la protection du roi de France.

Malgré les avis de quelques seigneurs dévoués à la
maison de Lorraine, malgré les menaces de son frère,
les supplications de son neveu, Charles IV n'écouta
que M. de Lyonne.

Le 6 février 1662, au matin, Charles IV, accompagné du duc de Guise, se rendit secrètement à l'abbaye
de Montmartre où, après avoir assisté à un office, il
signa, en présence de l'abbesse, le traité qui donnait
la Lorraine à la France.

L'article principal portait que le duc, n'ayant pas
d'enfant légitime, déclarait le roi de France héritier
des duchés de Lorraine et de Bar. En reconnaissance
de cette donation, il était accordé aux princes de la
maison de Lorraine le titre de princes de sang royal,
titre qui leur donnait le droit de succession à la couronne de France, dans le cas où la branche des Bour-
bons viendrait à s'éteindre.

Comme garantie de ce traité, le duc de Lorraine
s'engageait à remettre au roi la place de Marsal.

Un article spécial donnait à Charles IV la faculté de
disposer d'une rente de 100.000 écus en faveur
d'une personne qu'on ne voulait pas nommer. C'était
le comte de Vaudemont, fils naturel du duc et Mme de
Cantecroix.

Enfin, une somme de 1.000.000 de francs à percevoir
sur les biens de Lorraine était assurée à Charles IV.

Le duc de Guise courut porter la nouvelle au roi
qui était en partie galante, à la foire Saint-Germain.
En voyant au bas du traité la signature du duc de

Lorraine, Louis XIV ne put contenir sa joie et s'écria : *Il n'y a rien dans la foire qui vaille les deux bijoux que je viens de gagner.*

Toute l'habileté que déploya M. de Lyonne dans cette affaire devint inutile, car le traité ne fut jamais enregistré par le Parlement; et, certes, après tant d'efforts et de luttes politiques, après avoir été presque sûr du résultat de l'entreprise, cet homme d'État ne pouvait prévoir qu'un jour le duc Charles répondrait au prince de Condé qui lui demandait ce qui avait pu le pousser à signer le traité de Montmartre :
— *A paraître plus habile homme que vous, Monsieur le Prince : en toute votre vie, vous n'avez fait qu'un prince du sang ; moi, d'un trait de plume, j'en ai fait plus de vingt.*

Dans l'article fort bien rédigé, quoique peut-être un peu trop général, que M. Alexis Martin consacre au vieux Montmartre (*Bulletin de la Soc. d'hist. et d'arch. du XVIIIe arrondissement*), nous chercherions vainement des détails historiques sur la Butte pendant la Révolution. Les seuls faits intéressants à noter sur cette mémorable époque sont l'expulsion des Bénédictins, la démolition de tous les bâtiments existant alors, à l'exception de l'église Saint-Pierre, qui eut à subir, jusqu'en 1802, des destructions partielles diverses et les canons portés à Montmartre le 25 juillet 1789.

En temps que commune, Montmartre porta quelques mois, durant la Révolution, le nom de Montmarat.

Les cahiers présentés aux États généraux de 1789

par les paroisses de Montmartre et de la Chapelle sont
excessivement intéressants ; malheureusement, la place
nous manque pour les reproduire ici. On les trouvera
dans les *Archives parlementaires de 1789*, *Paris hors
les murs*, pages 631 et 733, chapitres intitulés : —
« *Montmartre*, Cahiers des plaintes, doléances et re-

Les canons portés à Montmartre en 1789.
(Dessin de O' Galop.)

montrances, rédigés en l'assemblée du Tiers État de la
paroisse de Montmartre qu'elle charge ses huit députés
de présenter à l'assemblée qui doit se tenir au Châtelet de Paris. » — « *La Chapelle-Saint-Denis*, Des
vœux, doléances et remontrances de la paroisse de la
Chapelle-Saint-Denis. »

En 1814, le 29 mars, la Butte fut bravement défendue

par une poignée de soldats que secondaient des élèves
de l'École polytechnique.

Pendant les deux années suivantes — désastreuses
s'il en fût — Montmartre devint le théâtre d'exploits
remarquables qui, pour n'avoir pas été couronnés de
succès, ne méritent pas moins d'être signalés à l'estime
publique. En 1814, les désastres éprouvés par Napoléon
engagèrent les habitants de Paris à élever des fortifications contre les armées ennemies. On y travaillait
avec beaucoup de zèle quand on vit nos soldats se replier
sur les hauteurs qui entourent la capitale. Joseph Buo-
naparte occupait Montmartre avec son corps d'armée.
Assailli par les bombes et les boulets des troupes
coalisées, il se vit contraint de battre en retraite et
confia à quatre cents dragons la défense du poste qu'il
abandonnait. « Vingt mille hommes de l'armée de
Silésie, rapporte le *Dictionnaire topographique militaire*, s'avancèrent alors fièrement contre cette poignée
de Français. et ces Français qu'animaient également
et l'amour de la patrie et celui de la gloire, bien loin
de chercher à fuir, s'obstinèrent à vouloir défendre le
poste confié à leur courage. Forts seulement de leur
audace, ils chargèrent l'ennemi avec leur impétuosité
ordinaire et eurent la gloire de repousser plusieurs
fois cette masse effrayante d'assaillants. Cependant, à
chaque seconde, les rangs de ces nouveaux Spartiates
s'éclaircissaient, et bientôt, comme ceux des Thermo-
pyles. ils allaient tous périr, victimes de leur généreux
dévouement, quand le colonel qui les commandait,

s'apercevant qu'ils allaient être tournés par la plaine de Neuilly, fit sonner la retraite et laissa l'ennemi stupéfait d'une audace qui, durant cette journée mémorable, s'était montrée la même dans tous les rangs de l'armée française. »

Montmartre a vu tout cela ; il a vu couler le sang de ces vaillants défenseurs qui furent les débris de la grande armée !

Les Russes, devenus maîtres de Montmartre, trouvèrent un grand nombre de caissons et vingt-neuf pièces d'artillerie qu'ils allaient tourner contre la capitale quand ils apprirent la capitulation signée à Belleville par le duc de Raguse. Ils respectèrent les conditions du traité et ne se rendirent coupables d'aucuns des excès qu'on reproche ordinairement aux armées victorieuses.

Ah ! les braves combattants d'hier, nos alliés d'aujourd'hui, pouvaient-ils se douter de la réception triomphale qui attendait leurs petits-fils, quelque quatre-vingts ans plus tard dans ce même Montmartre autrefois investi, maintenant tout à la joie d'une amitié qui assure la paix du monde !

La construction du mur établi par les fermiers généraux autour de Paris de 1784 à 1786 eut pour effet de couper Montmartre en deux parties. La portion située hors de l'enceinte nouvelle prit le nom de *Montmartre-extra;* celle qui fut comprise entre le mur et la place Cadet actuelle, extrême limite sud, devint *Montmartre-intra.*

M. Lucien Lazard, complète, au sujet de ce dernier, des renseignements déjà donnés par Trétaigne. Il les puise principalement dans un registre conservé aux Archives de la Seine, qui, sans être d'un vif intérêt, puisque c'est un simple document de comptabilité, nous donne cependant quelques notions précises sur ce quartier.

Ce registre, qui porte la cote C''¹⁰, est intitulé : PAROISSE DE MONTMARTRE-INTRA. *Rôle des ci-devant privilégiés pour* 1789.

Pour l'année suivante, 1790, le titre est simplement : *Rôle*.

Les rues comprises dans Montmartre-intra sont : la rue Coquenard, la rue Rochechouart, la rue de Bellefond, la rue de la Tour-d'Auvergne, la rue Poissonnière, la rue Royale, le rue de la Rochefoucault, la rue Blanche, la rue Saint-Lazare, la rue des Martyrs et le retour de la rue des Martyrs.

Montmartre-intra correspondait, on le voit, assez exactement à la partie du IXᵉ arrondissement qui forme actuellement les deux quartiers de Rochechouart et de Saint-Georges. On pouvait déjà, il y a un siècle, remarquer entre ces deux quartiers une différence qui est encore sensible aujourd'hui : les rues formant le quartier Saint-Georges étaient habitées par des grands seigneurs ou des artistes ; celles qui correspondaient au quartier Rochechouart de nos jours, étaient peuplées d'une façon bien plus démocratique.

Quant aux noms portés par les rues, ils ont peu

varié : ce que nos documents appellent « rue Poissonnière » est le faubourg Poissonnière, la rue Coquenart
est notre rue Lamartine, la rue Royale est la rue
Pigalle.

Dans cette rue nous trouvons parmi les habitants
en 1790 :

« La demoiselle Adeline, pensionnaire de la Comédie
Italienne.

« La dame Raucourt, pensionnaire du Théâtre Français.

« Le comte de Bernis. »

Dans la rue Saint-Lazare :

« La dame Dumesnil, pensionnaire de la Comédie
Française.

« Le sieur de Bougainville, chef d'escadre.

« La dame Pigal *(sic)*, la veuve du grand sculpteur mort à cette époque depuis quatre ans. »

Dans la rue des Martyrs et dans le retour de la rue
des Martyrs :

« La Compagnie des Chevaliers de l'Arc de Montmartre.

« Le sieur Coraly, acteur aux Italiens.

« Le sieur Doisonville, acteur aux Italiens.

« M. de Malesherbes, ministre d'État. »

Les rues qui sont aujourd'hui comprises dans le
périmètre du quartier Rochechouart étaient, comme
on a déjà eu occasion de le dire, peuplées d'habitants
assez peu connus en général : il n'y a guère à citer
que la rue Rochechouart elle-même, et parmi ses

habitants un seul porte un nom aristocratique : le comte de Moustiers, ministre plénipotentiaire.

Par contre, si les artistes, si les grands seigneurs y étaient rares, les marchands de vin y foisonnaient : quatre-vingt-quinze contribuables figurent pour la rue Rochechouart au rôle de 1790 ; sur ce nombre on ne compte pas moins de dix-huit cabaretiers ; il nous a paru curieux d'en donner la liste, quelques-uns ayant eu des enseignes assez étranges :

« 1° Simon Hocquet, *A la Fontaine d'Amour* ;

« 2° Macaire Jacques, *Au Caprice des Dames* ;

« 3° Bimuler, sans enseigne ;

« 4° Trouvé, sans enseigne ;

« 5° Frédéric, *A la ville de Strasbourg* ;

« 6° Fortier, sans enseigne ;

« 7° Lombois François, *Au roi d'Yvetot* ;

« 8° Macret, *Au Berger galant* ;

« 9° Gardin, *A l'Image saint Pierre* ;

« 10° La veuve Vigé, *Au Père Éternel* ;

« 11° La veuve Bertrand, *A sainte Geneviève* ;

« 12° Legoupil, *A la Vache Noire* ;

« 13° Botton, sans enseigne ;

« 14° Veuve Marchelet, *Au Grand Suisse* ;

« 15° Fouquet, *A la Ville de Rouen* ;

« 16° Blancpain, *Au Veau qui tette* ;

« 17° Ladant, *Aux Armes de Mme l'Abbesse* ;

« 18° Fesler, *Au petit Ramponneau du gagne-petit*. »

Les autres habitants de la rue, ainsi que des rues

avoisinantes (Bellefond, Tour-d'Auvergne, etc.), étaient surtout des maraîchers.

Les deux fractions intra et extra semblent avoir vécu en assez bon rapport jusqu'aux approches de la Révolution ; mais, dès l'instant où on donna à Paris son organisation municipale, des discussions éclatèrent entre la partie de Montmartre hors barrière et la partie comprise dans l'intérieur de Paris ; à un certain moment il y eut deux municipalités, celle de Montmartre extra, qui se réunissait à l'hôtel Malesherbes, rue des Martyrs ; celle de Montmartre intra qui avait ses séances rue de la Tour-d'Auvergne.

Un mémoire fut adressé au mois de mars 1790, à l'Assemblée nationale par la municipalité de Montmartre, près Paris, hors barrière. Il débute d'une façon assez solennelle (1) :

« Deux municipalités existent dans la commune de Montmartre. L'une formée le 26 mars 1790 pour toute l'étendue de la commune et conformément aux décrets de l'Assemblée nationale, l'autre formée le 29 mars, sous la simple autorisation du ministre de Paris, pour le haut de Montmartre qui est seulement la sixième partie de tout le territoire. »

Puis on revendique énergiquement les droits de Montmartre-intra.

L'incorporation à la capitale d'une partie de Montmartre (décret du 26 mars 1790) détermina un conflit

---

1. Bibliothèque Carnavalet, 12.252, plaquette de 40 pages.

entre le haut et le bas Montmartre. Afin d'établir la paix, l'Assemblée nationale supprima l'un des belligérants et par le décret du 22 juin 1790 ordonna que les *citoyens de la commune de Montmartre habitant la partie de terrain qui se trouvait du ressort de la municipalité de Paris formeraient désormais partie de la commune de la capitale.* Un mémoire nous donne des renseignements assez précis sur la population des deux Montmartre réunis. « Il serait étonnant qu'une petite commune d'environ 4.000 âmes (1) eût deux municipalités. »

Des lettres patentes, à la suite de ce conflit, supprimèrent donc purement et simplement Montmartre intra. L'ancien domaine des abbesses, après avoir été une fraction du district de Saint-Joseph, puis de la section du faubourg du Montmarat devint une parcelle de l'ancien IIe arrondissement de Paris. Il fait de nos jours partie du IXe arrondissement.

Les Montmartrois furent des révolutionnaires endurcis, ainsi que le prouve *le rapport sur la fête civique que la Société populaire de Montmartre se propose de célébrer sur le territoire de cette commune le 22 du premier mois de l'an second de la République une et indivisible,* rédigé par le citoyen Benjamin Desportes et reproduit par le *Vieux Montmartre* dans son bulletin. On n'oserait certes pas, aujourd'hui, rédiger un tel rapport dans les termes de

1. Payant 45.000 livres en tailles et accessoires, dont 38.000 étaient supportées par les habitants du bas Montmartre.

celui-ci. C'est une belle page révolutionnaire, pleine de cette éloquence, de cet amour de la patrie qui ont fait faire de si grandes choses.

Lors de la Révolution de 1848, le *Petit Château-Rouge*, situé place des Hirondelles, au coin de la rue

Exécution des généraux Clément Thomas et Jules Lecomte
6, rue des Rosiers, le 18 mars 1871.

D   Groupe de curieux principalement composé de soldats.
A   Emplacement où se trouvait Jules Lecomte.
B   Id.   Clément Thomas.
C   Peloton d'exécution.

(Dessin de O'Galop.)

des Vinaigriers, aujourd'hui rue Christiani, était le siège du club de la Montagne.

Après la capitulation de Paris (28 janvier 1871), les gardes nationaux transportèrent sur la Butte Montmartre une grande quantité de canons qui devaient leur rester, dans la crainte qu'ils ne fussent enlevés par les Allemands. Ce fut à Montmartre, rue des Rosiers, n° 6, que s'établit peu après le comité central de la garde nationale. Le mouvement communaliste du 18 mars 1871 fut provoqué par l'ordre d'enlever les canons qui se trouvaient à Montmartre et le général Lecomte, chargé de présider à cet enlèvement, se vit conduire rue des Rosiers où il fut fusillé. Quant au général Clément Thomas, il aurait été assommé à coups de crosses.

Rue des Rosiers on distingue encore les trous creusés dans le mur par les balles en un espace restreint indiquant bien la silhouette d'un homme, mais d'un *seul*. Les deux généraux ne sont donc pas morts en même temps ni de la même façon, contrairement aux affirmations de certains écrivains.

Lors de l'entrée à Paris des troupes de Versailles, la butte Montmartre, sur laquelle on avait établi des batteries de canons formidables, fut enlevée presque sans résistance, à la suite d'un mouvement tournant, le 24 mai 1871.

Le *Journal de Fidus* (pseudonyme de M. Eugène Balleygnier connu sous le nom d'Eugène Loudun) nous permet de préciser comme il convient le rôle de la Butte à cette époque troublée.

« Sur un étroit plateau que forme la montagne (Montmartre) les émeutiers ont établi leur parc d'artillerie, ou plutôt leur camp retranché ; tout le long de la crête, ils ont élevé un mur de terre, véritable parapet de rempart ; derrière le mur creusé un fossé et, au delà du fossé, rangé leurs canons. Ainsi à couvert et à l'abri, ils pourraient entretenir le feu sans danger ; d'aucun point on ne les domine, et leurs canons, pièces de sept ou mitrailleuses, dominent, au contraire, tout Paris. Ce n'est pas tout : en arrière de ce camp retranché et de ce plateau, la colline se redresse, comme un second mur plus escarpé encore. En levant les yeux, on aperçoit le sommet découpé en embrasures, comme une ville forte et, à travers ces embrasures, la gueule de nombreux canons, deuxième étage d'une batterie qui semble inaccessible, tant elle est haut montée. Je dis : on aperçoit, car si l'on voit les canons, on n'en approche pas. On peut arriver assez près du premier retranchement, les sentinelles qui font les cent pas, de l'air le plus sérieux, n'empêchent pas les curieux de s'arrêter et de contempler les pièces d'artillerie, pourvu qu'on se tienne en dehors d'une ligne convenue ; mais il n'en est pas de même du retranchement supérieur. Lorsque vous montez encore, en contournant la Butte, par la rue Saint-Éleuthère, une fois dans la longue rue des Rosiers, vous rencontrez des postes de gardes nationaux, des sentinelles à tous les débouchés de rues, enfin, une sorte de place d'armes, fermée plutôt qu'ouverte par un passage, comme une gorge de redoute, où vont et viennent une quantité d'hommes en armes, où des officiers donnent des ordres, comme s'ils étaient en face de l'ennemi. Si vous vous hasardez alors à jeter un coup d'œil dans cette enceinte, ce ne sont que terrassements, tran-

chées, traverses, épaulements, qui cachent entièrement les pièces et les protègent contre toute attaque
par derrière. Les rues voisines sont gardées avec vigi-
lance; quelques-unes même, la rue de la Bonne, par
exemple, qui monte vers la rue des Rosiers, sont coupées par des tranchées avec un remblai à l'abri duquel
un petit nombre d'hommes couvrirait de feu la rue et
interdirait tout passage. Les insurgés sont tranquilles :
derrière eux, ils ont des barricades pour se défendre;
en avant des remparts et des canons pour attaquer.

« A mesure que j'avançais à travers ces rues bar-
rées, ces corps de garde, ces sentinelles, ces tranchées,
ces canons, ma surprise augmentait; c'était une organisation complète; un homme expérimenté avait dirigé
ces travaux; ils avaient été conçus, exécutés avec art;
tout était prévu, les précautions étaient bien prises et
l'on continuait encore les préparatifs. Dans la place
d'armes, de nombreux ouvriers remuaient la terre
avec des pelles et des pioches, achevaient et parfai-
saient les fortifications. Où suis-je? me disais-je; ces
hommes sont-ils des Français? La ville contre laquelle
sont braqués ces canons, est-ce Paris? Du reste, dans
tout Montmartre, pas d'agitation, de bruit, de désordre;
sur la place du Tertre, un assez grand rassemblement
de gardes nationaux, ils causent par groupes, mais
avec calme; à 100 mètres au-dessous, dans la place
Saint-Pierre, retentissent des tambours et des clai-
rons; c'est un bataillon qui va à la Bastille porter des
couronnes. Pourquoi du tumulte, en effet, de l'agita-

tion? Personne ne les inquiète, ne les trouble; ils sont chez eux, dans leur ville, il semble qu'ils soient séparés de Paris, ils font ce qu'il leur plaît. Quand on a vu cette position presque inexpugnable d'où les émeutiers bravent l'autorité, on ne peut comprendre comment la plupart des journaux affectent de sourire de ces armements. « Ce n'est pas sérieux! » Qu'est-ce donc, alors? Jamais de tels travaux furent-ils élevés, sinon par des ennemis contre des ennemis? Là-haut, vis-à-vis de nous, il y a une forteresse formidablement armée, des canons dirigés sur nous: en d'autres termes, sur nos têtes est suspendue la guerre. Qu'y a-t-il donc de plus sérieux? (*Journal de Fidus*, 11 mars). »

« Les émeutiers de Montmartre ne manquent pas de munitions : j'apprends de M. M... capitaine de *gardiens de la paix*, que samedi (11 mars) les gardes nationaux ont pris, aux Gobelins seulement, *seize millions* de cartouches! (*Journal de Fidus*, 13 mars). »

Avant le 1er janvier 1860, Paris, avec ses faubourgs, était entouré d'un mur de clôture, dit mur d'octroi, présentant un développement de 24 kilom. 980 mètres, et 54 portes (37 rive droite et 17 rive gauche.) Par décret du 9 février 1859, ce mur fut abattu et les limites de la ville furent étendues jusqu'à l'enceinte fortifiée actuelle dont le développement est de 33 kilom. 930 mètres, comprenant 94 bastions. La suppression de l'ancien mur d'octroi a amené l'annexion à Paris de la commune de Montmartre. Avant 1860, le faubourg Montmartre était limité par le mur d'octroi (Nord).

En consultant les plans de Paris à la Bibliothèque nationale, nous trouvons les renseignements suivants qui peuvent nous donner approximativement une idée générale sur le flot toujours montant de la population vers Montmartre.

Population approximative du XVIIIe arrondissement :

En 1861.	106.356 habitants
En 1866.	130.456 —
En 1872.	131.700 —
Et en 1896.	224.468 —

Malgré les recherches les plus approfondies, de savants historiens et archéologues n'ont trouvé, sur l'histoire des enceintes construites autour de Paris antérieurement au XIIe siècle, c'est à dire avant l'édification de l'enceinte de Philippe-Auguste, que des renseignements très incomplets.

Le premier, le plan de Lutèce, tiré de César, de Strabon, de l'empereur Julien et d'Ammien Marcellin comporte le temple de Mercure, celui de Mars, la nécropole (cimetière du Nord), des constructions romaines, des fontaines, celle de Mercure, la fontaine antique.

Sous le règne de Philippe-Auguste (1180-1223), *Histoire de Dulaure*, aucune maison en dehors des fortifications et des marais dont le défrichement avait commencé en 1154.

Sous Philippe le Bel (1285-1314) nous voyons figurer

au plan de Paris les Augustins, la rue Coque-Héron, la rue et la porte de la Coquillère, la rue de la Plâtrière, la rue Raoul-Roissole, Saint-Eustache, la rue Traversière, la rue et la porte Nicolas.

Les plans de 1530 comportent l'abbaye et la porte *Mômartre*.

Vers 1540, des constructions sont indiquées sur les plans de l'époque; sur ceux de 1552, des jardins, des moulins. En 1555, on y voit l'abbaye et la chapelle. Le dessin de la chapelle est accompagné de cette annotation : *La chapelle où saint Denis fut décollé et ses compagnons.*

En 1609, se dessine le paquet de maisons qui deviendra plus tard le XVIIIe arrondissement. Le faubourg Montmartre existe.

Nous voyons sur les plans de 1630 le faubourg et la porte Mont Marthe; sur ceux de 1676, la rue des Porcherons (les Porcherons), de la Voirie, Notre-Dame de Lorette, la rue d'Enfer; sur ceux de 1713, le cimetière Saint-Eustache, le faubourg Montmartre, Notre-Dame de Lorette, la rue des Porcherons, le chemin de Montmartre.

Enfin, en 1714 : plan et description du quartier de Mont-Marte avec ses rues et ses limites.

Un acte de naissance en date du 18 août 1859, de M. Gay-Bellile, porte la mention : né à Montmartre, canton de Neuilly (Seine) !

Montmartre, comme on voit, a passé par toute la gamme des dénominations administratives.

CHAPITRE IV

L'ABBAYE — LA CHAPELLE ET L'ÉGLISE SAINT-PIERRE

Quelle qu'elle soit : bonne ou mauvaise, folle ou sensée, juste ou fausse, toute idée trouve des adeptes. L'idée chrétienne vint à son heure, elle eut un formidable écho. En mémoire de leur évangélisateur, les néophytes élevèrent une chapelle à l'endroit même que la légende affirmait être le lieu de sa mort. Placée sous le vocable de saint Denis, elle devient bientôt un sujet de procession et de pèlerinages de plus en plus nombreux au fur et à mesure des progrès incessants de la foi.

Vers 700-750, une église paroissiale est construite ; des monuments qui remontent à Charles le Chauve (847-853) nous l'attestent ; de plus, le chanoine Frodoard, dans ses chroniques, raconte qu'une église paroissiale, en l'an 944, fut renversée à la suite d'une épouvantable tempête.

Il ne peut être ici question de la chapelle. Tillemont et dom Duplessis prétendent en effet que deux églises, édifiées en l'honneur de saint Denis, existaient à Montmartre, l'une au sommet de la butte, l'autre à mi-côte. Elles appartenaient, en 1095, à Gauthier Pagan et sa femme, la comtesse Hodierne, qui en firent don aux religieux de Saint-Martin des

L'Abbaye de Montmartre au XV⁰ siècle,
d'après un dessin de M. Lenoir, exécuté lui-même
d'après un tableau du Louvre.
(Dessin de O'Galop.)

Champs. Ceux-ci y établirent un prieuré de l'ordre de Cluny.

En 1133, Burchard de Montmorency, prieur de Saint-Martin, cède les deux églises en question à Louis VI, dit le Gros, qui les restaure, les agrandit et y fonde un couvent de religieuses bénédictines. Le prieur reçoit en échange l'église de Saint-Denis de la Charte dans la Cité.

La reine Adélaïde (Alix de Savoie), épouse de Louis le Gros, prit le voile dans l'abbaye qu'elle avait fondée ; elle en fut la première abbesse (1134). Quelques années après, le pape Eugène III, attiré sans doute par la gentillesse des religieuses, les visita plusieurs fois. Il consacra l'église en 1147, assisté de saint Bernard.

En 1789, on pouvait lire l'inscription suivante dans la chapelle du martyre où ladite abbesse avait été transportée au bout de cinq siècles :

ICI EST LE TOMBEAU DE TRÈS ILLUSTRE ET TRÈS
PIEUSE PERSONNE
MADAME ALIX DE SAVOIE, REINE
DE FRANCE,
FEMME DU ROI LOUIS VIe DU NOM
SURNOMMÉ *le Gros*
MÈRE DU ROI LOUIS VII DIT *le Jeune*,
ET FILLE DE HUMBERT II, COMTE DE SAVOIE,
ET DE GISLE DE BOURGOGNE, SOEUR DU PAPE
CALLIXTE II

Par la suite de nombreux saints, évêques, etc., contribuèrent à grandir la popularité chrétienne de la Butte.

Durant l'hiver de 1392, Charles VI, accompagné de toute sa cour, se rendit à la chapelle des Martyrs pour y remercier Dieu d'avoir échappé à un grand malheur. Quelques jours auparavant, lors d'une fête donnée à l'hôtel de la reine Blanche, le feu avait pris à des déguisements de sauvages portés par des gentils-hommes qui dansaient aux secondes noces d'une dame de la maison d'Orléans. Malade, le roi Charles VI avait assisté la veille au service funèbre des deux victimes, et la foule étonnée regardait passer ce roi tout jeune et déjà très vieux, pâle, l'œil atone, et que ce triste pèlerinage effarait.

Les orfèvres de Paris se donnaient aussi rendez-vous dans la chapelle du Martyre; jusqu'en 1483, cependant, ils n'en possédèrent pas les clés qui devaient être déposées chez l'abbesse. Il y eut des chicanes et des tiraillements au sujet des droits qu'ils prétendaient avoir sur l'église. L'antisémitisme trouverait peut-être chez les « Messieurs Josse » de l'époque, quelque indice avant coureur de la rapacité juive qui caractérise les brasseurs d'or de notre temps.

En 1611, on découvrit la chapelle du Martyre et la crypte souterraine. Les annales des bénédictins ne parlent pas de ladite chapelle avant 1096, mais elles constatent son existence dans les premiers siècles du christianisme.

Le *Cérémonial monastique de l'abbaye royale de Montmartre* dit : « On voit dans les titres de la fondation de cette Abbaye que, sur le penchant de la montagne du costé de Paris, il y avait de toute *antiquité* une chapelle qui fut bastie par les premiers chrétiens de cette ville, sur le lieu mesme que, selon la tradition, le grand saint Denys l'Aréopagite, leur premier évesque arrosa de son sang lorsqu'étant décapité avec ses deux compagnons et *plusieurs autres chrestiens*, il acquit la palme du martyre. Ce lieu pour cette raison fut appelé CAPELLA DE SANCTO MARTYRIO. »

En 1656, Michel de la Rochemaillet, angevin, ancien avocat au Parlement et au conseil de Sa Majesté, s'exprime ainsi :

« Proche cette ville (Paris), il y a une montagne sur laquelle est bâtie une abbaye de femmes au lieu où, du temps que les Romains étaient possesseurs de la France, ils adoraient les idoles et voulaient appeler ce lieu Mont de Jupiter, et depuis il a été appelé Montmartre qui veut autant dire que Mont des martyrs, parce que saint Denis. premier évêque de Paris, est celui qui y planta l'Évangile. et avec Rustic et saint Eleutaire furent massacrés par les infidèles où à présent est une chapelle que l'on nomme les Martyrs, sur le penchant de la montagne vers la ville, lequel saint Denis porta sa tête entre ses mains jusques à la ville qui est appelée de son nom. »

Nous avons montré, dans notre deuxième chapitre, comment avait pu naître cette légende du décapité marchant. Elle s'appliqua d'ailleurs à plusieurs compagnons de saint Denis décollés comme lui : saint Yon à Chartres, saint Nicaise près de Rouen, saint Lucien à Beauvais, saint Piat à Tournai, qui, rapporte l'abbé Sougnet dans sa *Vie religieuse de Montmartre*, jouissent dans l'esprit des foules du même privilège que saint Denis.

Les guerres de religion, la Ligue, le siège de Paris avaient mis en ruines la pauvre abbaye tout en faisant germer dans les âmes la fleur du péché! Ainsi que nous le mentionnons dans *Montmartre historique*, le

Béarnais avait campé sur la Butte et dirigé sur Paris le feu de son artillerie à l'endroit où se trouvait le mur bâti par les Romains et qui servait de soutènement à la terrasse située au sud de la place du Tertre devant le temple de Mars.

Nous lisons dans les *Mémoires de Sully* :

« Sa Majesté ayant partagé son armée en dix parts et icelles ordonnées pour attaquer en même temps les faux bourgs...

« ... S'en alla à l'abbaye de Montmartre où il ne mena avec lui que des vieillards, les gens de plume et les blessés qui ne pouvaient combattre, au nombre desquels était M. de Sully, auquel elle fit mesme apporter un siège auprès de luy, à sa mesme fenêtre où il entretenait M. du Plessis-Rusé, M. de Fresnes, et, ce nous semble, M. Alibour. »

Alors, racontent A. d'Aubigné et Bassompierre, Henri IV captura Marie de Beauvilliers, l'une des religieuses, et devint son amant.

Que faut-il penser, touchant la véracité de ce fait? Nous inclinerions vers l'affirmative, le libertinage du Vert Galant ne faisant doute pour personne. Et qu'importe, après tout! L'institution de la poule au pot n'est-elle pas là pour sauver le bon renom du roi Henri, pour lui faire pardonner ses fredaines?

Marie de Beauvilliers, lâchée par Henri IV, qui avait les amours faciles, jura, mais un peu tard, qu'on ne l'y reprendrait plus. Toutefois, cet élan donné, ce fut, parmi les religieuses, à qui suivrait le plus loin la digne nonne dans la voie de la débauche. Les gens du Béarnais firent de considérables ravages en des cœurs voués seulement à l'amour de Dieu. Une indiscipline absolue devint bientôt la seule règle d'un couvent qu'on eût été tenté de prendre pour une maison de plaisir. Les religieuses, dit la chronique, sortaient fréquemment de l'abbaye; elles se répandaient par la ville, causant grand scandale, ne rentrant même plus tous les soirs. L'abbesse voulut mettre un terme à ces désordres scandaleux; mal lui en prit car, à deux reprises, elle faillit être assassinée et empoisonnée. L'évêque de Paris en personne dut se rendre au couvent pour tâcher de mettre les gentilles rebelles à la raison. Il fut conspué, sifflé et renvoyé. Il fallut des soldats pour faire rentrer ces religieuses dans le devoir. Enfin, vers 1598, Marie de Beauvilliers revint à la réalité; elle fut nommée abbesse et sut, en deux années, reconquérir la place qu'elle avait perdue auprès des évêques et du monde chrétien. Elle y fut aidée par le P. Cotton, saint François de Sales, Mᵐᵉ Acarie, saint Vincent de Paule, etc...

Le monastère était devenu, en 1559, la proie des flammes.

Non contente de relever l'esprit moral de sa communauté, l'abbesse repentie parvint avec l'appui de la cour à en relever aussi les ruines.

C'est au cours de ces travaux de restauration que l'on découvrit une voûte sous laquelle se trouvait un escalier. Creusée dans le plâtre, la grotte avait 8 pieds de haut et 17 mètres de longueur. La largeur allait en diminuant de 16 pieds au nord à 8 au midi.

La superstition et la réclame amenèrent de nouveau les curieux à l'abbaye. Marie de Médicis et la cour donnent l'exemple en venant visiter, en grande pompe, la chapelle souterraine.

« Cette dévotieuse Dame, dit l'abbé Doublet, historien et contemporain de Marie de Beauvilliers, me fit l'honneur de m'envoyer querir à Saint-Denys, et, estant arrivé, à sa prière, je descendis en cette profonde cave ou grotte, avec un mien confrère, nommé Louis de Berthaucourt, trésorier de Saint-Denys et depuis prieur du Prieuré de Taurin, et deux Chapelains d'icelle, ayant du luminaire.

« Or je remarquay la grande antiquité du Sainct lieu, la profondeur, l'autel très ancien de pierre non taillée d'aucun ferrement, ni autre outil, fort rude et nullement polie ; iceluy non à la façon des nostres, ains tenant du triangle, tiré du fond de la roche de plastre, et sur iceluy des Croix ressentant son ancienneté très grande, sur lequel l'Apostre de France, sainct Denys l'Aréopagite célébroit la Saincte Messe, où il communioit son troupeau et faisoit l'Assemblée des Fidèles pour prier Dieu en cachette, à cause de la grande persécution des Tyrans.

« Je remarquay encore par cy par là des Croix et des lettres si vsées et tant vieilles, que j'eus bien de la peine d'en tirer des demi-mots *Mar. Clemin. Dio...*, et autres demi rongez que je ne pus deviner... Pareil-

lement je recogneus vn escusson gravé avec quelque
ferrement contre la pierre, dans lequel estoient empreintes deux clefs en croix, comme encore de présent
les Papes en vsent de mesme. Ce sacré lieu estoit une
caverne et cachot pour les premiers Chrestiens qui
n'osoient s'assembler que sous terre et de là enseve-
lissoient leurs martyrs, à la façon de Rome, dans les
caves qu'ils nommoient des criptes et catacombes et
cavernes cachées... Mon témoignaige doit estre creu
et receu ayant pour garant deux bons et fidèles témoins
qui ont fait les mesmes remarques. Les RR. PP. Jacques du Breuil en ses *Antiquitez de Paris*, Étienne
Binet de la Compagnie de Jésus en la *Vie de S. Denys
l'Aréopagite* et Ignace de Jésus-Maria, carme dé-
chaussé. Et il ne faut nullement douter que ces lettres
avoient été escrites par les premiers Chrestiens en la
roche, pour mémoire et souvenance que Sainct Denys
l'Aréopagite et ses deux compagnons, Saint Rustic et
Saint Eleuthere, martyrs, avoit été envoyez par S. Clément, et les deux clefs en croix de l'escusson mon-
troient et dénotoient l'authorité, la puissance et les
marques de l'Église romaine et Sainct Siège Romain.

« Mais encore pour preuve, approbation et assertion
de mon dire et ce qui est sans reproche et sans contredit, c'est que madame de Montmartre a fait faire
une descente en la dite grotte ou caverne, par authorité de Justice, avec un procez verbal par devant
M. Pierre Pocher, secrétaire de la Chambre du
Roy..., etc. »

« Dès lors, dit le P. Binet, l'église du Martyre eut comme trois étages. La chapelle haute quasi à fleur de terre ; au-dessous une autre cachée sous terre, et sous celle-ci une troisième. »

Marie de Beauvilliers fit élever auprès de la chapelle du Martyre un monument dépendant de l'abbaye. « Vingt religieuses, raconte M. A.-L. Bertrand (*Bulletin du vieux Montmartre*), furent désignées pour fonder une nouvelle maison qui prit le nom de prieuré des Martyrs. Une longue galerie couverte réunit les deux monastères. De belles murailles de clôtures furent élevées ; l'abbaye, le *Martyrium*, le prieuré furent compris dans le même enclos ; grâce à la galerie de 600 pas due à la munificence de la duchesse de Guise, les religieuses pouvaient, à l'abri des intempéries, visiter les deux sanctuaires et prendre part à des exercices communs. »

Ce nouveau monastère, compris entre les premières maisons de la rue des Abbesses et la rue de la Vieuville où sont encore conservées les caves, se rattachait à l'église et à un vaste enclos qu'on peut ainsi délimiter : le mur de la cour intérieure se continuait devant la mairie, suivait le côté droit de la rue Ravignan, jusqu'à la rue Gabrielle, où, par une belle grille, on apercevait une large avenue de marronniers. Bordant cette avenue, le mur remontait le long du passage du Calvaire jusqu'à la place du Tertre, enfermant les côtés Sud et Est, où se trouvaient les dépendances de l'abbaye, pressoir, granges, four banal, maison du bailli, etc. Une partie de l'église était paroissiale, ainsi que le cimetière qui lui était contigu. Les bâtiments de la vieille abbaye, bordant la rue de la Barre (autrefois rue des Rosiers), avaient été vendus et remplacés par des habitations de paysans. A leur suite, le mur se continuait jusqu'à la rue de la Bonne (bonne eau), où il s'infléchissait dans l'axe de cette rue, jusqu'au prolongement fictif de la rue André-del-Sarte, englobant la basilique du Sacré-Cœur et tout le nouveau square projeté, jusqu'aux rochers factices. Vis-à-vis la rue Seveste, le mur descendait en diagonale jusqu'à l'intersection de la rue Steinkerque par la rue d'Orsel. De là, il rejoignait en ligne droite le mur de la cour intérieure, supprimant ainsi le haut de la rue des Martyrs, où se trouvait l'ancienne chapelle du Martyre.

Un petit espace triangulaire compris entre les rues d'Orsel, le boulevard Rochechouart et la chaussée des Martyrs séparait donc seulement les dépendances du monastère, du mur d'enceinte de Paris, construit en 1773.

Marie de Beauvilliers mourut à l'âge de quatre-vingt-trois ans (1657). Françoise-Renée de Lorraine, qui avait été sa coadjutrice pendant plus de douze ans, lui succéda.

La chapelle des Martyrs ou, pour mieux dire, les trois églises superposées reçurent de grands embellissements. Le maître-autel de l'église supérieure était d'une richesse qui ne le cédait à aucune des églises de Paris : au-dessus du maître-autel, au milieu du retable, un beau marbre en relief était chargé de ces trois mots en lettres d'or : *Hic locus sacrificii*.

On pourrait à bon droit s'étonner de la vogue que la chapelle des Martyrs obtint à cette époque, mais il faut se souvenir que les Jésuites étaient tout-puissants à la Cour, et nous devons rappeler que la crypte souterraine peut et doit être considérée comme le véritable berceau de l'Ordre, car, le 15 août 1534, Ignace de Loyola et six de ses disciples, François Xavier, Pierre Lefèvre, Jacques Lainez, Alphonse Salmerou, Nicolas Bobadille, Simon Rodriguez se rendaient à Montmartre pour se dévouer au triomphe de l'Église catholique.

Les clefs de la chapelle du Martyre furent remises à Ignace par la mère Perrette Roudlard, sous-sacristine, qui parvint à l'âge de cent ans ; cette visite l'avait rendue bien heureuse, aussi elle rappelait volontiers cet épisode de sa vie [1].

Le Père Lefèvre célébra la messe dans la petite crypte du *martyrium* [2] ; tous communièrent de sa main et prononcèrent leurs premiers vœux, posant ainsi les fondements de la célèbre *Compagnie de Jésus*.

La générosité de Louis XIV, vivement sollicitée par les R. P., dota magnifiquement la chapelle des Martyrs qu'il fit surmonter d'un dôme.

1. *Manuscrit de la Bibliothèque nationale*, *fonds latin* n° 12.685.
2. Chéronnet, *Gallia Christiania*.

La chapelle avait de très belles orgues ; les religieuses, aidées d'instruments de musique et d'un concours de belles voix, donnaient une grande solennité aux cérémonies de l'Église. Aussi, pour les entendre, un grand nombre de personnes s'y acheminaient les dimanches et fêtes.

Dans la chapelle souterraine, on admirait une grande et belle statue d'albâtre donnée par la reine Anne d'Autriche et représentant saint Denis.

Les religieuses abandonnant la vieille église qui, durant cinq cent quarante-huit ans avait servi de chapelle à l'abbaye, se réservèrent cependant la partie absidiale séparée du reste de l'édifice par une grille ; cette partie de l'église porte encore aujourd'hui le nom de Chœur des Dames.

Les anciens bâtiments du monastère d'en haut servirent de granges, d'entrepôts pour l'exploitation des terres de l'abbaye. C'est là également que se trouvait le *Pressoir banal*. On y établit aussi une infirmerie pour les cas de maladies contagieuses.

L'église paroissiale fut agrandie. Le portail actuel date de cette époque. D'après l'étude que M. Ch. Sellier a publiée sur l'église de Saint-Pierre, ce portail a été élevé vers la fin du XVIIe siècle sur les ruines d'une façade à triple pignon, percée de baies circulaires lobées de trèfles ou de quatre feuilles. Il débouchait comme aujourd'hui par trois portes ; au lieu d'être à linteau horizontal rectangulaire, elles s'ouvraient sous des voussures concentriques enfoncées dans des ébrasements en retraite. Lors de quelques réparations exécutées en 1838, on y a retrouvé des traces d'une grande fenêtre à plein cintre avec ornements et frises en pointes de diamants[1].

Après l'incendie de leur communauté, les Dames de Montmartre furent obligées, en 1622, d'établir une succursale en érigeant en prieuré l'antique chapelle des Martyrs située à mi-côte de la Butte et qui faisait partie du domaine abbatial.

M. A. L. Bertrand, dans le 22e fascicule du *Bulletin du vieux Montmartre* donne à ce sujet des renseignements d'une grande valeur.

« Un procès-verbal très curieux dressé le 13 juillet 1611 par Pierre Pochet, secrétaire de la chambre du Roy, et Prévost de MOTMARTRE (*sic*) relate que, lorsque les religieuses du couvent firent agrandir la chapelle du Martyre, on découvrit au bas de la clôture, du côté de Paris, une voûte sous laquelle existait un escalier de trente sept marches dont la maçonnerie était « gâstée et escornée[2] ». Au bas de cet escalier on trouva une « caverne » taillée *dans la roc (sic)* de plâtre, tant par le haut que par les côtés et circuits.

« Cette chambre avait 11 mètres de long sur 2m,50 de hauteur ; on y trouva une sorte d'autel, en pierre de plâtre « biscornue », sur lequel étaient gravées des

---

1. *Bulletin des Amis des monuments parisiens*. Paris, 1888, n° 8, p. 97 et suivantes.
2. Une vue de la chapelle souterraine existe à Carnavalet.

croix, et ces trois fragments de mots : *Mar... Clemin... Dio...*

« Il est probable qu'elle servit de refuge aux premiers chrétiens. Elle devait se continuer beaucoup plus loin, d'ailleurs, car l'extrémité de la chambre était aveuglée par des terres.

« La nouvelle de cette découverte causa une vive sensation dans Paris. La reine Marie de Médicis vint en pèlerinage à la crypte et son exemple fut suivi par un grand nombre de personnes de toutes conditions...

« La crypte des Martyrs fut comblée pendant la Révolution, après la suppression du couvent et de l'église. Elle disparut complètement au commencement du siècle. Vers 1811, un carrier du nom de Chevreuse exploita tout le gypse existant sous les terrains de l'ancien couvent et de la chapelle des Martyrs et lorsqu'en 1869 l'abbé Le Rebours, espérant trouver les restes de saint Denis et de ses deux compagnons Eleuthère et Rustique (?), fit exécuter des fouilles à l'emplacement de l'ancienne crypte, il ne put que constater la disparition de celle-ci.

« Aujourd'hui, un établissement religieux a été reconstruit à l'endroit où existait la chapelle des Martyrs et cette propriété appartient aux Dames auxiliatrices de la Rédemption de la rue Antoinette.

« Le prieuré du bas était relié à l'établissement du haut par un long escalier galerie.

« Le dôme de la chapelle fut édifié sous Louis XIV.

« L'entrée de l'abbaye était placée où se trouve

actuellement le bureau de poste de la place des Abbesses. »

Nous trouvons, d'après Félicien et dans les *Cartulaires* de Montmartre, les diverses chartes de la fondation de l'abbaye.

Après la Révolution, les terrains qu'avaient régis pendant près de huit siècles Mesdames les abbesses furent vendus, l'abbaye fut démolie et son emplacement servit à une exploitation de carrière à plâtre.

Voici l'ordre de succession des abbesses de Montmartre :

I. — *Adelaïde*, femme et veuve du roi Louis le Gros, fondatrice du monastère, fut nommée abbesse ; elle venait de l'abbaye de Saint-Pierre de Reims et mourut en 1154.

II. — *Christine* ou *Chrétienne*, de Courtebonne ; était abbesse en 1147. (Visite du pape Eugène III.)

III. — *Adèle* qui mourut en 1174.

IV. — *Élisabeth* en 1199, morte le 3 des nones de janvier. Fondation d'une chapellenie aux Martyrs.

V. — *Hélisende* ou *Héloïse Ire*, abbesse de 1218 à 1231. A cause du froid, elle accorde aux religieuses des bottes fourrées.

VI. — *Pétronille*, citée en 1239.

VII. — *Agnès Ire* ; paraît en 1247 et 1254. (Bulle d'Innocent III.)

VIII. — *Emeline* ; était abbesse en 1260.

IX. — *Mahant du Frenoy*, abbesse en 1270 ; elle mourut en 1280.

X. — *Alips de Don*, abbesse en 1280, morte le 1er jour de carême 1284.

XI. — *Adeline d'Ancilly*, morte en 1300.

XII. — *Ade de Mincy*, morte le jour de Saint-Côme, en 1317. Fondation d'une deuxième chapellenie aux Martyrs.

XIII. — *Jeanne de Repenti*; était abbesse de 1317 à 1320. Les habitants de Paris, qui avaient été en pèlerinage à Notre-Dame de Boulogne-sur-Mer, établirent une confrérie, puis obtinrent la permission de l'abbesse de Montmartre de bâtir l'église de Boulogne-sur-Seine et d'y ériger leur confrérie en 1320.

XIV. — *Jeanne de Valengoujard*; paraît de 1329 à 1348.

XV. — *Jeanne de Montery*, de 1354 à 1376.

XVI. — *Isabelle de Rieux*, de 1376 à 1398. Neuvaine de Charles VI à Montmartre.

XVII. — *Jeanne du Coudray*, 1398, morte en 1426.

XVIII. — *Simonne d'Herville*, morte en 1434.

XIX. — *Agnès Desjardins*, était encore abbesse en 1462.

XX. — *Pétronille La Harasse*; morte en 1477.

XXI. — *Marguerite Langlois*, morte en 1503.

XXII. — *Marie Cornu*, de l'abbaye des Fontaines, ordre de Fontevrault; instituée par l'évêque de Paris pour la réforme de l'abbaye de Montmartre.

XXIII. — *Martine du Moulin*; se désiste en 1515; morte en 1535.

XXIV. — *Claude Mahielle*, élue en 1515, morte en 1518.

XXV. — *Antoinette Augier* ou *Auger*, élue en 1519 ; cesse d'être abbesse en 1526.

XXVI. — *Catherine de Charran*, élue en 1526.

XXVII. — *Antoinette Augier*, réélue en 1532, morte en 1539. Visite de saint Ignace et de ses compagnons, le 15 août 1534.

XXVIII. — *Marie Cathin*, abbesse en 1540.

XXIX. — *Marguerite de Havard*, de la famille de Senantes, morte le 18 juillet 1552.

XXX. — *Catherine de Clermont* ; fut nommée abbesse par Henri II en 1548. Elle était nièce de Diane de Poitiers. Elle mourut le 11 septembre 1589.

XXXI. — *Claude* ou *Claudine de Beauvilliers*, élue en 1589. Siège de Paris par le roi Henry. L'abbesse passe en 1590 à l'abbaye du Pont-aux-Dames.

XXXII. — *Catherine de Havard*, élue en 1590.

XXXIII. — *Marie de Beauvilliers*, nommée le 7 février 1598, morte le 21 avril 1657 à l'âge de quatre-vingt trois ans.

XXXIV. — *Françoise Renée de Lorraine*, morte en 1682.

XXXV. — *Marie Anne de Lorraine d'Harcourt*, morte le 29 octobre 1699.

XXXVI. — *Marie Éléonore Gigault de Bellefonds*, prit la direction du couvent le 24 décembre 1699 ; elle mourut le 17 août 1717.

XXXVII. — *Marguerite de Rochechouart de Mont-*

pipeau était reçue abbesse le 14 février 1718 ; morte le 22 octobre 1727.

XXXVIII. — *Louise Émélie de la Tour d'Auvergne*, fille de Frédéric de la Tour, comte d'Auvergne et d'Henriette Françoise de Hohenzollern ; abbesse de Villers-Cotterets depuis vingt ans ; se retire en 1731, meurt le 1er juin 1737.

XXXIX. — *Catherine de La Rochefoucault-Couzage*, abbesse de Saint-Jean-Baptiste de Duno, près Orléans, prend possession de l'abbatiat de Montmartre le 8 juillet 1731, et meurt en 1760, le 11 septembre.

XL. — *Marie-Louise de Laval, duchesse de Montmorency* fut guillotinée en 1793, le 8 thermidor.

En 1622, la communauté de Montmartre avait été partagée en deux maisons différentes : celle du monastère dit d'*En haut* et celle dite des *Martyrs* au-dessous. Chacune eut sa supérieure particulière. La maison des Martyrs fut érigée en prieuré particulier dépendant du monastère, sous les mêmes titre et invocation de saint Denis et de ses compagnons. Long-temps, l'église du prieuré fut pour les Parisiens le lieu de dévotion et de pèlerinage par excellence.

Tous les ans le Chapitre de Notre-Dame y faisait une procession solennelle et les prédicateurs les plus renommés s'y succédaient.

En 1657, alors que Louis XIV se trouvait au siège de Dunkerque, Anne d'Autriche et la Cour vinrent souvent à Montmartre prier pour la guérison d'une maladie dont était atteint le grand roi. Lors de son retour à Paris, le père Sougnet nous apprend qu'il vint rendre grâces à Dieu dans le sanctuaire des Martyrs et qu'il fit restaurer la chapelle souterraine.

Vers 1680, les deux monastères d'*En haut* et d'*En bas* furent réunis comme jadis en une seule communauté et dans une construction, sinon nouvelle, du moins agrandie à cet effet. La vieille maison-mère, celle d'*En haut*, fut abandonnée pour la maison située à mi-côte, vers Paris.

L'abbaye de Montmartre, supprimée en 1790 et vendue quelque temps après, fut détruite en 1793.

On voit encore aujourd'hui, derrière l'église paroissiale, la chapelle dans laquelle furent inhumées un grand nombre d'abbesses et où les offices du couvent furent célébrés jusqu'au jour de l'émigration définitive des religieuses du prieuré, sous Louis XIV. Cette chapelle, appelée aujourd'hui le Chœur des Dames et devenue propriété de l'État n'est plus affectée au culte.

Le Chœur des Dames est dans un état de délabrement qui fait peine à voir. Il renferme l'escalier d'une tour qui s'élevait à l'abside et dont le sommet portait un télégraphe aérien établi en 1795 par Claude Chappe et qui communiquait au moyen de signaux avec l'église Saint-Sulpice, puis avec Montlhéry.

Auprès de l'église paroissiale et sur une partie de l'emplacement jadis occupé par les bâtiments du monastère dont les caves existent encore, on a construit une grande chapelle et on a élevé un *calvaire* qui, encore aujourd'hui, est, deux fois l'an, l'objet d'un pèlerinage.

Un monument intéressant de l'histoire religieuse de Montmartre est sans contredit l'église Saint-Pierre, classée d'ailleurs parmi les monuments historiques.

Tout le pourtour de l'église et, par conséquent, le petit enclos qui la précède servait déjà, à l'époque mérovingienne, de lieu d'inhumation. On remarque, à gauche, la croix centrale de l'ancien cimetière de la Chapelle, élevée, comme le mentionne une inscription, par Philippe Cotin, et transportée en ce lieu-ci, avec autorisation préfectorale et aux frais de la ville, sur la requête de la Société le Vieux-Montmartre. Un peu plus loin est la porte de l'ancien cimetière de la commune, fermé sous la Restauration; à droite est la chapelle des catéchismes, et l'entrée du Calvaire qui fait le tour de l'église.

La façade de l'église est moderne et très simple; elle se compose d'un pignon central avec deux basses portes latérales. Les trois portes actuelles sont carrées; la grande supporte une fenêtre de même forme; les deux petites ont aussi la leur, mais plus allongée. Le fronton très simple est surélevé en petite maçonnerie, dans le seul but de le mettre au niveau de la toiture; pour les bas-côtés, il n'y a qu'un plafond couvert. Examinons maintenant l'ensemble de l'édifice.

Le plan représente un parallélogramme, divisé en trois parties par deux rangs de piliers; ceux-ci, au nombre de douze, soutiennent les arcades en ogives

.qui divisent la nef en six travées, et celles qui donnent accès aux bas-côtés. Actuellement, cinq travées seulement sont réservées au culte.

Les colonnes qui atteignent la voûte font partie du mur même ; elles vont de là s'entre-croiser en diagonale, avec clé saillante. La clé qui est au-dessus du maître-autel porte les armes de France, celle du milieu, l'écusson d'une des abbesses ; les trois autres n'offrent que des rosaces de forme variée.

Dans la nef, au-dessus des ouvertures latérales, le mur a, dans les trois premières travées, deux étages de fenêtres ; les inférieures sont doubles et carrées, séparées simplement par deux colonnettes ; les supérieures sont ogivales et bien éclairées. La quatrième travée a deux fenêtres à plein cintre, accolées et fermées.

Dans les bas-côtés on remarque quatre fenêtres cintrées, grandes et munies de vitraux ; à gauche, deux fenêtres pareilles ; la première et la quatrième ont été fermées afin d'y disposer l'entrée de la chapelle des baptèmes et de la sacristie. Les fenêtres correspondant aux deux chapelles antérieures sont récentes, beaucoup plus grandes, ont des vitraux modernes et projettent dans l'édifice avec profusion une plus vive lumière.

Dans l'édifice, il convient de signaler le maître-autel, formé d'une grosse pierre carrée, la même sur laquelle officia le pape Eugène III, lors de la Consécration ; les marches sont faites avec des pierres tombales d'an-

ciennes abbesses. La chaire à prêcher, en bois, date
du XVIIIe siècle; de belles orgues en saillie font face
au grand autel, et ont été apportées de l'ancienne
chapelle de Notre-Dame-de-Lorette; enfin la cuve bap-
tismale, de style renaissance, porte deux clés entre-
croisées et la date de 1537.

L'église Saint-Pierre garde encore de sa construction primitive quatre colonnes de marbre noir et blanc,
monolithes, et surmontées d'un chapiteau corinthien;
deux sont à l'entrée, les deux autres à l'extrémité de
l'édifice, dans la chapelle abandonnée de l'ancienne
abbaye. Suivant la tradition, ces colonnes proviennent
de l'un des anciens temples païens construits sur la
Butte au temps de la domination romaine.

Ces quatre colonnes, les plus anciens monuments
montmartrois, ont failli cependant quitter l'église, et,
si Montmartre les possède encore, c'est en grande
partie à Chappe, l'illustre inventeur de la télégraphie
aérienne, que les Montmartrois doivent en rendre
grâce.

En 1808, très endettée, la fabrique de Montmartre
adressa au ministre des cultes une pétition à l'effet
d'obtenir l'autorisation de vendre « quatre colonnes de
marbre antique brisées et de peu de valeur » dont on
leur offrait un prix avantageux. L'acquéreur s'obligeait
à les remplacer par des colonnes toutes neuves de
bonne pierre. Les suppliants espéraient que dans un
besoin aussi pressant, Son Excellence ferait droit à
leur pétition et le suppliaient d'agréer les sentiments

de leur profond respect et de leur parfaite soumission.

Cette pétition (signée : Daudy, curé ; Jacob, trésorier ; E. Miquel, Borelle) avait été envoyée par les
fabriciens de Montmartre au ministre des cultes le
4 août 1808 : celui-ci la transmit au préfet de la Seine
Frochot qui, à son tour, l'envoya au sous-préfet de
Saint-Denis, le 30 septembre de la même année.

Frochot, remarquable administrateur, mais artiste
et archéologue médiocre, ne fit pas d'objections sur le
fond de la demande ; il recommanda simplement à son
subordonné, le sous-préfet de Saint-Denis, de demander l'avis de l'ingénieur de l'arrondissement.

« Il devra faire connaître si les colonnes sont en
assez mauvais état pour justifier le parti qu'on propose
et si leur enlèvement peut se faire sans nuire à la
solidité ou à l'ordonnance intérieure de l'église. »

On rappelait en outre que « l'église n'appartenant
point à la fabrique, mais à la commune, c'est au maire
qui en est l'interprète à provoquer cette vente s'il la
croit utile aux intérêts de la commune et sans inconvénient pour l'église. »

Fort de ses instructions, le sous-préfet de Saint-
Denis écrivit (16 octobre) au maire de Montmartre une
lettre assez dure pour lui rappeler l'étendue de ses
droits et lui dire de faire la demande de vente des
quatre colonnes au nom de ses administrés.

Sur ces entrefaites, Gaudin, maire de Montmartre,
mourut ; Finot, qui lui succéda, ne paraît pas avoir eu

à l'égard de ces curieux débris du passé plus de respect que ses prédécesseurs ; il ne vit aucun inconvénient à les vendre. Fort heureusement l'ingénieur de l'arrondissement, par deux rapports, en date des 25 mars et 10 avril 1810, déclara qu'on ne pouvait enlever les colonnes adossées au portail sans compromettre la solidité de l'édifice.

Chappe, administrateur des lignes télégraphiques, demeurant rue de l'Université, ancien hôtel de Villeroy, fut consulté au sujet des deux colonnes placées dans l'arrière-chœur de l'église, au-dessus duquel s'élevait le fameux télégraphe qui couronna la Butte pendant plus de cinquante ans. Une première lettre, à lui adressée le 28 mai 1810, resta sans réponse. Le 7 septembre de la même année, le sous-préfet de Saint-Denis, impatienté, écrivit de nouveau à Chappe : celui-ci lui répondit le 11 en s'opposant à l'enlèvement des colonnes du chœur. En présence de ces oppositions, le sous-préfet de Saint-Denis prit, deux jours plus tard, un arrêté interdisant la vente des colonnes de l'église.

On sut alors le nom du mystérieux acheteur dont les propositions, assez peu généreuses pourtant, avaient séduit les naïfs fabriciens de Montmartre : c'était le comte de Choiseul Gouffier, le célèbre auteur du *Voyage de la Grèce*. Il comptait acquérir les quatre colonnes pour 800 francs, plus les frais de construction des piliers de pierre qui devaient remplacer les marbres antiques.

Un arrêté du 17 octobre 1810 mit fin à cette malencontreuse tentative.

Enfin, en 1873, l'Assemblée nationale a autorisé l'archevêque de Paris a édifier au sommet de la Butte

Le télégraphe aérien Chappe.
(Dessin de O'Galop.)

une église vouée au Sacré-Cœur. Nous lui consacrons un chapitre spécial.

Mais revenons à l'abbaye.

Dans les *Singularitez de Paris* (1614), d'Étienne Cholet, en plus d'un plan de Paris de Vassalien admirablement établi et publié par Jean Le Clerc, nous trouvons ceci :

« L'abbaye de Montmartre, ainsi appelée d'autant

qu'elle est assise sur le faîte de la montagne dite
Mons-Martis, du temple et idole de Mars qui était à
la cime selon aucuns. Mais la plus saine partie tient
que c'était l'idole de Mercure. (On croit avoir retrouvé
des vestiges des temples de ces deux divinités placés
sur la montagne, l'un à l'Orient, l'autre à l'Occident.)
Quoi qu'il en soit, cette abbaye de religieuses de
l'ordre de Saint-Benoît y fut fondée par Loys VI, dit
le Gros et Aalis ou Adelaïs son épouse. Ils ne firent
pas seulement bâtir le dortoir, réfectoire, cloistre et
chapitre de celui-ci, ils réédifièrent préalablement
l'église, sacrée neuf ans après (1157) par le pape
Eugène III (assisté de saint Bernard et de Pierre le
Vénérable). »

Nous avons déjà conté que l'an 1534, Ignace de
Loyola, sur le point d'instituer les Jésuites, cette épée
dont la poignée est à Rome et dont la pointe est partout dirigée, vint supplier les saints martyrs de se
charger auprès de Dieu des intérêts de la Compagnie.
Or, il faut rendre cette justice aux bienheureux agents
d'affaires qu'ils s'acquittèrent très bien de cette commission. Anne de Jésus et Anne de Saint-Barthélémy
se crurent obligées, avant d'acclimater les carmélites
à Paris, à une semblable déférence.

Au surplus, toutes ces politesses, très flatteuses sans
doute pour l'honneur des saints patrons du monastère, étaient apparemment peu productives pour la
bourse des religieuses. On lit en effet dans Sauval
que, vers la fin du XVIe siècle, la communauté se

trouvait grevée de plus de 10.000 livres de dettes et ne possédait pas au-delà de 2.000 livres de revenu. L'établissement tombait littéralement en ruines.

Au titre et au costume près, comme aujourd'hui, d'ailleurs, dans beaucoup de congrégations, il n'y avait plus de religieuses. Pas une qui chantât matines en songeant au salut ! les plus sages, c'est-à-dire les plus laides, travaillaient pour vivre et mouraient à peu près de faim. Quant aux plus jolies...

L'indigence fut-elle la seule responsable ? Oh ! ce serait alors l'éponge passée sur toutes ces fautes. Mais le Béarnais vint avec ses hommes. Tout l'état-major des troupes royales élut domicile au couvent. Et quand l'armée partit enfin, il ne restait plus de novices...

La nouvelle supérieure, dit Sauval, obtint non sans peine de la libéralité du roi Henri 6.000 francs *pour réparer les dégâts qu'il avait faits.*

Il y eut malheureusement sur le chapitre des dégâts des réparations impossibles. L'abbesse et ses religieuses auraient pu nous le dire : il est des pertes qui ne se peuvent réparer. Mais si l'argent du roi demeurait impuissant à racheter « ce que femme ne perd qu'une fois » il servit du moins à restaurer quelque peu l'abbaye en ruine.

Dès les premiers coups de pioche, que trouve-t-on ? Un trou. Toutes les fois que l'on creuse, on rencontre un trou. Pourquoi ce trou n'aurait-il pas été la cave où saint Denis venait autrefois dire sa messe, du temps qu'il portait encore son chef sur ses épaules ?

Ce grelot accroché, chacun vient s'enquérir du trou. La mode est au trou de saint Denis. C'est la fortune pour les pauvres religieuses abandonnées du roi Henri.

Nous l'avons dit plus haut, Marie de Médicis, la cour vinrent en pompe grossir le nombre des curieux et le trésor anémié de la sainte abbaye.

Voyez donc ce ressort! disait-on l'an dernier. La religion catholique, à elle seule, en a trouvé beaucoup. Bref, à une certaine époque, les visiteurs montmartrois auraient pu se croire à Lourdes. Mêmes prodiges, même réclame.

L'argent rentré dans les caisses, il ne restait plus à la bonne abbesse que le devoir de ramener au bercail les brebis depuis longtemps égarés parmi les sentiers de la galanterie, les plates-bandes de l'amour terrestre... les lits de messieurs les officiers et gens de la cour...

Elle se donna un mal inouï dans cette difficile entreprise. Le couvent, de nouveau, plia sous le joug. Il plia, mais pas pour longtemps.

Durant les XVIIe et XVIIIe siècles, la licence du couvent de Montmartre fut proverbiale. La Fillon, célèbre entremetteuse, intimement liée avec le Régent, put même lui demander très sérieusement la direction de cette abbaye, sous le prétexte qu'une abbesse comme elle était tout ce qui convenait à de telles religieuses!

En 1789, la maison — est-ce ainsi qu'il convient de

la désigner ? — fut soupçonnée de recéler des armes. Le peuple la visita, la sonda, la fouilla. Bientôt, au vent de la tourmente révolutionnaire, la congrégation disparut. L'œuvre de l'abbesse de Beauvilliers, dont il ne restait que d'insignifiants vestiges qu'acheva de disperser la guerre, cette œuvre, enfin, avait vécu !

Jusqu'à la fin du XVIIIe siècle, la butte Montmartre, ainsi que les carrières à plâtre qui l'entourent ont été le lieu de superstitions étranges, dont l'origine se perd dans la nuit des temps. Le démon, paraît-il, a toujours hanté ces lieux : le chroniqueur Flodoart nous raconte qu'un vent impétueux ayant soufflé sur Paris vint s'abattre sur le mont des Martyrs en y semant la dévastation. C'est alors que l'on vit plusieurs démons sous la forme de chevaux qui secouaient les murs de l'église et arrachaient toutes les vignes du coteau ; depuis ce temps, les carrières et les endroits écartés de cette colline ont toujours été visités par le diable.

Hélas ! nos pères ont vu tant de choses ! Pourquoi faut-il que nos yeux d'incrédules ne soient plus les témoins de pareilles visions ! Certes, des diables, il en existe à Montmartre et de très jolis, mais qui songerait à donner des formes de cavales à ces démons enjuponnés, qui sèment la dévastation dans les cœurs, secouent les tristesses et n'arrachent d'autres pampres que ceux des rires fous !

Avant de terminer ce trop long chapitre, relatons une ancestrale et populaire coutume par laquelle on renvoyait à la chapelle des saints Martyrs les maris trompés ou ceux-là qui souffraient de la méchante humeur de leur femme? La voilà bien, l'étymologie de mont des Martyrs! nous clame la voix de la vérité, cette vérité qui sort du puits.

Mais les femmes aussi avaient dans cette église un saint miséricordieux dont elles invoquaient le secours dans l'intérêt de leurs ménages. Saint Raboui, d'après elles, avait le pouvoir de *rabouir* les maris. Cette légende était fondée sur celle de sainte Anastasie qui, ayant épousé un méchant homme, confie à saint Crysogone les tourments qu'elle endure et lui demande de prier Dieu pour elle. Le saint homme ayant prié, le mari mourut. Quatre jours après cette mort, raconte Lamonnaye dans *Menagania*, sainte Anastasie s'écriait:

> Que la bonté du saint est grande
> Puisqu'il donne plus que n'lui demande!

Quant à l'abbaye qu'est-elle devenue? Elle a passé par bien des avatars, elle a défrayé bien des conversations et fait couler des flots d'encre, surtout en ces temps derniers.

« Ce lieu si plein de souvenirs, écrit notre éminent confrère M. de Ménorval, voilà le champ que la fabrique de Montmartre veut vendre, un peu plus de trente deniers, pour y faire élever des maisons de rapport; voilà les traditions que les lévites veulent emporter à la semelle de leurs souliers. Soit! qu'ils s'en aillent, mais qu'ils ne comptent pas toucher le prix de leur désertion. Le Conseil municipal écoutera le vœu de

M. Lamouroux, et fera de cet endroit. le plus pittoresque de Paris, un square tout autour du cimetière et de l'église qui deviendra un musée. Ce sera un étonnant spectacle de voir des laïques plus soucieux de cette grandeur passée que ses gardiens assermentés.

« Allez visiter cette toute petite église pendant qu'il en est temps encore. L'abside romane surtout est mer-

L'église Saint - Pierre,
comportant le Chœur des Dames, vue extérieure.
(Dessin de O'Galop.)

veilleuse, si bien proportionnée que, de sa grandeur tranquille, c'est elle qui écrase le prétentieux pâté de moellons élevé à côté, *rudis indigestaque moles*, où l'absence de tout relief, la « platitude » semble érigée en système; ennuyeuse enceinte de murailles percées de meurtrières et de jours de souffrance, où font seulement saillie quelques gargouilles hors d'échelle.

« Au fond de tout cela que reste-t-il? Rien de noble;
une mesquine rivalité de chapelle à chapelle, une
question de recette. C'est vieux comme le monde des
cloîtres! Déjà au XVIIe siècle, les curés de Saint-Paul,
et entre autres, Nicolas Mazure, furieux de voir leur
pauvre église abandonnée pour la nef luxueuse des
Jésuites de la rue Saint-Antoine, où prêchaient et atti-
raient la foule les Mascaron, les Cheminais, les Bos-
suet, les Bourdaloue, faisaient sonner les cloches à
toute volée pour étouffer la voix de leurs trop éloquents
voisins; mais que voudriez-vous que fît le maigre grelot
de M. le curé de Montmartre contre le Sacré-Cœur,
qui, à défaut des accents d'un Bourdaloue, dispose des
saints hurlements de la *Savoyarde!* »

Le vœu de M. de Menorval, le nôtre, est accompli; la
petite église Saint-Pierre restera encore longtemps,
bien après nous, certes, en son coin tranquille de ver-
dure, prouvant aux catholiques d'aujourd'hui qu'il ne
suffit pas de faire grand, mais de faire bien pour obtenir
le respect même des incrédules.

L'abbé Saboux pensait descendre à mi-côte, plus
près du boulevard. Il avait déjà fait l'acquisition d'un
terrain contigu à son presbytère actuel et situé entre
les rues des Abbesses et Véron, au fond du passage
de l'Élysée des Beaux-Arts.

Et l'ancienne église que deviendrait-elle? On n'en
avait cure dans le clergé. On parlait, à la municipalité,
d'en conserver des vestiges pour en faire une sorte de
musée d'art rétrospectif montmartrois, avec un square

autour. C'était sauver une partie seulement de l'édifice, non tout.

Le « Vieux Montmartre » veillait. Il s'avisa que le terrain situé autour de l'église appartient à la fabrique, et que si la Ville veut en jouir, l'église désaffectée, il lui faudra le racheter. Première dépense qui aggraverait singulièrement la situation.

Elle a frappé M. Eugène Fournière, qui a pu prouver au conseil municipal, qu'avec ces charges la réparation de l'église, si onéreuse qu'elle soit, le sera moins que sa désaffectation définitive. La ville de Paris ne ferait-elle pas une affaire blâmable, si elle sacrifiait les deniers publics sans autre résultat que de détruire un vestige d'art et d'histoire.

C'est la thèse que M. Fournière a soutenue au conseil municipal. Il peut paraître singulier de voir un socialiste aussi ardent s'acharner à la conservation d'une église; ce n'est pas plus singulier toutefois que de voir le clergé même de cette église s'acharner à sa démolition.

L'avocat de Saint-Pierre-de-Montmartre a souri avec une certaine curiosité malicieuse à la pensée qu'il allait, lui socialiste, en se faisant le défenseur d'une église, fort embarrasser le clergé qui la desservait.

C'est par là que cette querelle archéologique frise la comédie de mœurs. Quoi qu'il en soit, M. Fournière a eu gain de cause. Il n'y aura pas d'église neuve. La vieille église sera restaurée. (Vote du conseil municipal de Paris en date du mois de juillet 1897.)

CHAPITRE V

La Butte Montmartre était, dès le XVIIe siècle,
couverte de moulins à vent, ainsi d'ailleurs que toutes
les hauteurs de Paris à cette époque (Buttes Saint-
Roch, aux Cailles, Croulebarbe, Saint-Marcel, Cou-
peau, des Gobelins, Belleville). Le peuple se réunissait sous des tonnelles entourées de chèvrefeuille,
d'épine vinette, d'aubépine, dans les cabarets ou guin-
gettes qui en était l'annexe obligée, pour boire le vin
du cru et manger de la galette chaude.

En 1786, on y comptait douze moulins, mais, depuis
lors, ce nombre n'a fait que décroître. On n'en trouvait plus que dix en 1795. C'étaient : le moulin de la
Lancette appartenant à l'abbaye et qui dut sa ruine à
un éboulement; le moulin Blu fin; le moulin de la
Galette, seul survivant aujourd'hui; les moulins Vieux,

Neuf ou moulin Rollin, de la Vieille Tour, de la Grande
Tour, du Palais, du Radet, Paradis, de la Béquille.

La plupart de ces noms sont purement fantaisistes ;
pourtant, le moulin de la Béquille doit son appellation
à la longue et grosse perche, nommée Béquille, qu'on
employait à tourner le faîtage pour changer les ailes
de côte quand le vent n'était pas favorable.

Ils servaient moins à moudre le blé qu'à broyer cer-

La Butte des cinq moulins,
d'après une estampe de la Bibliothèque nationale.
(Dessin de O'Galop.)

taines matières employées à la fabrication de la porcelaine, à la fin du siècle dernier. Car Montmartre,
ou plutôt Clignancourt, avait une fabrique de porcelaine, fondée par P. Deruelle en 1786. Le comte de
Provence la prit sous sa protection et elle prospéra
bientôt au delà de toute espérance.

Le seul et bien délabré survivant de ces jolies maisonnettes aux grands bras qui soutinrent l'assaut du pauvre don Quichotte, — et plus tard celui des nations coalisées, — est le moulin de la Galette.

Son histoire est des plus dramatiques.

Il appartenait à M. Debray que l'on avait surnommé Robespierre. Le moulin fut attaqué par les Cosaques. Toute la famille de M. Debray avait trouvé un refuge ; seul, celui-ci voulut se défendre, et armé d'un pistolet il essaya de repousser les assiégeants. Malheureusement il fut tué, et, comme signe de triomphe, les Cosaques le pendirent à l'aile de son moulin. Il devait y rester trois jours, puis sa famille vint l'enlever pendant la nuit.

« Depuis cent soixante ans, raconte M. Charles Sellier (*Bull. de la Soc. d'hist. et d'arch. du XVIIIe arrondissement*), il existe, au sommet occidental de la butte Montmartre, un petit obélisque, connu sous le nom de *Mire du Nord*. Souvenir d'une des entreprises scientifiques les plus importantes des temps modernes, ce vénérable monument semble pourtant ignoré du public parisien. Il est vrai que, perdu dans l'ombre des masures qui l'entourent depuis longtemps, il se dérobe complètement aux regards du passant. Ce serait même chose peu aisée que de le découvrir, si notre aimable et distingué confrère, M. Fernand Bournon, ne nous en avait déjà indiqué le pittoresque chemin [1].

1. Voir, de M. Fernand Bournon, l'article intitulé : *La py-*

« Quand, après avoir gravi le haut de la rue Lepic,
on a atteint la rue Girardon, il faut s'engager, au

numéro 1
de celle-ci,
dans la rue
des Deux-
Frères qui
sert d'accès
au Moulin
de la Ga-
lette ; puis,
laissant à
droite le « Jardin des
Jeux », on gagne le
fond de cette rue ; et,
un peu avant d'arriver
au « Point de vue »,
on prend, à gauche, un
couloir assez étroit, in-
tercepté par une porte
fermée à clef, dont il
faut solliciter l'ouver-
ture des locataires voi-
sins. Ce couloir aboutit

Cliché Sescau.

La Mire du Nord.

enfin à un petit carré de terrain, enclos de treillage,
au milieu duquel se dresse la *Mire du Nord*.

« C'est une bien modeste construction de pierre

ramide *du méridien de Paris à Montmartre*, dans le *Journal
des Débats* du 10 septembre 1895, édition rose.

tendre, haute d'environ 3 mètres. Elle est composée d'une simple pyramide quadrangulaire surmontée d'un fer de lance, et portant sur un socle dont les moulures, rongées par le temps, encadrent, sur sa face méridionale, une table d'inscription. Malheureusement un malencontreux enduit de restauration n'a laissé subsister que la première ligne de ce qu'on y avait tracé :

L'AN MDCCXXXVI

« L'histoire permet cependant de réparer les morsures de la bise et la maladresse du maçon, et de substituer, à l'original effacé, la copie fidèle du texte qu'elle a conservé.

« L'an MDCCXXXVI, cet obélisque a été élevé par « ordre du Roy, pour servir d'alignement à la méri- « dienne de Paris du côté du nord. Son axe est à « 2.931 toises 2 pieds de la face méridionale de l'Ob- « servatoire. »

Sous le titre *La Méridienne de Paris*, Cassini de Thury a rapporté les circonstances qui ont amené l'érection de ce monument[1]; on en retrouve un exposé succinct dans la *Description de Paris* de Piganiol de la Force[2].

En 1669, c'est-à-dire trois ans après la fondation de

---

1. *Mémoires de l'Académie des sciences de* 1740; Paris, 1745, petit in-4°.

2. Piganiol de la Force, *Description de Paris*, édition de 1765, t. III, p. 171 à 174.

l'Académie des sciences, cette docte compagnie entreprit, sous les auspices de Colbert, de mesurer en toises et en degrés la longueur du méridien de Paris, depuis l'extrémité nord de la France jusqu'à son extrémité sud. Les opérations géodésiques nécessaires à l'exécution de cette entreprise furent commencées par l'abbé Jean Picard entre Amiens et Paris; puis le célèbre Cassini, mandé par Louis XIV pour diriger l'Observatoire récemment fondé, reçut l'ordre de prolonger la méridienne de Paris jusqu'aux Pyrénées; tandis que le mathématicien La Hyre devait continuer, jusqu'à Dunkerque, les opérations que Picard n'avait effectuées que jusqu'à Amiens. En 1683, les travaux se trouvaient déjà poussés, d'une part, jusqu'à l'extrémité méridionale du Berry, et, de l'autre, jusqu'à Béthune, lorsque la mort de Colbert les interrompit. Ce n'est qu'en 1700 que Cassini reçut l'ordre de les poursuivre, et il les prolongea par une chaîne de quarante-huit triangles principaux jusqu'au Canigou, une des plus hautes montagnes des Pyrénées.

Mais les opérations de la région septentrionale ne furent reprises qu'en 1723, sous la minorité de Louis XV; les soins en furent confiés à Cassini fils, Maraldi et La Hyre fils. Ils formèrent, depuis l'Observatoire jusqu'à Dunkerque, vingt-neuf triangles, dont les neuf premiers avaient été déjà déterminés par Picard. Interrompus de nouveau, ces travaux ne furent achevés qu'après la Révolution, lorsque, d'après une loi du 18 germinal an III, les astronomes Méchain et Delambre furent chargés des opérations nécessaires à la détermination de la base du système métrique.

« Depuis lors, la triangulation de la méridienne de Paris servit de base première à l'établissement de la carte de France, ainsi qu'à toutes les opérations trigonométriques de l'ancien service de l'État-major et du Dépôt de la guerre.

« Quant à la *Mire du Nord* de Montmartre, elle fut établie par Cassini fils, en 1736, à la place exacte d'une sorte de pilier de bois, qu'on voit indiqué sur le plan de Paris de Roussel, de 1730, sous la désignation de *Poteau de la méridienne*. Picard l'avait fait planter, le 14 août 1675, au point qu'il avait jugé être dans la direction du vrai Nord, par rapport à l'axe de l'Observatoire. Néanmoins, le poteau de Picard à Montmartre déclinait à l'est de cinq à six secondes ; mais comme il avait un pied d'épaisseur, c'est justement cette épaisseur qui causait la différence, car la face occidentale de ce poteau se trouvait exactement dans la méridienne de l'Observatoire. De sorte, paraît-il, que la *Mire du Nord* présente la même différence par rapport à son axe.

« Située ainsi sur le parcours de la grande triangulation de Dunkerque au Canigou, la mire de Cassini rayonne à Montmartre sur quatre points de cette triangulation, qui sont : au sud, la tour de Montlhéry ; au sud-est, le clocher de Brie-Comte-Robert ; à l'est, la tour de Montjay ; au nord, le clocher de Saint-Martin-du-Tertre. Ces quatre points déterminent donc, avec notre mire, trois triangles adjacents, dont celle-ci forme le sommet commun.

« Enfin, la *Mire du Nord* est l'un des quatre-vingt-seize repères géodésiques qu'on avait résolu, à l'origine, d'établir, de distance en distance, de l'extrémité nord de la France aux Pyrénées; mais ce projet ne reçut jamais qu'un commencement d'exécution, si bien que le monument de Cassini devait être bientôt oublié. Si l'on s'en rapporte à l'*Itinéraire de la vallée de Montmorency* de Flamand Grétry, on voit qu'il y a déjà plus de soixante ans que la *Mire du Nord* se trouve masquée par des constructions [1]. Du reste, l'historien Chéronnet déclare que, de son temps, elle tombait en ruine « par suite de l'incurie de l'Admi-« nistration », lorsque, en 1840, sa pointe fut couronnée d'un fer de lance, en remplacement du globe qu'on y voyait auparavant [2]. Ce globe avait déjà succédé, sans doute, à la fleur de lis qui ornait ce monument à son origine [3]. A notre tour, il y a six ans, nous eûmes aussi l'occasion de signaler l'état d'abandon et d'oubli de la *Mire du Nord* [4].

« La pauvre délaissée fait pourtant partie du domaine

1. Flamant de Grétry, *Itinéraire de la vallée de Montmorency.* Paris, 1835, in-8°, t. Ier, p. 181.

2. Chéronnet, *Histoire de Montmartre*, p. 49.

3. Thiéry, *Guide des voyageurs et des étrangers à Paris*, 1787, t. Ier, p. 466.

4. *Bulletin de la Société des Amis des monuments parisiens*, 4e vol. 1890, p. 89-91.

— 8.

de la Ville de Paris, en vertu d'un décret du 13 juillet 1878, qui a autorisé celle-ci à en faire l'acquisition avec le petit terrain qui l'entoure et lui sert d'accès ; et il n'avait pas moins fallu pour cela deux délibérations du Conseil municipal, en date du 3 décembre 1877 et du 28 février suivant. »

M. Mauzin nous fournit, au sujet de la *Mire du Nord* un document d'une grande valeur. C'est le vœu adopté par le Conseil municipal de Paris en 1875 d'après un rapport présenté par M. Castagnary, contresigné par les conseillers municipaux élus à cette époque et représentant les intérêts du XVIIIe arrondissement.

Nous le donnons ci-après, en le faisant suivre du décret présidentiel du 23 juillet 1878, déclarant d'utilité publique l'acquisition par la Ville de la *Mire du Nord* et du terrain qu'elle occupe.

CONSEIL MUNICIPAL DE PARIS

PROCÈS-VERBAUX. — ANNÉE 1875

Projet de vœu de M. Castagnary, tendant à la conservation de la Mire du Méridien à Montmartre.

Le Conseil municipal :

Attendu que l'obélisque qui marque à Montmartre la direction nord de la méridienne de Paris est dans un état de dégra dation qui appelle l'examen ; que les propriétés particulières ont fini par l'envelopper de telle sorte qu'il est aujourd'hui enclavé dans la cour d'une maison particulière, ignoré du public et masqué à la vue des passants ;

Que cependant cette mire, installée en 1736 par François Cassini, rappelle un des grands faits de notre histoire scientifique,

Émet le vœu suivant :

« Il y a lieu de prendre les mesures nécessaires pour l'isolement et la conservation de la Mire de Montmartre. »

Signé : CASTAGNARY, LAFONT, CANTAGREL,
VAUTHIER, CLÉMENCEAU [1]

M. le Directeur des travaux informe le Conseil que l'Administration a déjà étudié les voies et moyens les plus propres à la restauration de la pyramide dont il s'agit.

Le projet de vœu de M. Castagnary est renvoyé à la 5e commission.

DÉCRET DU 23 JUILLET 1878

VILLE DE PARIS

Recueil des lettres patentes des ordonnances royales décrets et arrêtés préfectoraux concernant les voies publiques ; dressé sous la direction de M. Alphand par MM. Deville et Hochereau.
Paris, 1886 ; in-4°, p. 429.

Le Président de la République française,

Sur le rapport du ministre de l'intérieur ;

Vu les délibérations du Conseil municipal de Paris en date des 3 décembre 1877 et 28 février 1878 ;

Le plan des lieux et le procès-verbal d'enquête ;

L'avis du préfet et les autres pièces de l'affaire ;

Les dépêches du ministre de l'instruction publique en date des 8 mars et 29 août 1876, et celle du ministre des finances du 7 janvier 1878 ;

Les lois du 22 novembre, 1er décembre 1790 et celle du 3 mai 1841 et l'ordonnance royale du 23 août 1835 ;

Le Conseil d'État entendu, décrète :

ART. 1. — Est déclarée d'utilité publique l'occupation par

---

1. Les quatre derniers signataires de la proposition étaient alors conseillers municipaux du XVIIIe arrondissement.

la Ville de Paris de l'immeuble situé sur son territoire, dix-huitième arrondissement, à Montmartre, et désigné sous le nom de *Mire-Nord de l'Observatoire de Paris*.

En conséquence, le Préfet de la Seine, agissant au nom de la Ville de Paris, est autorisé à acquérir, soit à l'amiable, soit, s'il y a lieu, par voie d'expropriation, conformément aux dispositions de la loi du 3 mai 1841, l'obélisque et le terrain composant ledit immeuble, tels qu'ils sont figurés sur le plan ci-annexé, par des teintes rouge et rose.

Il sera pourvu au payement de la dépense de cette acquisition à l'aide des ressources communales disponibles.

ART. 2. — Le Ministre de l'intérieur est chargé de l'exécution du présent décret.

Fait à Versailles, le 23 juillet 1878.

Signé : Maréchal DE MAC-MAHON.

Pour en finir avec la *Mire du Nord*, rapportons deux inscriptions que, d'après M. Charles Sellier, l'on pouvait lire, en 1737, sur les faces septentrionale et orientale du monument, écrites au crayon rouge et composées par deux particuliers en mal de rime qui les y auraient mises le 19 juillet 1737.

L'une, septentrionale, était le distique suivant :

Chef-d'œuvre de l'économie
A l'honneur de l'Académie.

L'autre, apposée sur la face orientale de l'Obélisque était ce non moins malin sixain :

Pour s'immortaliser dans le siècle présent
On voit voltiger le sçavant
Du Pérou jusqu'en Tartarie.
Voulez-vous juger sainement
Des projets de l'Académie ?
Jetez l'œil sur ce monument.

Ces inscriptions sont rapportées dans une note manuscrite anonyme conservée à la Bibliothèque nationale (Département des Estampes : *Topographie de la France, Seine, Montmartre, Va 324*).

Le plan de Paris, dressé sous Philippe-Auguste, constate que la rue Montmartre faisait partie de la clôture fortifiée construite par le susdit prince aux frais des bourgeois de la ville, en 1190. L'église Saint-Eustache et la Butte Montmartre se disputèrent longtemps l'honneur de lui donner leur nom. La Butte finit par triompher ; l'usage décida que la porte s'appellerait porte Montmartre et quand elle périt, au bout de cent soixante ans d'existence, elle transmit au quartier ce nom désormais consacré. En 1356, le prévôt des marchands Étienne Marcel, fit élargir l'enceinte, et la nouvelle porte, pourvue d'un pont-levis et flanquée de tourelles, qui se trouvait sous Philippe-Auguste à la hauteur de la rue Neuve-Saint-Eustache ou d'Aboukir actuelle, fut transportée ou plutôt rétablie à 16 pieds en deçà de la rue Neuve-Saint-Eustache, autrefois rue Saint-Côme-du-Milieu-des-Fossés.

Vers 1370, Charles V fit construire un vaste palais très somptueux à l'angle de la rue Montmartre et de rue du Jour actuelle (ce nom de *Jour* vient par abréviation du nom même de la demeure royale qui fut désignée sous celui de *Séjour du Roi*). Ce palais, salué comme une merveille à son apparition, se composait de six corps de logis, d'une chapelle, d'un jardin, de trois cours et d'une immense grange. Le jardin, d'un luxe inouï comme fleurs et arbustes rares, comprenait des écuries, un manège et une promenade à l'usage des coursiers de cérémonie, dits *Grands chevaux du séjour du roi.*

Le château proprement dit, retraite favorite de Charles V et de sa cour, brillait de toutes les recherches de l'art, du goût, de l'élégance et du luxe de l'époque. A un siècle de là, il ne restait de toutes ces splendeurs, de toutes ces richesses que des ruines. L'abandon, le temps et surtout la guerre intestine, formidable fléau, avaient tout ravagé. C'est alors qu'on put y voir une pauvre masure, ouverte aux quatre vents, dont un portefaix, moyennant un loyer annuel de 24 sols parisis, avait fait son habitation. Mis en vente par Louis XI, toujours pratique, le domaine entier fut vendu. Un conseiller, le sieur Monis, en fit emplète pour 16 livres, 13 sols, 4 deniers parisis de rente, rachetable moyennant 200 livres comptant.

Dès lors, adieu le Séjour du Roi; tout disparaît, le nom même, cette relique superbe confiée aux lieux qu'il hanta *(campos ubi Troja fuit)* ne lui survécut qu'à demi, en figurant tronçonné, au coin de la sombre, noire et lugubre ruelle qu'on appelle la rue du Jour.

Jusqu'à Louis XIII, cette rue conserva son aspect rustique et s'enrichit vers 1612 du fameux hôtel de Royaumont fondé par l'abbé de Royaumont, évêque de Chartres et qui passa peu après aux mains du fameux duelliste Montmorency-Bouteville, mort en place de Grève. L'hôtel de Royaumont devint alors un tripot, une taverne et le quartier général des bretteurs du temps.

C'est dans la rue Montmartre, à l'endroit même de la petite église dédiée à Saint-Joseph, succursale de Saint-Eustache, ou plutôt dans le cimetière attenant, que fut enterré Molière.

Nous trouvons, dans la déclaration des mesures des toises pour la distance entre les portes de clôture de la Ville, Cité et Université de Paris, les indications suivantes :

De la porte St-Honoré à la porte Montmartre. IIII.C.XX
    —   Montmartre   —   St-Denis... III.C.XXX

Qu'il nous soit permis de dire quelques mots sur la rue Grange-Batelière. Elle était autrefois un fouillis de masures aux toitures défoncées, aux charpentes vermoulues, un coin de misère, une sorte de repaire qui avait nom la Boule-Rouge. Le terrain provenait d'un legs fait aux hospices en 1261 par Geoffroy et Marie, sa femme, pauvre ménage de savetiers. Le paiement du cens seigneurial et de la rente viagère imposée aux donataires leur coûta, à l'origine, 4.000 francs; la rente produisit 4 millions. Tout vient à point à qui sait attendre. L'important est de savoir attendre... cinq cents ans !

Le sol en question se couvrit bien vite de superbes maisons. Une rue y fut ouverte où le nom des auteurs de ce riche cadeau rayonne à chaque extrémité, et la

Boule-Rouge, jadis la honte et le dégoût du quartier, en fit bientôt l'orgueil et l'admiration.

A proprement parler, le faubourg Montmartre, de l'avis de tous les historiens, n'a pas eu d'histoire. Des marais, des champs, des égoûts, quelques cabarets... tel était l'état des lieux en 1760. A cette époque, vint s'abattre la hache des démoliseurs du temps. Ils ne firent grâce qu'à la vieille chapelle des Porcherons, humble et noir édifice dont Notre-Dame-de-Lorette se contentait alors et s'est contentée pendant plus d'un demi-siècle.

CHAPITRE VI

LES RUES DE MONTMARTRE

Ce damier très irrégulier qu'est le quartier Montmartre dépasse en intérèt tous les autres. Aussi, malgré

Une ancienne rue de Montmartre,
d'après une estampe de la Bibliothèque nationale.
(Dessin de O'Galop.)

l'aridité d'un pareil travail, malgré la somme d'attention

demandée au lecteur, allons-nous essayer l'historique de toutes ses cases, c'est-à-dire de ses rues.

Nous omettrons pourtant celles-là qui n'ont d'autre appellation que le souvenir — combien pâle — d'hommes qui furent des politiciens sans génie, des individualités sans gloire; qui durent au seul caprice du Conseil municipal leur essai d'immortalité. Comme on pourra s'en rendre compte, presque toutes les rues, pour ne pas dire toutes, ont eu plusieurs dénominations. Il faut l'avouer, cette tarentule du changement qui a piqué notre Conseil, pourtant estimable sous une foule d'autres rapports, a souvent indisposé les Parisiens. Citerons-nous la rue de Laval (aujourd'hui rue Victor-Massé) qui, durant des années, offrit au visiteur cette étrange protestation : *Ici, rue de Laval*, à côté de l'écriteau officiel : rue Victor-Massé? Rappellerons-nous ce procès fameux en dommages et intérêts intenté au Conseil municipal par un habitant de nous ne savons plus quelle rue, pour réparation du préjudice causé? Même fait se produisit peu après, lorsqu'une partie de la rue aux Ours prit le nom de rue Étienne-Marcel.

Dans l'historique des rues du XVIIIe arrondissement, une sélection s'impose. Au surplus, s'il nous fallait détailler chaque rue, un volume n'y suffirait pas.

Nous allons donc énumérer tous ces boulevards, rues et cités, dans leur ordre alphabétique et ferons suivre cette citation de l'historique de tout ce qui offre réellement quelque intérêt. Il en est d'attrayantes parmi ces rues qui inclineront peut-être le lecteur à nous pardonner les erreurs et omissions inséparables de tout travail documentaire. *Errare humanum est.*

Le personnel de la mairie du XVIII⁰ arrondissement nous a fourni dans nos recherches de précieuses indications et nous tenons à l'en remercier ici.

Le XVIII⁰ arrondissement composé des quartiers de La Chapelle, des Grandes-Carrières, Clignancourt et la Goutte-d'Or est limité comme suit : Une ligne partant de la place de Clichy et suivant l'axe des avenues de Clichy, de Saint-Ouen et de la porte de Saint-Ouen jusqu'à la limite des terrains militaires, — le pied du glacis jusqu'à la porte d'Aubervilliers, — l'axe de cette porte, celui de la rue d'Aubervilliers, — des boulevards de La Chapelle, de Rochechouart et de Clichy jusqu'au point de départ.

Énumération dans l'ordre alphabétique, des rues, places, cités, avenues, passages, boulevards et impasses du XVIII⁰ arrondissement :

*Abbesses[1] (passage des, rue des, place des).
 Abreuvoir (rue de l'). **Conduisait à l'Abreuvoir de Montmartre.**
*Achille-Martinet (rue).
*Affre (rue). **Précédemment rue d'Alger.**

1. Les noms précédés d'un astérisque comportent un développement que l'on trouvera à la suite de cette énumération.

Alexandre-Lécuyer (impasse). Propriétaire et cultivateur du terrain.

*Amiraux (rue des). Précédemment rue et impasse des Vosges.

*André-del-Sarte (rue). Précédemment rue Luc-Lambin et antérieurement rue Saint-André.

*André-Gill (rue).

Androuet (rue). Précédemment rue de l'Arcade. Androuet du Cerceau, architecte (1515-1592).

Angélique-Compoint (rue). Nom d'un des membres de la famille Compoint. Cultivateurs.

Angers (impasse d').

*Antoinette (rue). Précédemment rue Marie-Antoinette. Prénom de la femme d'un propriétaire.

Arts (villa des). Résidence d'artistes.

Aubervilliers (porte d', rue d'). (Chapelle n°s impairs). Précédemment rue des Vertus et Chemin vicinal conduisant au village d').

Audran (rue). Précédemment rue Neuve-Véron. Gérard Audran, graveur sculpteur (1640-1703).

*Azaïs (rue). Précédemment rue G.

Bachelet (rue). Nom d'un propriétaire d'une partie du terrain sur lequel elle a été ouverte.

Bains (cité des, rue des, rue des — prolongée). Établissement de bains voisin établi en 1853. Précédemment impasse du Baigneur.

*Barbès (boulevard). Anciennement boulevard Ornano.

Barre (rue de la). Remarquable par son aspect de bazar religieux où se vendent Dieu et le diable.

Baudelique (rue). Nom du propriétaire.
*Becqucrel (rue). Précédemment rue F.

La rue de la Barre et le marché aux reliques.

Belhomme (rue). Ancien maire de Montmartre.
*Belliard (rue).
Berthe (rue). Précédemment rues Berthe et du Poirier. Prénom de la fille d'un propriétaire.

9.

Bervic (rue). Charles-Clément Balvay, dit *Bervic*, gra
veur en taille douce (1756-1822).

Bienaimé (cité). Surnom d'un des membres de la
famille Compoint, propriétaire des terrains.

Bilcoq (impasse). Nom du propriétaire.

Boinod (rue). Précédemment rue P.-Jean-Daniel-
Mathieu-Boinod, intendant militaire en chef (1756-
1842).

Boissieu (rue). Jean-Jacques de Boissieu, graveur
(1736-1810).

Bonne (rue de la). Fontaine dite de la *Bonne-Eau*.

Bonnet (rue). Charles Bonnet, naturaliste (1720-1793).

Boucry (rue). Nom du propriétaire.

Briquet (passage, rue). Nom du propriétaire.

Burq (rue). Nom du propriétaire.

Buzelin (rue). Nom du propriétaire.

Cadran (impasse du). Un cadran solaire était autrefois
installé dans le fond de cette impasse.

Caillié (rue). Précédemment rue Martin. René Caillié
est le premier voyageur européen qui ait pu revenir
de Tombouctou (1799-1838).

Calmels (impasse, rue). Nom d'un propriétaire.

Calvaire (place du, rue du). Doivent leur nom au Calvaire situé derrière l'église Saint-Pierre, près du
Chœur-des-Dames.

Canada (rue du). Précédemment rue Bizioux.

Caplat (rue). Nom du propriétaire.

Capron (rue). Nom du propriétaire.

Carpeaux (rue).

La rue du Calvaire.

Cauchois (rue). Nom du propriétaire.

*Caulaincourt (rue). Précédemment rue A (partie).

Cavé (rue). François Cavé, mécanicien (1794-1875). Voisinage des ateliers du Chemin de fer du Nord.

*Championnet (rue, passage). Précédemment rue R., puis rues Oudot et Championnet. Quant au passage, précédemment passage Saint-Victor.

Champ-Marie (passage, lieu dit).

*Chapelle (boulevard de la). (Chapelle, de 2 à 34 ; Goutte-d'Or, de 38 à la fin) (place, cité, impasse, porte et rue) (Voir *chapitre spécial*). Précédemment boulevards des Vertus et de la Chapelle. Chemins de ronde des Vertus et de Saint-Denis et place de la barrière Poissonnière. Rue. Précédemment Grande-Rue de la Chapelle et Route-Royale n° 1.

*Chappe (rue). Précédemment rue du Télégraphe.

Charbonnière (rue de la, lieu dit).

Charles-Albert (impasse). Prénoms d'un ancien propriétaire. M. Frossart.

*Charles-Nodier (rue).

Chartres (rue de). Ainsi dénommée probablement en l'honneur du duc de Chartres, fils de Louis-Philippe, étant donné que l'ordonnance royale décrétant le percement de cette rue date du 11 septembre 1842.

Chasseloup-Laubat (rue). Le marquis François de Chasseloup-Laubat, général de division du génie (1754-1833).

*Château-Rouge (place du). Presque entièrement absorbée lors de l'ouverture du boulevard Ornano.

Chemin-des-Deux-Frères (Montmartre). (impasse du).

Chemin latéral au Chemin de fer de Ceinture longeant le Chemin de fer de Ceinture.

*Chimay (cité).

Christiani (rue). Précédemment rue des **Vinaigriers**.

Cimetière-du-Nord (avenue du). Précédemment **avenue** du Cimetière-Montmartre.

Cimetière-du-Nord. (Voir *Chapitre spécial.*)

*Clichy (avenue de). Grandes-Carrières numéros pairs jusqu'au 64. Précédemment Grande-Rue des Batignolles (Route départementale n° 12) et avenue de Clichy (Route départementale n° 14).

Clichy (boulevard de). Numéros pairs. Précédemment boulevards des Martyrs, Pigalle et de Clichy et Chemins de Ronde de Rochechouart, Montmartre et de la Barrière-Blanche.

Clichy (passage de, place). Précédemment passage Saint-Pierre. Précédemment place et emplacement de la Barrière-de-Clichy.

Clichy (porte). Extrémité de l'avenue de Clichy.

*Clignancourt (impasse, rue et porte). Précédemment partie de la chaussée de Clignancourt (Route départementale n° 35) rue du Château-Rouge et rue O.

Cloys (impasse des, passage des, rue des). Lieu dit.

Compoint (impasse).

Compoint-Gruny (impasse). Famille de vignerons, propriétaires de terrains dans l'ancienne commune de Montmartre.

Constance (rue et impasse). Précédemment impasse Sainte-Marie et rue Sainte-Marie-Blanche. Prénom d'une fille de M. Doré, propriétaire.

*Cortot (rue). Précédemment rue Saint-Jean.

Cottages (rue des).

*Cottin (passage).

*Coustou (rue). Précédemment rue Florentine.

*Coysevox (rue).

Croustée (allée). Nom de propriétaire.

*Cugnot (rue). Précédemment rue de l'Est.

Curé (impasse du). Anciennement rue du Curé à cause de sa proximité avec le presbytère de l'église Saint-Denis-de-la-Chapelle.

*Custine (rue).

*Damrémont (rue). Précédemment rue K.

Dancourt (place, rue, cité). Précédemment place, rue, cité du Théâtre. Florent Carton, dit Dancourt, auteur dramatique (1661-1725). Voisinage du théâtre de Montmartre.

Danger (impasse). Nom de propiétaire.

*Darwin (rue).

Daunay (passage). Nom de propriétaire.

*Davy (passage, rue). Précédemment passage Lacroix et rue Sainte-Élisabeth.

*Défense (impasse de la). Précédemment impasse d'Antin, puis impasse Capron.

Dejean (rue). Précédemment rue Neuve-Dejean. Nom de propriétaire.

Delaruelle (passage).

Département (rue du) (Chapelle de 200 à la fin).

Deux-Frères (impasse des, rue des). Propriété de deux frères.

Deux-Nèthes (impasse des, passage des). Précédemment impasse et passage Béranger. Doit son nom à un département français de 1801 à 1815.

Devilliers (allée).

Diard (rue). Conduisait aux carrières de M. Diard.

Doudeauville (passage, rue). Précédemment rues Dejean et Doudeauville. M. de la Rochefoucauld-Doudeauville, ancien sous-préfet de Saint-Denis.

Drevet (rue). Précédemment escalier des Trois-Frères et partie de la rue du Poirier. Pierre Drevet, graveur (1665-1738).

*Duhesme (passage, rue). Précédemment passage Beaudelique. Précédemment rue L.

Dulaure (rue). Précédemment partie de la rue B. Jacques-Antoine Dulaure, historien de Paris (1755-1835).

Dupuy (impasse). Précédemment impasse Desmarest. Nom de propriétaire.

Durantin (rue). Précédemment rue Bastien et passage Masson.

Durel (cité). Nom de propriétaire.

*Élysée-des-Beaux-Arts (passage). Doit son nom au bal public de l'Élysée-des-Beaux-Arts.

Ernestine (rue). Nom de la femme d'un propriétaire.

Étex (rue).

*Eugène-Sue (rue).

Évangile (rue de l'). Précédemment rues d'Aubervilliers et de la Croix-de-l'Évangile. Doit son nom
à la croix de l'Évangile, située à l'intersection de
deux chemins devenus l'un rue de l'Évangile,
l'autre rue d'Aubervilliers.

Falaise (impasse). Surnom donné à un des membres
de la famille Compoint, propriétaire des terrains.

Fauvet (rue). Nom du propriétaire.

Feuchères (rue).

Feutrier (rue). Nom du propriétaire.

Fillettes (rue des).

Fleurs (rue des).

Fleury (allée et rue). Nom de propriétaire.

Flocon (rue).

*Fontaine-du-But (rue).

Fontenelle (rue de la). Précédemment rue des Rosiers (partie) et rue de la Fontenelle, lieu dit.

Forest (rue). Nom d'un propriétaire, conseiller municipal du quartier.

Foyatier (rue), Denis Foyatier, sculpteur (1793-
1863).

Francœur (rue). Précédemment rue I. Louis-Ben-
jamin Francœur, mathématicien (1773-1849).

Gabrielle (rue). Prénom de la femme d'un des propriétaires.

*Ganneron (passage, rue). Précédemment passage
Florence. Précédemment rue des Carrières.

Gardes (rue des). Précédemment rues des Gardes et

Saint-Charles. Ancien corps de garde, dit la *Hutte-aux-Gardes*.

Garreau (rue). Nom du propriétaire.

*Germain-Pilon (cité, rue). Précédemment **rue Neuve-Pigalle**.

*Girardon (impasse, rue). Précédemment **rue des Brouillards**.

*Goutte-d'Or (passage de la, rue de la).

*Grandes-Carrières (impasse des, rue des).

Grosse-Bouteille (impasse de la). Dénomination tirée d'une enseigne de marchand de vins.

Guadeloupe (rue de la). Rue ouverte par la ville de Paris sur le terrain de l'ancien marché aux vaches.

Gué (impasse du). Précédemment rue du Gué. Ancienne voie conduisant à un gué.

Guelma (impasse de). Précédemment impasse Constantine.

Hébert (place). M. Hébert, ancien maire de la Chapelle-Saint-Denis, devenu plus tard conseiller municipal du quartier.

*Hégésippe-Moreau (rue).

Henriot (impasse). Nom du propriétaire.

Hérisson (passage du). Tire son nom d'une enseigne.

Hermel (cité, rue). Précédemment rue du Manoir. Nom du propriétaire.

*Houdon (rue). Précédemment Petite-Rue-Royale.

Huilerie (impasse de l').

Islettes (rue des). Précédemment rue Neuve-de-la-Goutte-d'Or. Lieu dit.

*Jacques-Cartier (rue). Précédemment impasse An-
drieux.

*Jacques-Kablé (rue).

*Jean-Cottin (impasse, rue).

*Jean-Dollfus (rue).

Jean-Robert (rue). Nom du propriétaire.

Jessaint (impasse, rue). Le baron Jessaint était, en
1830, sous-préfet de Saint-Denis dont faisait partie
la commune de la Chapelle.

Jobert (passage). Nom de propriétaire.

*Joséphine (rue).

Joseph-Dijon (rue). Nom de propriétaire.

Jules-Clognet (rue).

Junot (rue).

Kracher (passage). Nom de propriétaire.

Kroumirs (impasse des).

*La Barre (rue).

Labat (rue). Précédemment rues Biron et Labat.
Labat, propriétaire, ancien adjoint au maire de
Montmartre, puis maire du XVIIIe arrondissement.

Laghouat (rue). Précédemment rue de Mazagran.
Laghouat, ville d'Algérie.

Lagille (rue). Nom de propriétaire.

Lalleman (galerie). Nom de propriétaire.

*Lamarck (rue). Précédemment rue D.

Lambert (rue). Précédemment rue Lalande et antérieurement rue de l'Impératrice. Nom de propriétaire.

Langlois (impasse). Nom de propriétaire.

*Lathuile (passage).

La Vieuville (rue). Précédemment rue de la Mairie. Le duc Charles de La Vieuville, surintendant des finances sous Louis XIII (1582-1653).

Lavoir (passage du). Voisinage d'un lavoir.

Lécuyer (rue). Nom de propriétaire.

Lemaraisquier (impasse). Nom d'un propriétaire.

*Leibnitz (rue).

Léon (passage, rue). Nom de propriétaire. Précédemment passage Fauvet.

*Lepic (passage, rue).

*Letort (passage, rue). Précédemment rue de la Glacière.

*Livingstone (rue).

Louisiane (rue de la). Ancienne colonie française de l'Amérique du Nord, cédée aux États-Unis en 1803.

Madone (rue de la). Nom substitué à celui de la rue de la Vierge.

*Maistre (rue de).

Marc-Séguin (rue).

*Marcadet (cité, rue). Précédemment cité Saint-Omer et rue Mercadet (route départementale n° 36) et chemin des Bœufs (chemin vicinal de grande communication).

Marie-Blanche (imp.). Nom de la fille du propriétaire.

Martinique (rue de la). Cette voie a été ouverte par la ville de Paris sur l'emplacement de l'ancien marché aux Vaches.

*Martyrs (rue des). (69 et 74 à la fin).

Masson (cité). Nom de propriétaire.

Massonnet (impasse). Nom de propriétaire.

Menessier (rue). Nom de propriétaire.

Menuisiers (impasse des). L'un des propriétaires était menuisier.

Midi (cité du). Ainsi nommée en raison de son exposition.

Milord (impasse).

*Mire (rue de la). Précédemment Petite-Rue-des-Moulins.

Molin (impasse). Nom de propriétaire.

Montcalm (rue). Précédemment rue M et rue H. Le maréchal Louis-Joseph de Montcalm de Saint-Véran, maréchal de camp, défenseur du Canada (1712-1759).

Mont-Cenis (passage, rue). Précédemment passage du Nord et rue Saint-Denis et Petite-Rue-Saint-Denis. Rue très abrupte, a pris le nom de Mont-Cenis, col des Alpes.

*Montmartre (poterne de).

Mont-Viso (impasse du). Précédemment impasse de la Santé. Montagne des Alpes-Cottiennes.

Moskowa (cité de la). Précédemment cité Barthélemy. Rivière de Russie, qui a donné son nom à la bataille livrée le 7 septembre 1812 par Napoléon Ier aux Russes et où le maréchal Ney se distingua particulièrement.

Muller (rue). Nom de propriétaire.

Une ancienne rue de Montmartre.
(Dessin de Hubert.)

10.

Myrha (rue). Précédemment rues de Constantine et Myrha. Nom de propriétaire.

Nation (rue de la). Nom substitué à celui de la rue Royale.

Neuve-de-la-Chardonnière (rue). Lieu dit.

Ney (boulevard). Maréchal Ney, duc d'Elchingen, prince de la Moskowa, maréchal de France (1769-1815).

Nicolet (rue). Nom de propriétaire.

Nollez (passage). Nom de propriétaire.

*Norvins (rue). Précédemment rues des Moulins et Trainée.

Olive (rue de l'). Précédemment rue du Marché. L'Olive, colonisateur de la Guadeloupe.

Oran (impasse d', rue d'). Précédemment impasse du Cimetière.

Orchampt (rue d'). Précédemment rue Barthélemy. Nom de propriétaire.

*Ordener (rue). Précédemment partie de la rue Marcadet, partie de la rue des Portes-Blanches, rue N et partie de la rue des Cloys.

Orient (rue de l'). Ainsi nommée en raison de sa situation.

Ornano (boulevard). Le comte Philippe-Antoine d'Ornano, maréchal de France (1784-1863).

Orsel (rue d'). Précédemment cité du Marché, rue des Acacias. Village d'Orsel créé par M. Orsel, en 1786, sur les terrains qu'il avait acquis et qui dépendaient de l'abbaye de Montmartre.

Pajol (rue). Précédemment rues de Strasbourg, Neuve-de-Strasbourg, et rue Neuve-du-Bon-Puits. Le comte Claude-Pierre Pajol, général de division (1772-1844).

Panama (rue de).

Penel (passage). Nom de propriétaire.

Pency (impasse). Nom de propriétaire.

Pernet (impasse). Nom de propriétaire.

Pers (impasse). Nom de propriétaire.

*Philippe-de-Girard (impasse et rue). (53 et 38 à la fin.) Précédemment impasse Chabrol. Précédemment rues de la Chapelle et de Chabrol.

*Piémontési (passage). Ancien maire de **Montmartre.**

Pierre-Ginier (rue).

Pierre-l'Ermite (rue). Précédemment rue Ernestine-prolongée. Pierre l'Ermite, prédicateur de la première croisade (1050-1115).

Pierre-Picard (rue). Nom de propriétaire.

Pilleux (rue).

Poissonnière (villa). Voisinage de la rue des Poissonniers.

Poissonniers (passage des, poterne des, rue des). Les voitures de marée suivaient cette rue **pour se** rendre à la Halle.

Pôle-Nord (rue du). Probablement en prévision des succès de l'explorateur norwégien Nansen.

*Polonceau (rue). Précédemment rue des Couronnes.

Portes-Blanches (rue des). Lieu dit.

*Poteau (passage, rue). Lieu dit à cause d'un poteau de justice élevé sur la route de Saint-Ouen.

Poulet (rue). Nom de propriétaire.

*Pré-Maudit (rue).

*Puget (rue). Précédemment rue Amélie.

*Ramey (passage, rue). Précédemment passage du Harlay et la rue, partie de la chaussée Clignancourt et rue U.

*Ramponeau (passage).

*Ravignan (rue). Précédemment rue du Vieux-Chemin.

Richomme (rue). Précédemment passage Leconte. Joseph-Théodore Richomme, graveur (1785-1849).

Riquet (rue). Précédemment rue du Havre. Chemin de la Chapelle et chemin de la Tournelle. Pierre-Raoul Riquet, baron de Bonrepeaux, créateur du canal du Languedoc (1604-1680).

Robert (rue). Nom de propriétaire.

*Rochechouart (boulevard) (numéros pairs). Précédemment boulevards des Poissonniers et de Rochechouart. Chemins de ronde des Poissonniers et de Rochechouart et place de la Barrière-Rochechouart.

Roi d'Alger (passage, rue). Nom de propriétaire.

*Ronsard (rue).

Roses (rue des). Précédemment rue des Rosiers. Situation champêtre.

*Rothschild (rue). Précédemment impasse Bes.

*Ruisseau (rue, impasse). Précédemment impasse Malassis.

Les Venelles des Amoureux.
(Dessin de P. Balluriau.)

*Saint-Bruno (rue). Précédemment place de l'Église
et rue de Valence.

*Saint-Éleuthère (rue). Précédemment rues du Pres-
soir et Neuve-Saint-Paul.

*Sainte-Euphrasie (rue).

Saint-François (impasse). Nom de propriétaire.

Saint-Isaure (rue).

Saint-Jérôme (rue). Précédemment partie de la rue
Ernestine. Saint Jérôme surnommé le père de
l'Église (346-420).

Saint-Jules (passage, rue).

Saint-Luc (rue). Évangéliste. Précédemment place de
l'Église.

Sainte-Marie (place, rue).

Saint-Mathieu (rue). Évangéliste.

Saint-Michel (villa).

Sainte-Monique (impasse). Précédemment avenue
Saint-Augustin.

Saint-Ouen (avenue et porte de) (numéros pairs).

Saint-Pierre (place). Principale place de l'ancien
village de Montmartre, a pris le nom du patron de
l'église,

*Saint-Rustique (rue).

Saint-Vincent (rue). Nom de propriétaire.

*Saules (rue des). Précédemment rue des Saus-
saies.

*Séguin (rue). Précédemment rues des Francs-Bour-
geois et Robert réunies.

*Seveste (rue). Précédemment rue de la Carrière.

La rue Saint-Vincent.

(Dessin de G.-Edward.)

*Simard (rue). Précédemment rue Neuve-Labat.

Simplon (rue). Précédemment chemin, puis rue de la Chardonnière. Montagne des Alpes sur laquelle Napoléon Ier fit ouvrir une route de 1800 à 1807.

*Steinkerque (rue). Précédemment rue Virginie.

*Stephenson (rue). Précédemment rue des Cinq-Moulins.

Suez (rue de). Glorifie le nom du canal reliant la mer Rouge et la Méditerranée, inauguré en 1869.

Talus (impasse, cité). Précédemment cité et impasse Moreau. Bornage d'un talus du chemin de fer de Ceinture.

Tardieu (rue). Précédemment rue A. Nom d'une famille qui compte un grand nombre de graveurs célèbres (XVIIIe et XIXe siècles).

*Tertre (place du et impasse du). Précédemment impasse Saint-Vincent.

*Tholozé (rue).

Tilleuls (avenue des). Dénomination provenant d'une ancienne plantation de tilleuls située à proximitée.

*Torcy (place, rue). Précédemment place du Marché et rue du Bon-Puits.

Tourlaque (rue, passage). Nom de propriétaire.

Traêger (cité). Nom de propriétaire.

Traînée (impasse). Débouchait dans l'ancienne rue Traînée, aujourd'hui rue de Norvins.

Trois-Frères (rue des). MM. Dufour frères, propriétaires.

*Vauvenargues (rue).

*Véron (rue, cité).

Versigny (rue). Nom de propriétaire.

Vincent-Compoint (rue). Propriétaire cultivateur. Voir
    rue Compoint.

Dans le XVIIIe, il existe aussi une douzaine de
voies non dénommées dont l'importance est médiocre
et qui trouveront certes dans l'avenir des personnalités
plus ou moins illustres susceptibles de leur donner
un nom.

Rue des Abbesses. — Doit son nom aux abbesses de
l'abbaye de Montmartre. Précédemment rue de l'Abbaye et antérieurement rue de la Cure.

Il y a peu de temps le quartier de la rue des Abbesses était presque désert. On exploitait là deux carrières. L'une appartenait à M. Lambert et l'autre à
M. Dufour. La chaussée des Martyrs, actuellement rue
des Martyrs, était bordée de champs. Une carrière à
cavage appartenant à M. Gillet y existait. L'ancienne
mairie du XVIIIe occupait à peu près le même emplacement.

La rue Achille-Martinet tire son nom d'un graveur
connu, né à Paris en 1806, mort en 1877, qui a laissé
un grand nombre d'œuvres d'art, entre autres un portrait de Rembrandt qui lui valut une deuxième médaille
au salon de 1835. Il remplaça Desnoyers comme membre de l'Académie des Beaux-Arts et fut nommé officier de la Légion d'honneur en 1867.

Affre (*Denis-Auguste*), archevêque de Paris, célèbre par sa fin héroïque, né en 1793 à Saint-Rome-de-Tarn, mort en 1848.—Il professa la théologie à Saint-Sulpice et fut ensuite successivement aumônier des Enfants-Trouvés, vicaire-général à Luçon, puis à Amiens, coadjuteur de l'évêque de Strasbourg, enfin appelé au siège de Paris en 1840. Son diocèse lui doit quelques établissements utiles, comme les conférences ecclésiastiques et l'école des Carmes. Pendant les terribles journées de juin 1848, il voulut tenter un effort suprême pour arrêter l'effusion du sang et se présenta le 25, à quatre heures du soir, devant la formidable barricade élevée à l'entrée du faubourg Saint-Antoine. Au moment où il exhortait les combattants à la soumission, il fut frappé aux reins d'une balle égarée et tomba entre les bras des insurgés qui témoignèrent un grand désespoir. Le vénérable prélat expira le 27. On a de lui un *Traité de l'administration temporelle des paroisses*, 1827, très estimé.

La rue des Amiraux doit son nom aux amiraux qui ont commandé à la bataille du Bourget le 23 déc. 1870.

Andrea-del-Sarto (*Andrea Vanucchi*), l'un des plus grands peintres de l'École italienne, né à Florence en 1488, était le fils d'un tailleur, de là son surnom (*Sarto, tailleur*) qui paraît du reste avoir été porté par son père (Agnolo del Sarto). Dès l'année 1511, à peine âgé de vingt-trois ans, il passe pour un des artistes les plus habiles de Florence. Il fut appelé en France par François 1er en 1518.

Il fut atteint de la peste en 1530; la femme qu'il avait eu la faiblesse d'associer à sa gloire et à sa vie s'était enfuie de peur aux premiers ravages du fléau et le grand peintre mourut privé de soins et de secours, à l'âge de quarante-deux ans.

Peu d'artistes ont mérité de plus justes éloges qu'Andréa del Sarto; ses contemporains lui donnèrent le nom d'Andréa *sans reproche*.

Sa vie triste, mélancolique et tourmentée devait trouver un écho de sympathie dans l'âme d'un de nos plus grands poètes. Alfred de Musset a écrit un drame en deux actes en prose, intitulé *André del Sarto*, qui a été représenté à Paris, sur la scène de l'Odéon, le 21 octobre 1850. Cette pièce fait énergiquement ressortir l'infidélité de Lucrèce, l'amour passionné du grand artiste pour une épouse coupable et les remords terribles qu'il éprouve d'avoir dissipé les sommes que lui avait confiées François Ier.

André Gill (*Louis-Alexandre Gosset de Guines*), dessinateur français, né à Paris le 17 octobre 1840, mort en 1885. — *Le Hanneton* donna ses premières *Binettes rimées;* mais il ne fut réellement connu comme caricaturiste que lorsqu'il dessina dans le journal *la Lune*, puis dans *l'Eclipse*. Ses charges des *Contemporains* sont en leur genre souvent de véritables chefs-d'œuvre. La Commune avait nommé Gill administrateur provisoire des Musées du Luxembourg (17 mai 1871). Après 1871, il continua la série de ses caricatures dans *l'Eclipse*, puis dans la *Lune rousse*.

Nos députés, publiés en 1877, sont en série de portraits avec notice des députés républicains.

Comme peintre, il a exposé à tous les Salons de 1875 à 1882.

Comme littérateur, il a fait représenter deux pièces en un acte et en vers : *L'Étoile*, en collaboration avec Richepin (1873), *la Corde au cou* (1876), jouée à l'Odéon ; il a publié quelques jolis vers, entre autres la *Muse à Bibi* (1880) ; puis un recueil d'esquisses en prose, *Vingt années de Paris*, avec préface de M. Alphonse Daudet (1883).

Antoinette. — Dans cette rue se trouve le couvent des Dames du Tiers-Ordre dans lequel on peut voir les sépultures de saint Denis, saint Eleuthère et saint Patrice.

Azaïs, philosophe (1766-1845). — Il a publié, en 1809, une étude philosophique intitulée *Des Compensations dans les destinées humaines* où il pose en principe cette proposition : « Le sort de l'homme, considéré dans son ensemble, est l'ouvrage de la nature entière, et tous les hommes sont égaux par leur sort » ; et plus loin « le sort de l'homme se compose de l'état de son corps, de l'état de son esprit et de l'état de sa fortune » ; et mettant, d'une part, les misères de l'individu, d'autre part, les éléments du bonheur, il établit qu'entre ces deux facteurs, il y a *compensation*. Ce livre, empreint de résignation, sera toujours lu avec plaisir et soulagement par ceux qui ont souffert et qui désespèrent de trouver un allégement à des peines qu'ils croient sans compensation.

La rue à laquelle Azaïs a donné son nom part du nouveau réservoir pour passer devant la place du Tertre et aboutir rue Lepic. Son principal objet est de rendre le Sacré-Cœur accessible aux voitures.

Le réservoir. — Le réservoir, qui est construit en bordure de la rue Azaïs, renferme de l'eau de source et de l'eau de rivière; l'eau de rivière vient de la Seine, à Bercy; l'eau de source de la Dhuys. Dans le réservoir, il y a cinq bassins : trois d'eau de source et deux d'eau de rivière. La contenance totale est de 11.000 mètres cubes. L'eau prise en amont de Paris est refoulée par des machines jusqu'à l'angle de la place Saint-Pierre et de la rue Sevestre. Là, une usine de relai la refoule jusque dans les bassins.

Les arcades de ce réservoir sont formées par des arcs florentins beaucoup plus épais en bas qu'en haut. Au milieu de la façade, sous un arc florentin, se trouvent les armes de la ville de Paris, elles sont d'un modèle nouveau dont M. Diet, architecte, membre de l'Institut et ancien prix de Rome, est l'auteur. Dans les tourelles qui sont aux extrémités du monument, il y a un escalier en pierre qui correspond à chaque réservoir.

Barbès (Armand), célèbre révolutionnaire français, né à la Pointe-à-Pitre (Guadeloupe) le 18 septembre 1809, mort à la Haye, le 26 juin 1870. — Envoyé à Paris, en 1830, pour y étudier le droit, Barbès fut profondément déçu du résultat de la Révolution de juillet qui n'avait fait que mettre un Louis-Philippe à la place d'un Charles X ; il se lia avec les membres les plus avancés du parti républicain, et prit part à l'insurrection d'avril 1834. Arrêté et emprisonné à Sainte-Pélagie, il fut relâché au bout de cinq mois, à la suite d'une ordonnance de non-lieu. De nouveau arrêté à la suite de l'attentat de Fieschi (18 août 1835), il fut également relâché, parce qu'on ne put relever aucune charge contre lui. Il prit part à l'insurrection du 12 mai 1839 et pour ce fait fut traduit, le 27 juin suivant, devant la Cour de Paris. Condamné à mort, il ne dut sa grâce qu'il avait toujours refusé de solliciter lui-même qu'à l'intervention de Victor Hugo.

Barbès, dont la peine avait été commuée en celle d'une détention perpétuelle fut envoyé dans la forteresse de Doullens où sa santé s'altéra gravement. On le transféra à Nimes où la révolution du 24 février 1848 vint le mettre en liberté. Il s'empressa de profiter de sa liberté pour conspirer de nouveau et fut traduit devant la haute cour de Bourges sous l'inculpation de complot tendant au renversement du gouvernement républicain. Il fut condamné à une détention perpétuelle (2 avril 1849). A la suite d'une lettre qu'il écrivait à l'un de ses amis et qui fut, à son insu, mise sous les yeux de Napoléon III, il fut immédiatement gracié sans condition (octobre 1854). Le prisonnier refusa une grâce qu'il n'avait pas sollicitée, et il fallut presque employer la force pour l'arracher à sa prison.

En quittant Belle-Ile-en-Mer, Barbès se rendit à Paris et le jour même de son arrivée il adressa la lettre suivante au directeur du *Moniteur officiel* : « J'arrive à Paris, je prends la plume et vous prie d'insérer bien vite cette note dans votre journal. Un ordre dont je n'examine pas les motifs, car je n'ai pas l'habitude de dénigrer les sentiments de mes ennemis, a été donné, le 5 de ce mois, au directeur de la maison de Belle-Ile...

« Qu'importe, à qui n'a pas droit sur moi, que j'aime ou non mon pays ? Oui, la lettre qu'on a lue est de moi et la grandeur de la France a été, depuis que j'ai une pensée, ma religion... A part donc ma dignité professionnelle blessée, mon devoir de loyal ennemi est de déclarer à tous et à chacun ici que je repousse de toutes mes forces la mesure prise à mon endroit. Je vais passer à Paris deux jours afin qu'on ait le temps de me remettre en prison et, ce délai passé, vendredi soir, je cours moi même chercher l'exil. »

Barbès ne fut point arrêté et à l'heure dite, il quittait la France qu'il ne devait plus revoir.

Becquerel, physicien, né à Châtillon-sur-Loing (Loiret) en 1788, mort à Paris le 18 janvier 1878 ; il était commandeur de la Légion d'honneur. — Il se livra à des recherches sur l'électricité et étudia surtout les phénomènes d'électro-chimie et d'électro-métallurgie. On lui doit une multitude d'applications de l'électro-chimie à la dorure, à l'argenture, etc... Parmi les substances qu'il obtint par l'action lente des piles, on cite l'aluminium, le silicium, le glucinium, etc.

Une statue lui a été élevée dans sa ville natale le

24 septembre 1882. Des noms inscrits sur le piédestal de la statue rappellent ses principaux faits d'armes, car, avant d'être savant illustre, il fut un des héros des campagnes sanglantes d'Espagne et de France. Élève de l'École polytechnique, il avait choisi la carrière d'officier du génie et donné en 1815 sa démission de chef de bataillon pour se livrer exclusivement à l'étude des sciences ; il a laissé, outre un nombre considérable de mémoires, des ouvrages parmi lesquels nous citerons : *Des forces physico-chimiques et de leur intervention dans les phénomènes naturels.*

Belliard, général français, né à Fontenay-le-Comte (Vendée), en 1769, mort en 1832. — Il prit part à toutes les guerres importantes de la République et de l'Empire et n'eut pas moins de dix chevaux tués sous lui. La petite ville de Fontenay-le-Comte lui a élevé une statue. Il défendit le quartier en 1814.

Carpeaux (Jean-Baptiste), sculpteur français, né à Valenciennes le 14 mai 1827, mort le 10 octobre 1875. — Parmi les productions de cet artiste nous citerons le groupe de la *Danse* qui, depuis 1869 décore la façade de l'Opéra. Cette œuvre fit sensation et mit le comble à la réputation de Carpeaux ; nous citerons encore les *Quatre parties du monde*, groupe coulé en bronze pour la fontaine du Luxembourg et qui représente quatre femmes portant le monde qui les entraîne dans son mouvement.

Caulaincourt, duc de Vicence, militaire et diplo-

mate français, né à Caulaincourt (Aisne) en 1773,
mort à Paris en 1827. — Il servit pendant les guerres
de la Révolution, fut envoyé comme ambassadeur à
Saint-Pétersbourg en 1801, fut nommé à son retour
grand écuyer de l'empereur, puis duc de Vicence. Il
était plein de dévouement pour l'empereur qui disait
de lui à Sainte-Hélène : « Caulaincourt est un homme
de cœur et de droiture. »

La rue qui porte son nom n'était encore à la fin du
siècle dernier qu'un terrain recouvert de bois ; il s'y
trouvait aussi plusieurs carrières au milieu desquelles
s'élevaient çà et là quelques pauvres cabanes. Il y
avait aussi, dans cette rue, un cimetière appelé le
cimetière Saint-Vincent.

Championnet, général de la République, né à
Valence le 12 août 1762, mort à Antibes le 19 nivôse
an VIII (8 janvier 1800). — Il se distingua spécialement pendant les campagnes d'Italie et fut enterré
dans les fossés de la citadelle d'Antibes où l'on voit
encore la modeste pierre tumulaire sur laquelle on a
gravé ces simples mots : « Ci-gît Championnet, général de la République. »

Chappe (l'abbé Claude), ingénieur français, né à
Brûlon (Sarthe) en 1763, mort à Paris le 23 janvier
1805. — Après avoir perdu en 1789 deux bénéfices
dont il avait été pourvu tout jeune, il alla retrouver
son frère aîné *Ignace* et ses trois cadets. Tous cinq se
mirent à l'œuvre pour réaliser l'idée de Claude : un
système de transmission rapide et régulière des ordres

du Gouvernement au moyen de signaux. Des expériences eurent lieu à Paris en 1791 et 1792. Enfin, un appareil que Claude appela *tachygraphe* puis *télégraphe*, fut soumis, en 1792, à l'Assemblée législative. Une première ligne fut construite entre Paris et Lille et terminée en août 1794 ; le poste de Paris était situé sur le Chœur des Dames de l'église Saint-Pierre en haut de la Butte. La Convention accorda à l'inventeur le titre d'*ingénieur télégraphe* et le chargea de l'établissement de nouvelles lignes. Cependant Claude affecté par les attaques incessantes dont il était l'objet, tomba dans une mélancolie profonde et se jeta, dit-on, dans un puits. On a de lui dans le *Journal de Physique* (1789 - 92) et dans les *Annales de Chimie* (1789) d'intéressants articles sur l'électricité et la décomposition de l'eau et des *Lettres sur le nouveau télégraphe* (de Bréguet et Bétancourt) (1798).

Charles Nodier, littérateur français, né à Besançon en 1783, mort à Paris en 1844. — Il prit part tout jeune aux événements de la Révolution et raconte lui-même son existence à cette époque dans ses *Souvenirs, épisodes et portraits pour servir à l'histoire de la Révolution et de l'Empire*, et dans ses *Souvenirs de Jeunesse*. Auteur ou témoin des faits qu'il présente, il aurait pu être très bien renseigné, mais il paraît aujourd'hui certain qu'il a débité sur Pichegru, sur Schneider et sur lui-même les mensonges les plus énormes. Comme romancier, il a fait preuve d'un goût très pur, d'un esprit fin et délicat, d'une imagination

originale ; mais il s'est le plus souvent montré paradoxal.

Château-Rouge. — Placé à l'une des portes de l'ancien Paris, le Château-Rouge fut la résidence de la
belle Gabrielle d'Estrées, maîtresse de Henri IV. En
1845, un sieur Bobœuf imagina de transformer la
magnifique propriété du Château-Rouge en bal public
sous le nom de Nouveau-Tivoli, et pendant deux ou
trois étés, ce fut le rendez-vous de toute la jeunesse
élégante de Paris ; mais le public est inconstant dans
ses goûts, et après avoir eu la vogue, cet établissement,
on ne sait pourquoi, fut abandonné par ceux-là même
qui le fréquentaient le plus assidûment. Au moment
de la Révolution de février (1848) il était en pleine
faveur et c'est au Château-Rouge que fut donné le
premier banquet réformiste qui eut lieu. C'est alors
que l'établissement chorégraphique commença à péri-
cliter ; pourtant il ne se donnait aucun grand bal de
bienfaisance dans les arrondissements du nord de
Paris sans que ce fût au Château-Rouge.

En 1871, le 18 mars, c'est au Château-Rouge que se
tint le Comité devant lequel étaient conduits les soldats
qui refusaient de fraterniser avec l'émeute. On les
mettait d'ailleurs en liberté s'ils livraient leurs armes.

C'est également au Château-Rouge que furent enfermés pendant quelques heures dix ou onze officiers
arrêtés en même temps que le général Lecomte. Ils
furent remis en liberté dans la nuit qui suivit l'exécution des généraux Lecomte et Clément Thomas.

Chimay. — On parle d'un changement possible du nom de cette cité qui s'appellera, croyons-nous, Jean-Rigo !

Christiani, général. — Défendit le quartier en 1814.

Clichy. — La barrière de Clichy était célèbre par l'héroïque résistance que la garde nationale, commandée par le maréchal Moncey, y opposa aux alliés en 1814. Horace Vernet a fait de cet épisode le sujet d'un de ses plus célèbres tableaux.

Clignancourt. — Ancien hameau de la banlieue de Paris dépendant jadis de la commune de Montmartre. Malgré son éloignement de Paris, Clignancourt compta plus d'un habitant notable. *(M. le baron Léon de Trélaigne fils a publié un travail très complet et consciencieux sur Montmartre et Clignancourt.)*

Clignancourt fut longtemps une banlieue peu accessible en raison du long circuit auquel obligeait pour y parvenir la position même des Buttes. Avant 1789, il y avait à Clignancourt une manufacture de porcelaine appartenant au comte d'Artois. Cet établissement qui produisait de beaux ouvrages existait encore en 1795.

Rue Clignancourt se trouve la magnifique et grandiose entrée des splendides magasins Dufayel, connus du monde entier.

Cortot, statuaire français, né à Paris en 1787, mort le 12 août 1843. — Il concourut à l'exécution de la' grande frise de la colonne Vendôme. Le *soldat de Marathon annonçant la victoire*, l'œuvre populaire de Cortot, parut au salon de 1834 et figure dans le jardin des Tuileries. De Cortot également le groupe :

l'Apothéose de Napoléon, exécuté pour l'Arc de triomphe de l'Etoile en pendant avec l'*Appel aux armes* de Rude.

Très diversement jugé, son fronton de la Chambre des Députés. Gustave Planche lui reproche une « grande froideur » et dit qu' « il faut reléguer le nom de Cortot parmi ceux des praticiens habiles et le rayer de la liste des statuaires. » D'autre part, Raoul Rochette désigne le fronton de la Chambre des Députés comme « l'une des plus vastes pages que la sculpture ait jamais produites. » Entre ces deux jugements extrêmes, il y a peut-être place pour une appréciation moins enthousiaste et moins sévère, mais plus juste.

Cottin. — Nom du premier maire de Montmartre, décédé le 29 mai 1764.

Citons pourtant l'avis contraire du *Bulletin* qui attribue à Desportes, jeune homme de 26 ans, la qualité de premier maire de Montmartre.

Coustou, sculpteur (1678-1746).

Coysevox, sculpteur (1640-1720).

Cugnot, ingénieur militaire et mécanicien français, né à Verd (Lorraine) en 1725, mort en 1804. — Il inventa un fusil que le maréchal de Saxe mit en usage parmi les uhlans et une voiture à vapeur (1771), la première des automobiles, qui ne put fonctionner, mais qui a été déposée au Conservatoire des Arts-et-Métiers de Paris.

Custine (Comte Adam-Philippe de) général en chef (1740-1793).

Danrémont (Charles Marie Denys de) général

français, né à Chaumont en février 1783. — Il fit toutes les campagnes du Premier Empire et fut nommé colonel par Napoléon Ier sur le champ de bataille de Lutzen. Envoyé en 1830 dans l'armée d'Afrique. il y gagna le grade de lieutenant-général. La résistance du bey de Constantine ayant décidé la France à une expédition contre cette ville, le lieutenant-général Danrémont dirigea le siège. Il venait de donner le signal de l'attaque lorsqu'il fut tué par un boulet, le 12 octobre 1837. Le soir même, la ville était prise d'assaut. Danrémont est inhumé aux Invalides.

Darwin (Charles-Robert) naturaliste et physiologiste anglais, né à Shrewsbury le 12 février 1809, mort à Down le 19 avril 1882. — Son remarquable livre sur *l'Origine des espèces* eut un retentissement immense. non seulement dans le domaine de la biologie, mais encore dans toutes les branches de la science. Son œuvre a été le signal d'un mouvement dont on trouverait peu d'exemples dans l'histoire de la pensée humaine.

Davy, chimiste anglais né à Penzance le 17 décembre 1778, mort à Genève le 28 mai 1829. — Il est justement célèbre par l'invention de la lampe de sûreté qui porte son nom et qui a sauvé la vie à des milliers de mineurs. Cette découverte est d'autant plus belle qu'elle n'a rien de fortuit. A la suite d'une terrible explosion de grisou, un comité de propriétaires de mines vint prier Davy qu'il voulût bien rechercher les moyens de prévenir le retour de tels accidents. La question était pressante, Davy se mit aussitôt à l'étude ; il analysa le grisou, se rendit compte des proportions dans lesquelles son mélange avec l'air le rendait détonnant et, ayant remarqué que la combustion des deux gaz donnait assez peu de chaleur pour que l'interposition de diaphragmes solides arrêtât la propagation de la flamme, il en vint à imaginer la lampe de sûreté qui porte son nom, dans laquelle la flamme est séparée par une toile métallique de l'air répandu dans les galeries de la mine.

Défense. — En souvenir de la défense de Paris en 1814, alors que le maréchal Moncey, à la tête de 6.000 hommes de la garde nationale défendit les hauteurs de Belleville, et combattit un des derniers à la barrière de Clichy.

Duhesme (Philippe-Guillaume), général français dont le nom est inscrit sur les tables de bronze de Versailles et sur l'Arc de triomphe, né à Bourgneuf en 1766, massacré sans défense le 18 juin 1815, par les hussards de Brünswick dans une maison de Genappe où il s'était réfugié, couvert de blessures.

Durantin, auteur dramatique français, né à Senlis le 4 avril 1818.

Élysée des Beaux-Arts. — Un des coins du Montmartre artiste qui, à l'instar des peuples heureux, n'a pas d'histoire, mais qui conserve jalousement des souvenirs de bohême, épars aux divers étages de ses « meublés ». Si Xanrof ne hous avait appris que c'est « *près de l'École de médecine* » qu'est « *l'hôtel du*

N° 3 », nous aurions pu penser qu'il était passage de l'Élysée des Beaux-Arts. Elle est longue, la liste des futurs grands hommes si souvent aux abois

> « Et qui s' cavall'nt la veill' du terme
> De l'hôtel du Numéro Trois. »

Il y a de cela beaucoup d'années, François Coppée, le bon papa poète, habitait ce passage, aussi le maître Catulle Mendès qui prend plaisir à raconter mainte anecdote relative au séjour qu'il y fit, du temps, dit-il, qu'il était jeune, comme si le grand écrivain qu'il se montre pouvait vieillir.

Actuellement, le passage de l'Élysée des Beaux-Arts compte encore un grand nombre d'artistes et même, avouons-le, dût le Midi bouger enfin, un député, un vrai, un convaincu : Clovis Hughes ! Il abritait aussi, récemment, Zo d'Axa, dont les villégiatures nombreuses à Sainte-Pélagie n'amoindrissent en rien la valeur de l'auteur de *Mazas à Jérusalem*.

Dans le fond du passage de l'Élysée-des-Beaux-Arts, on construit une église et aussi une école des sœurs déjà presque terminée. C'est l'invasion catholique de notre pauvre Butte qui se poursuit avec acharnement. Hélas !

Eugène Süe, célèbre romancier né à Paris le 10 décembre 1804, mort à Annecy le 3 juillet 1857. — Il eut pour parrain le prince Eugène de Beauharnais qui, par une singularité, ne voulut pas lui donner son prénom, et il fut inscrit sous les prénoms de Marie-Joseph ; le romancier prit le prénom d'Eugène de sa propre autorité. Eugène Süe se distingua dans le roman de mœurs ; nous citerons entre autres *Mathilde*

Zo d'Axa.

(1841) dont le titre seul rappelle un des plus grands succès littéraires de notre époque. *Les Mystères de Paris* (1842-1843) et *le Juif Errant* (1845) donnèrent au nom d'Eugène Süe sa plus éclatante notoriété. Il a;

dans ces deux ouvrages, recherché la solution de la question sociale. Le parti démocratique lui avait ouvert ses rangs et le 28 avril 1850, le peuple de Paris, à une très grande majorité, l'envoya siéger à l'Assemblée législative. Deux ans après, le 2 décembre l'obligeait à l'exil. Il partit pour Annecy d'où il ne devait plus revenir.

Fontaine-du-But. — Dans cette rue se trouvaient autrefois deux restaurants ayant une bonne renommée et qui étaient connus et fréquentés par presque tous les Parisiens de l'époque. L'un d'eux avait pour enseigne : *A l'Arc-en-ciel* et son dernier propriétaire s'appelait M. Gadon ; l'autre avait adopté la désignation : *Au Panier Fleuri.* Le dimanche venu, les Parisiens, désertant leurs demeures où ils étaient restés enfermés toute la semaine, montaient là, en famille ; les uns, emportant leur repas avec eux, s'installaient au gré de leurs goûts dans les salles ou sous les charmilles de ces établissements, et voire même simplement, sur le frais gazon, en un petit coin soigneusement choisi, pour son agréable ombrage ; puis se répandaient ensuite, en groupes joyeux, dans les alentours, qu'ils animaient de leur gaieté, et, après avoir respiré toute la journée l'air pur et vivifiant de la Butte, s'en retournaient à l'approche du soir, le cœur content et satisfait du plaisir éprouvé, en se promettant bien de revenir le dimanche suivant. Notons encore, à titre de souvenir historique, qu'en face de chacun de ces restaurants, voisins l'un de l'autre, se trouvaient deux caisses, contenant des vignes, et auxquelles on avait donné le nom de « *caisses du Trésor* » parce que les dites caisses avaient servi, sous la Révolution, à cacher des trésors.

Ganneron, industriel, banquier et homme politique, né à Paris en 1792, mort en 1847.

Germain Pilon, statuaire, né vers 1515, mort en 1590. On voit de lui, au Louvre, le groupe des *Trois Grâces*. — C'était un monument funéraire. Les Grâces sont représentées debout, drapées, adossées l'une à l'autre et réunies par les mains qui se touchent à peine ; leurs têtes sont disposées de manière à soutenir l'urne qui devait contenir le cœur de Henri II et celui de Catherine de Médicis. Le groupe des *Trois Parques* figure au musée de Cluny ; il a été sculpté probablement pour Diane de Poitiers, car l'une des Parques présente le profil donné toujours à Diane par Jean Goujon. En dehors de la signature habituelle de l'artiste, un grand G gravé sous le bloc, on y reconnaît sa main à ces draperies légères rendues avec une si étonnante vérité.

Girardon, sculpteur français, né à Troyes en 1628, mort à Paris en 1715. — Parmi ses reproductions, on admire surtout le *Tombeau de Richelieu* qui est à la Sorbonne ; de lui aussi, la statue équestre de Louis XIV qui décore actuellement la place des Victoires. Cette statue fut d'abord érigée em 1699 sur la place Vendôme, circonstance qui valut à Girardon d'être chanté par un grand nombre de poètes. Du reste, il faut le dire, les poètes étaient ses amis et c'est avec des vers qu'ils payaient ses excellents dîners et les bustes qu'il leur taillait dans le marbre. Boileau disait à propos du sien :

> ..... Grâce aux Phidias de notre âge,
> Me voilà sûr de vivre autant que l'univers,
> Et ne connût-on plus ni mon nom ni mes vers,
> Dans ce marbre fameux taillé sur mon visage,
> De Girardon toujours on vantera l'ouvrage.

On trouve encore de lui, à Versailles, le groupe représentant les *Victoires de la France sur l'Espagne*, qui orne la grille de l'avant-cour du château ; le *Louis XIV* de la petite cour ; l'*Hiver* du bassin de Saturne ; l'*Enlèvement de Proserpine* et une foule d'autres figures dispersées dans le parc. La manière de Girardon est reconnaissable à la désinvolture du mouvement et à la légèreté des draperies.

C'est dans la rue Girardon, anciennement rue des Brouillards que se trouve la maison appelée *château des Brouillards* ; c'est une ancienne vacherie de Louis XIV transformée en bal après. Faisant face au château des Brouillards, il y avait un restaurant, le *Restaurant du bal Roger* qui jouissait alors d'une grande renommée.

Goutte-d'Or. — Ancien hameau de ce nom qu'habitèrent les Parises, vignerons habiles qui avaient trouvé le moyen de conserver et transporter au loin le jus de raisin, dans des tonneaux en bois cerclés. Leurs vins tombés aujourd'hui dans un profond oubli ont eu longtemps une grande réputation. Un médecin normand, nommé Paulmier, disait au siècle dernier : « Tout ce que peut prétendre le vin de Bourgogne, quand il a perdu son âpreté, et qu'il est en sa bonté, c'est de ne point céder aux vins de l'Ile-de-France. » Celui récolté sur un petit monticule escarpé, bien exposé au midi, qui se trouvait adossé au mont Coron avait surtout des vertus attrayantes pour les disciples de Bacchus ou Dyonisios dont le culte avait été apporté de la Grèce par les Gaulois qui avaient combattu sous les ordres de Pyrrhus, ce Charles XII de l'antiquité, ainsi que l'a surnommé un grand historien. Les pieux dyonisiens des bords de la Seine allaient souvent au village des Roses honorer leur divinité et boire à sa gloire de nombreux hanaps de ce vin couleur de rubis qui brillait dans les vases *pareil à des gouttes d'or*. Cette expression, employée d'abord pour relater l'éclat de ce divin nectar, servit longtemps d'enseigne à un marchand de vins de l'endroit et fut donnée plus tard à une rue, ensuite au quartier, établis l'un et l'autre sur ce fameux clos où se passe de nos jours l'action si poignante de l'*Assommoir* de Zola. Que penseraient de cette dégénérescence les anciens Gaulois qui disaient de certains vins : qu'ils venaient *de derrière la Goutte-d'Or*, comme on dit aujourd'hui d'à côté le Clos Vougeot?

Grandes-Carrières. — Doit son nom aux carrières de Montmartre. Ces deux dénominations ont été appliquées à deux quartiers du XVIIIe arrondissement.

Hégésippe Moreau, né à Paris en 1810. — Hégésippe Moreau n'a laissé qu'un volume de poésies intitulé

Myosotis, mais qui suffit à lui assurer une place parmi les poètes contemporains. Il mourut à l'hôpital de la Charité, le 10 décembre 1838, ayant traîné toute sa vie une existence misérable. « Si l'on considère aujourd'hui, disait Sainte-Beuve, le talent et les poésies d'Hégésippe Moreau, voici ce qu'on trouvera, ce me semble. Moreau est un poète; il l'est par le cœur, par l'imagination, par le style; mais chez lui, rien de tout cela, lorsqu'il mourut, n'était tout à fait achevé et accompli... Il allait, selon toute probabilité, s'il avait vécu, devenir un maître, mais il ne l'était pas encore... »

Non pas seulement poète. Hégésippe Moreau fut un prosateur des plus purs, des plus élégants. Ses cinq contes en prose, le *Gui de Chêne*, les *Petits souliers*, la *Souris blanche*, *Thérèse Lureau* et le *Neveu de la Fruitière* sont dignes de l'auteur de *Myosotis*.

Houdon (Jean-Antoine), statuaire français, né à Versailles en 1740, mort à Paris en 1828. — Il est l'auteur du *Voltaire assis* placé sous le péristyle du Théâtre-Français; il a fait en outre un très grand nombre de bustes. M. Quatremère de Sincy porte sur Houdon le jugement suivant : « On ne dira pas que Houdon ait porté, dans l'art du portrait, ce profond caractère de simplicité qui, sous le ciseau des anciens, et par la seule vertu d'un petit nombre de traits énergiquement écrits, nous révèle la constitution à la fois physique et morale des personnages, leur humeur, leur affection, leur âme tout entière. Houdon suivait l'autre note. C'est par le nombre et la finesse des détails, qu'il imprimait à ses portraits une vive ressemblance... Nonobstant, le plus grand nombre de ses portraits lui conquit à bon droit des suffrages durables, autant par une rare fidélité de ressemblance, que par une exécution pleine de grâce et de facilité.

La rue Houdon, qui était juste en face l'abbaye, fut percée sous Charles X. Son premier nom fut celui de *Petite-Rue Royale*. Sous la République de 1848, il fut changé pour celui de la *Réforme*, puis enfin on lui donna le nom qu'elle porte aujourd'hui.

Jacques Cartier, navigateur français, né à Saint-Malo en 1494, mort vers l'année 1554. — Nous trouvons dans le récit que Cartier fit d'un voyage à la Louisiane la première description que l'on connaisse du tabac.

Les journaux des deux premiers voyages de Cartier sont insérés dans le troisième volume de la collection italienne de Ramusio et dans l'*Histoire de la Nouvelle-France*, de Marc Lescarbot. La relation de son troisième voyage se trouve dans le troisième volume des *Principales navigations*, de Hakingt.

Jacques Kablé, homme politique alsacien, né à Brumath en 1830, mort à Strasbourg le 7 avril 1887. Pendant le siège de Strasbourg il créa et dirigea dix ambulances qui reçurent près de 2.500 blessés. Après la capitulation, Kablé refusa la croix de la Légion d'honneur en alléguant qu'il n'avait fait que son devoir. Après l'annexion, il siégea au conseil municipal de Strasbourg jusqu'à sa suppression en 1873. Nommé député le 30 juillet 1878, réélu le 27 octobre 1881 et le 8 octobre 1884, en dépit de la pression gouvernementale, il siégeait au Reichstag au moment de la dissolution de cette assemblée (janvier 1887); dissolution qu'amena le refus de voter le septennat militaire. De nouvelles élections ayant eu lieu le 21 février 1887, Kablé fut réélu. Depuis 1886, il siégeait au conseil municipal que ses constants efforts avaient fait rétablir (10 juillet 1886) après une suppression de treize années. Kablé était un honnête et vaillant patriote. Jusqu'à sa dernière heure, il n'eut qu'un culte : celui de la patrie française.

Jean Cottin, faux prophète (dirions-nous, s'il pouvait en exister de vrais), vivait au XVIe siècle. — Il contrefaisait, paraît-il. l'enthousiaste et l'inspiré. Le parlement de Rouen, toutes chambres assemblées, le condamna, le 27 mars 1559, à être brûlé vif, comme prédicant, à Rouen. Il fut exécuté sur la place du Marché-aux-Veaux où Jeanne Darc avait péri du même supplice, et deux de ses disciples furent pendus dans cette même ville.

C'est ainsi que l'histoire faite par quelques catholiques trop zélés, représente Jean Cottin. Jean n'était qu'un religionnaire ardent qui, irrité des rigueurs des deux derniers règnes, avait profité de la mort de Henri II pour prendre sa revanche.

Il se fit prédicateur des doctrines de la Réforme et concourut par sa propagande hardie à gagner le peuple de Rouen. Ce fut donc pour arrêter, par l'exemple d'un châtiment terrible, les tentatives des hérétiques, que le Parlement fit brûler Cottin et quelques autres prédicants.

Jean Dollfus, manufacturier et économiste français, né à Mulhouse le 25 septembre 1800, mort, dans cette ville, le 22 mai 1887.

Joséphine, impératrice des Français, née aux Trois-Ilots (Martinique) le 23 juin 1763, morte le 29 mai 1814, à la Malmaison où, après son divorce, elle s'était retirée. — Napoléon lui fit de magnifiques dotations; il lui constitua une rente de deux millions de francs et entretint avec elle une correspondance dont Marie-Louise se montra plusieurs fois jalouse. Une lettre excessivement intime et entièrement de la main de Napoléon, jette un jour assez curieux sur la vie que menait à la Malmaison l'ex-impératrice.

En voici les passages les plus saillants :

*... Je te défends de voir madame X*** (le nom est en toutes lettres), sous quelque prétexte que ce soit : je n'admettrai aucune excuse. Si tu tiens à mon estime et si tu veux me plaire, ne transgresse jamais le présent ordre. Elle doit venir dans les appartements, y rester de nuit ; défends à tes portiers de la laisser entrer. Un misérable (c'était* **un prince !**) *l'a épousée avec huit bâtards ! Je la méprise elle-même plus qu'avant : elle était une fille aimable, elle est devenue une femme d'horreur et infâme. Je serai à Malmaison bientôt. Je t'en préviens pour qu'il n'y ait point d'amoureux la nuit. Je serais fâché de les déranger.*

La Barre (Le chevalier de), mourut en 1766, victime de l'intolérance religieuse.

Lamarck (J.-B. Pierre-Antoine de Monet de), célèbre naturaliste français, né à Barentin, en Picardie, le 1er août 1744, mort à Paris le 18 décembre 1829. — Auteur de la *Philosophie zoologique,* autour de laquelle, à son apparition, la science officielle fit si bien la conspiration du silence que quand la doctrine de ce grand homme nous revint quarante ans plus tard sous le couvert de Darwin, elle fut considérée comme une nouveauté ; il fallut même que Hœckel, le savant professeur d'Iéna, vint rétablir la vérité scientifique, en démontrant que Lamarck était le véritable père du transformisme pour que la France daignât s'en souvenir.

Lathuille (Maison du père) faisant face au passage de ce nom. — Ce cabaret, fondé par le père Lathuille en 1790, était très achalandé et passait pour avoir une cave des mieux garnie, quand survinrent les événements de 1814. Les alliés étaient aux portes de Paris. Blücher avait envoyé un corps d'armée de 14.000 hommes pour s'emparer des Batignolles. Les gardes nationaux, sous les ordres de Moncey, s'étaient retirés, débordés par le nombre, dans les maisons de la barrière de Clichy et en firent autant de postes d'où ils tirèrent sur les Prussiens. Le père Lathuille s'empressa d'ouvrir son cabaret aux défenseurs de Paris : « Entrez, leur dit-il, vous êtes chez vous ; buvez, mangez, faites table rase, videz mes caves ! Il ne faut rien laisser, ni aux Cosaques, ni à l'ennemi! » Durant toute la journée, la maison du père Lathuille fut constamment le point de mire de l'ennemi : une douzaine de boulets y tombèrent et, aujourd'hui encore, on peut en voir un qui se logea dans un comptoir.

Leibnitz, philosophe et mathématicien allemand, né le 23 juin 1646, mort le 14 novembre 1716. — Deux seuls mots furent gravés sur sa tombe : *Ossa Leibnizii;* ils suffisent pour indiquer le lieu où il repose, et il serait superflu de rappeler ses titres à l'immortalité.

Lepic, général de division (1765-1827). — La rue Lepic s'appelait autrefois rue des Dames, parce qu'elle conduisait au couvent des abbesses. Napoléon Ier la fit tracer et conditionner pour y établir des batteries d'artillerie. Elle prit alors, successivement le nom de Chemin-Neuf, celui de rue du Département, puis de l'Empereur, puis enfin de rue Lepic, qu'elle a conservé.

Letort, général de division, tué au combat de Jilly en juin 1815.

Livingston, explorateur anglais du continent africain (1815-1873).

Maistre (Rue de). — Cette rue, qui s'appelait autrefois rue du Chemin-des-Dames, doit son nom actuel a Joseph de Maistre, philosophe religieux, né à Chambéry en 1754 et mort en 1820.

Marcadet, ancien fief Mercadé, figure dans le procès-verbal de la Coutume de Paris de 1580.

Martyrs. — En 1793, dans la chaussée des Martyrs, il n'y avait pas de maisons, ce n'était que des terrains incultes. Cette chaussée était percée par un chemin qui conduisait à la carrière Gillet. Cette carrière, de laquelle on extrayait du plâtre, était à pic et était fermée par trois portes situées place Saint-Pierre. Vers l'an 1848 on ne l'exploitait déjà plus. La nuit et même le jour on mettait des gardiens pour empêcher les ouvriers de travailler à l'extraction du plâtre, car on craignait toujours que la Butte ne s'écroulât.

Mire (Rue de la). — Nous avons donné sur la Mire du Nord des renseignements assez détaillés pour qu'il soit inutile d'y revenir. C'est dans l'une des rues adjacentes à la rue de la Mire que se trouvait le Petit Tivoli, grand café-concert où l'on chantait et dansait; on y faisait aussi des festins et des dîners de noces. Cette maison a disparu d'une façon tout à fait tragique. Le dîner de noces de M. Chevillon venait de finir à cinq heures et demie du matin; le patron et les garçons étaient allés reconduire la noce; quand ils revinrent à six heures, ils ne virent plus leur maison, elle avait disparu comme par enchantement dans les carrières.

Montmartre. — C'est au lendemain du coup d'État (décembre 1851), que le président Louis Napoléon ordonna aux troupes de faire évacuer les boulevards; des scènes atroces se passèrent à l'angle des rues Montmartre, du Faubourg-Montmartre et du boulevard Poissonnière. Le carrefour des écrasés fut appelé ce jour-là *Carrefour des fusillés.* Quand à la poterne, elle était située à l'extrémité de l'ancien village de Montmartre entre la rue du Jour et la rue Jean-Jacques-Rousseau ; elle s'appelait aussi porte Saint-Eustache, du voisinage de l'église. Elle fut démolie en 1380.

Norvins (Jacques Marquet, baron de Montbreton de Norvins). Auteur d'une *Histoire de Napoléon Ier* (1769-1854). — La rue de Norvins s'appelait autrefois rue Traînée : c'était là qu'habitaient les vrais Montmar-

La rue de l'Empereur, aujourd'hui rue Lepic, en 1819.
(Dessin de Marcel Decoutère.)

trois. Rien n'a été modifié dans les constructions depuis près d'un siècle ; une ou deux maisons seulement ont été démolies.

Au lieu du réservoir qui est près la rue de Norvins était le moulin du Palais duquel on tirait, les jours de fête, des feux d'artifice. Derrière le réservoir il y avait une maison d'aliénés, la maison Blanche, fondée par le docteur Blanche. Monrose, artiste de la Comédie-

Française, a été soigné dans cette maison. A présent cette maison de santé est à Passy.

Ordener (Michel), général de division (1775-1811), et *Michel Ordener*, son fils (1787-1862), également général de division.

Philippe de Girard, ingénieur français, né en 1775, mort en 1845. — Il inventa les lampes hydrostatiques à niveau constant pour lesquelles il imagina les verres dépolis dont l'usage est devenu général. Il inventa aussi une machine à filer le lin. Napoléon avait proposé en 1810 un prix de 1 million qui ne fut pas décerné. Philippe de Girard avait bien résolu la question, mais la commission étendit les conditions du concours. Lorsque Philippe de Girard apporta de nouveau la complète solution du problème, le gouvernement avait changé. Il partit alors fonder une filature en Pologne où le gouvernement russe le subventionna.

Piémontési, ancien maire de Montmartre. Rue Piémontési se trouvait l'école de musique religieuse de Mme Niedermeyer. Sur son emplacement se construisent maintenant des écoles communales.

Polonceau (Antoine-Rémi), ingénieur (1778-1847) et son fils Jean-Barthélemy-Camille (1813-1859).

Pré Maudit. — Il existait là autrefois un pré où fut logé, en 1427, une compagnie de Bohémiens ou Egyptiens, qu'on ne voulut pas laisser entrer dans Paris. Toute la ville vint à la Chapelle pour se faire dire la bonne aventure. C'étaient les femmes de la tribu, ayant le teint basané, les cheveux frisés et un ou deux anneaux aux oreilles, qui se livraient à cet art. Aux hommes, elles disaient : « Ta femme, ta femme. t'a fait *coux* », et à la femme : « Ton mari t'a fait *coulpe* », ce qui produisit, dit la chronique, beaucoup de troubles dans les ménages. L'évêque vint lui-même les visiter, il leur fit faire un beau sermon par un de ses abbés, nommé le petit Jacobin et les excommunia ensuite, sous le prétexte qu'ils enlevaient l'argent des bourses et y mettaient le diable à la place! Depuis, cet emplacement porta le nom de *Pré maudit* et la rue qui y est établie est toujours connue sous ce nom.

Puget (Pierre), peintre, sculpteur et architecte français, né à Marseille en 1622, mort dans la même ville en 1694. — Une salle spéciale, appelée salle Puget, est consacrée presque exclusivement dans le musée du Louvre aux œuvres du grand artiste marseillais. Elle contient : l'*Hercule au repos*, *Persée et Andromède*, *Milon de Crotone* et l'*Alexandre vainqueur*.

Ramey (Claude), sculpteur (1754-1838) et Étienne-Jules Ramey, son fils, également sculpteur (1796-1852).

Ramponneau, célèbre cabaretier du XVIIIe siècle qui tenait une guinguette rue Ramponeau (XXe arrondissement).

Ravignan. — Cette rue qui doit son nom à François-Xavier de Lacroix de Ravignan, jésuite, prédicateur (1795-1858), s'appelait autrefois rue du Vieux-Chemin. Elle était la propriété des abbesses. Dans cette rue se trouvait un gibet qui montrait que l'abbaye avait droit de haute, moyenne et basse justice en même temps que la dime.

Cette petite rue du Vieux-Chemin était tellement rapide qu'une personne avait de grandes difficultés pour la monter et que les voitures ne pouvaient y passer.

Au côté droit de la rue Ravignan se terminait le mur de l'abbaye. « Puis, dans un enclos on pouvait voir le *poirier sans pareil* qui était si colossal que plusieurs personnes pouvaient prendre leur repas dans le branchage de cet arbre sans se gêner. Les tables étaient formées de planches jetées sur les branches, et ces dernières servaient de siège.

« L'empereur Napoléon Ier ayant attaché son cheval à un arbre situé dans un chemin, cette voie prit alors le nom de chemin de l'Empereur. Il conduisait aux moulins. Ceci se passait en 1815. L'année précédente, le général Marmont signait, après une glorieuse défense de la capitale particulièrement du côté de Montmartre, une inévitable capitulation. Le propriétaire de l'arbre où Napoléon Ier attacha son cheval, regardait cet arbre comme sacré.

« Au n° 18 de la rue de Ravignan, était une maison de sept étages, mais on nous dit qu'elle chargeait trop le sol, car une nuit, vers une heure du matin, le sol s'ébranla à cet endroit, laissant s'écrouler une partie de la maison. Heureusement, les locataires avertis par des bruits précurseurs s'étaient enfuis, mi-vêtus, dans toutes les directions. On a rasé le haut de la maison et il ne reste plus aujourd'hui qu'un étage.

« A l'angle de la rue Ravignan et de la rue Gabrielle, étaient les jardins de l'abbaye. Les carrières continuaient à gauche de la rue de Ravignan. De ce côté était aussi la rue de la Mire, terminée par des marches très larges qui servaient au passage des bestiaux. Dans les carrières était une hauteur s'élevant presque perpendiculairement et formant une marche d'escalier gigantesque. On avait planté des arbres très haut le long de cette marche et on avait intercalé entre eux des masses rocheuses pour empêcher le monde de tomber du haut de cette hauteur bordée d'un chemin. Le reste de la rue Ravignan était entouré des jardins de l'abbaye, depuis la rue Gabrielle jusqu'à la rue Lepic à droite, et des grandes carrières à gauche. »

(Bulletin du V. M.)

Rochechouart-Mortemart (*Marie-Madeleine-Gabrielle de*). — Ancienne abbesse de Fontevrault (1645-1704). Elle était la sœur de Mme de Montespan, maitresse de Louis XIV. Boulevard Rochechouart, où se trouve actuellement le collège Rollin, il existait autrefois des abattoirs.

Ronsard, célèbre poète français (1524-1585).

Rothschild, nom d'un loueur de voitures, qui sait? peut-être parent du grand financier d'aujourd'hui.

Ruisseau. — La source qui remplissait l'abreuvoir était tellement abondante qu'on n'a pas pu la tarir; il a fallu organiser un système d'égouts. Le trop-plein de la source formait un petit ruisseau, qui a donné son nom à la rue du Ruisseau; quand il était grossi par les pluies et par le débit plus vif de l'eau, quelques planches servaient à le traverser dans la rue Marcadet. Deux citernes faisaient face à la rue Saint-Vincent, et étaient ombragées de tilleuls séculaires, qui furent coupés comme bois de chauffage par des Auvergnats en 1870.

Saint Bruno, fondateur de l'ordre des Chartreux (XIe siècle).

Saint Eleuthère, compagnon de saint Denis, décapité avec ce dernier.

Sainte Euphrasie. — La rue Sainte-Euphrasie existe toujours, quant à la place; elle porte aujourd'hui le nom de Jules Joffrin, le député que rendit célèbre un moment sa campagne électorale contre le général Boulanger.

Saint Rustique, compagnon de saint Denis, partagea son sort.

Saules (Rue des). — Doit son nom aux saules magnifiques dont elle était bordée. Il existe encore dans cette rue un cabaret très fréquenté tenu par la mère Adèle et le camarade Joly. Ce cabaret a successivement porté les noms de *Au rendez-vous des voleurs*. *Cabaret des assassins*, et enfin celui de *Lapin agile*.

Séguin. — La rue Séguin était autrefois la rue des Francs-Bourgeois, mais pour ne pas la confondre avec la rue des Francs-Bourgeois de Paris, on lui donna le nom de Séguin en mémoire de l'ingénieur français de ce nom (1768-1835).

Dans cette rue est l'institution de M. Coudre dans laquelle on a trouvé une porte remarquable, un puits qui est fermé par des plaques en fonte sur lesquelles sont les armes des abbés de Saint-Denis et une double rangée de caves superposées.

Seveste, directeur fondateur des théâtres de la banlieue de Paris.

Simart, sculpteur (1809-1857).

Steinkerque. — En souvenir de la victoire rem-

Le cabaret des Assassins, tenu par la mère Adèle.

portée par le maréchal de Luxembourg sur le prince d'Orange et ses alliés, le 4 août 1692.

Stephenson (George). — Ingénieur anglais, né à Wylan le 9 juin 1781, mort à Tapton le 12 août 1848. Il est l'inventeur des chemins de fer, car c'est lui qui eut l'idée de remplacer par des rails en fer les rails en bois autrefois employés dans les mines et qui construisit la première locomotive. Il imagina aussi une lampe de sûreté qu'il essaya lui-même. Vers la même époque, Davy inventait celle qui porte son nom.

Tertre. — Sur la place du Tertre, il y a eu, en 1848, deux arbres de la Liberté qui sont bien vite tombés sous la hache, comme, malheureusement, tous les trophées semblables. C'est sur cette même place du Tertre que s'éleva plus tard la statue de Deldroux, le brave marin breton qui, en 1870, s'est fait sauter la cervelle après une défense héroïque, pour ne pas voir sa pièce aux mains des Prussiens. Il y avait là un parc d'artillerie dont les Versaillais se sont emparés après plusieurs assauts acharnés.

C'est au n° 3 de la place du Tertre que s'élevait la première mairie de Montmartre (1790).

On peut remarquer, quand on a dépassé l'impasse du Tertre, un petit terrain vide. C'est la place de la seule maison abattue depuis soixante ans. Là est également le restaurant Catherine Lamothe où se réunissaient les artistes d'Opéra sans emploi pour s'y faire entendre des Parisiens amateurs.

Non loin se trouve l'emplacement de la pharmacie de l'abbaye, appelé par les enfants du temps le jardin des réglisses, car la pharmacie était précédée d'un jardin, lequel contenait des plantes médicinales. les enfants arrachaient de la terre et suçaient avec délices les racines de réglisse. Montmartre, où la vigne abondait, avait un pressoir banal, tous les paysans y appor-

Cliché Sescau.

Le cabaret de Catherine Lamothe.

taient leurs raisins. Ce pressoir est supposé dépendance de l'abbaye.

Près la place du Tertre était aussi l'entrée principale de l'église Saint-Pierre.

La rue Tholozé.

Tholozé, général de division (1811-1853).

Torcy (marquis de), diplomate et homme d'État (1665-1746), neveu de Colbert.

Vauvenargues (Luc de Clapiers, marquis de), philosophe (1715-1747).

Véron, adjoint au maire de Montmartre (1809-1830) et maire de cette commune de 1830 à 1844, mort en 1861.

Au square d'Anvers. (Dessin de Mignot.)

Terminons ce long exposé par quelques notes de statistique.

Les rues du XVIIIe arrondissement présentent un développement de 56.815 mètres, et sur les 519 hectares formant la superficie totale des quatre quartiers sont répartis près de 6.000 immeubles, 3.855 arbres et 350 bancs, dont certains, très nombreux, sont chers aux amoureux.

Le nombre des électeurs inscrits au XVIIIe arrondissement dépasse 42.000.

Quant aux places d'Anvers, Pigalle, Blanche et Clichy, limitrophes du Montmartre administratif, nous ne pouvons en parler plus en détails sous peine de tomber dans la nécessité absolue de parler également des rues adjacentes qui composent le Montmartre où l'on s'amuse, ce qui nous conduirait trop loin.

La place Pigalle, précédemment place de la Barrière-Montmartre (Jean-Baptiste Pigalle, sculpteur (1714-1785), y avait son atelier), présente pourtant une particularité originale, c'est en effet un marché aux modèles. Sculpteurs et rapins y viennent quérir le lundi de préférence les vieillards aux immenses barbes blanches, les femmes plutôt quelconques et aussi des jeunes filles et des gosses bons à tout faire.

CHAPITRE VII

LES MAIRIES — LES ÉTABLISSEMENTS PHILANTHROPIQUES
LES CIMETIÈRES — LE PUITS ARTÉSIEN
LE RÉSERVOIR — LES DÉCOUVERTES — LES FOUILLES
DIVERS

La première mairie de Montmartre, construite en
1790, a disparu ; elle est aujourd'hui remplacée par
des maisons de rapport. Elle était située au numéro 3
de la place du Tertre, où d'ailleurs, grâce aux soins
de M. Alexis Martin, créateur de la *Commission des
inscriptions du XVIII* arrondissement*, on peut voir
une plaque commémorative avec cette inscription :

LA PREMIÈRE MAIRIE
DE LA
COMMUNE DE MONTMARTRE
A ÉTÉ INSTALLÉE ICI
EN 1790

La deuxième mairie existait passage de l'Arcade.
La troisième, construite en 1835, place des Abbesses

14.

fut inaugurée le 3 mai 1837 par le comte de Rambuteau, pair de France et préfet de la Seine. Elle avait été édifiée au milieu d'un champ en face duquel se trouvait une propriété appartenant autrefois au comte de Montdidier et datant de 1793; elle est aujourd'hui complètement démolie et remplacée par des maisons de rapport. La quatrième mairie est située rue Ordener, nº 117. L'extérieur en est assez joli, mais, à l'intérieur, tant au point de vue de la construction qu'à celui de la distribution, ce monument laisse beaucoup à désirer. La première pierre en a été posée le 16 décembre 1888. A cette occasion, M. Félix Jahyer, alors président du *Vieux-Montmartre*, a prononcé un discours remarquable duquel nous extrayons le passage suivant :

« En 1860, la petite commune qui, elle aussi, avait pris de l'extension depuis un demi-siècle, fut déversée dans la grande. Mais, au lieu de subir son joug, il semble, au contraire, que, depuis ce moment, ce soit elle qui, sans lui imposer ses lois, lui dicte une bonne part de ses idées si vivaces ». Le *Vieux-Montmartre* a installé depuis peu dans cette mairie un musée d'archéologie réservé à Montmartre.

Montmartre renferme divers établissements philanthropiques. Nous citerons *l'asile de la Providence*, situé chaussée des Martyrs, nº 13, qui fut fondé en 1804 par M. et Mme Micault de La Vieuville, et *l'asile des Vieillards*, fondé en 1854 par l'Assistance publique.

Les ateliers de charité, ouverts par Necker en 1789, étaient destinés à soulager la détresse des milliers d'ouvriers sans travail qui encombraient Paris. Bailly nous apprend que les gens, occupés dans l'atelier de Montmartre, le plus important de tous, étaient chargés de créer des voies de communication pour faci-

La troisième mairie de Montmartre, place des Abbesses.

liter le transport des farines des moulins de la Butte jusqu'à Paris.

Tout alla bien pour commencer; la tranquillité paraissait régner à Montmartre, quand subitement les choses changèrent de tournure le 8 juillet.

« On apprend, — écrit Hardy dans son journal du vendredi 10 juillet — que la veille, entre huit heures et neuf heures du soir on avoit vu des détachements considérables de cavaliers du régiment Royal-Allemand, cantonnés au château de la Muette, de dragons et de hussards, traverser au galop et le sabre à la main la place de Louis XV, pour aller rétablir l'ordre et la tranquillité dans le faubourg Montmartre où plusieurs milliers d'ouvriers occupés à couper la montagne, avoient démoli la prison pour en tirer deux de leurs camarades qui y avoient été mis, pour avoir manqué à un officier de houssards. Ces ouvriers soulevés qui gagnoient 20 sols par jour, murmuroient, disait-on, avec chaleur contre l'administration à l'occasion du pain détestable qu'on leur faisoit manger; comme aussi que ces détachemens de troupes étant arrivés, la multitude les avoit forcés par menace de remettre tous leurs sabres dans les fourreaux et les avoit réduits par ses discours à une entière inaction. »

Hardy a peut-être légèrement assombri le tableau, dit M. Lucien Lazard, commentant le récit de ce contemporain; le libraire de la rue Saint-Jacques, ardent royaliste, n'était sans doute pas fâché de donner aux troubles de Montmartre plus d'importance qu'ils n'en eurent réellement. Toutefois, le bruit courut dans Paris le samedi 11 que les ouvriers avaient quitté leur travail : les terrassiers protestèrent, ou l'on protesta en leur nom, dans une brochure dont le début est assez curieux; ils y repoussent toute participation aux troubles de la veille et de l'avant-veille, racontés par Hardy.

« **On nous a horriblement calomniés auprès de vous**

en nous accusant publiquement d'avoir, le samedi 11, quitté l'ouvrage qui, a-t-on dit, était fini. Rien n'est absolument plus faux : la route que l'on pratique dans la montagne n'est pas près d'être achevée; les travaux n'ont pas cessé un seul instant. S'il y a quelques personnes mal intentionnées qui se soient portées dans Paris pour y occasionner quelques troubles, ce n'est pas, à coup sûr, de nos camarades : nous sommes malheureux, mais nous sommes honnêtes, et, s'il s'en trouvoit parmi nous quelqu'un qui commît une sottise, il seroit puni sur-le-champ. La majeure partie d'entre nous sont des ouvriers de toutes les classes, qui n'ont point d'occupation de leur état et qui, pour vivre, travaillent à la terre... Il y a parmi nous des femmes et des enfans : nous observons à leur égard toutes les honnêtetés que méritent leur sexe et leur faiblesse. Nous n'avons qu'une garde bourgeoise pour nous garder, et cependant elle est suffisante pour maintenir l'ordre... Ce sont d'honnêtes gens qui travaillent à la montagne de Montmartre, et qui font des vœux au ciel pour que les malheurs qui vous environnent ainsi que nous soient bientôt dissipés. »

Attaques et défense se perdirent dans le bruit du grand événement qui se passa dans la semaine suivante : la prise de la Bastille.

Pour savoir ce que firent les terrassiers de Montmartre le 14 juillet 1789 et les jours suivants, on est forcé d'avoir recours à quelques textes contemporains, malheureusement fort peu explicites.

Voici d'abord quelques mots de Bailly, maire de Paris, sur les épisodes de la journée du 14 : « On dit que, dans l'après-midi, un ordre du comité permanent fit occuper les hauteurs de Paris du côté du Nord par des piquets de milice parisienne et par sept pièces de canon. On aurait découvert des troupes qui seraient venues de Saint-Denis, La Chapelle, Gonesse, qui, d'ailleurs, auraient passé sous le feu du canon. »

Une semaine après (23 juillet), la foule tentait d'envahir l'abbaye de Montmartre, croyant y trouver des armes et des munitions cachées par l'abbesse, qu'on accusait de trahison et de complot contre la liberté publique : le curé de Saint-Eustache courut en toute hâte à l'Assemblée des électeurs, déposa une protestation signée de Mme de Montmorency-Laval conçue en ces termes : « Je certifie que tout ce qu'on m'impute est faux, je suis citoyenne zélée pour la conservation de mes compatriotes.—Fait à Montmartre, ce 21 juillet 1789, signé : Montmorency-Laval, abbesse de l'abbaye de Montmartre. » L'Assemblée délégua alors à Montmartre un de ses membres, M. Deleutre, escorté de deux gardes de la ville : une perquisition fut opérée sans amener la découverte d'aucune arme.

Rassurés de ce côté, les Parisiens se forgèrent de nouveaux sujets d'inquiétude : ils s'imaginèrent que les travaux exécutés sur la Butte par les ateliers de charité pouvaient leur faire courir des dangers, qu'ils étaient destinés à la construction d'une forteresse d'où les royalistes domineraient la ville. Bailly, désireux de calmer l'émotion publique, écrivit à la date du 23 juillet la lettre suivante au *Journal* de Paris :

« *Aux Auteurs du « Journal », ce 23 juillet* 1789.

« Il se publie dans différens papiers répandus dans le public que les travaux qu'on exécute à Montmartre pour le seul soulagement des pauvres, ont eu pour objet la construction d'un chemin destiné à faire monter du canon sur cette butte pour foudroyer la ville. Rien de plus faux que cette interprétation : l'objet de cette construction de route a été d'ouvrir une communication plus aisée que l'ancien chemin avec le village de Montmartre et les moulins de cette Butte, pour le transport des farines. Signé : Bailly. maire; Veytard, greffier; Dessarts, Perrier. »

Le public ne sembla pas rassuré par la publication de cette lettre et, quinze jours plus tard, le 7 août, paraissait une brochure qui augmentait encore ses craintes. Le chevalier Quesnay de Beaurepaire, ancien commandant en chef de la milice parisienne du district des Mathurins, président de l'Académie des sciences et beaux-arts de Richemond en Virginie, était allé se promener le 6 août sur la Butte : il y avait vu des choses qui l'avaient effrayé et il fit part de ses terreurs aux Parisiens en ces termes :

« Hier, 6 août, je fus examiner cette fameuse platte-forme de Montmartre. Le résultat de mes examens et réflexions a été que la prudence des Parisiens exige, au lieu de continuer cet ouvrage, de faire incessamment sauter et détruire cette redoute infernale qui, commandant tout Paris, peut en quarante-huit heures de temps réduire en cendres cette capitale de la France. Si l'humanité de ses habitans demande qu'on emploie les malheureux, qu'ils le soient plutôt à couper à pic tout le tour de cette butte, pour la rendre inaccessible ou à la construction d'une autre platte-forme à son extérieur pour empêcher l'ennemi d'en approcher. »

La brochure du chevalier Quesnay de Beaurepaire, répandue dans Paris, ne contribua pas médiocrement à augmenter l'anxiété dans laquelle vivaient les Parisiens depuis le 14 juillet, craignant sans cesse un retour offensif des royalistes, surveillant leur ville nuit et jour comme le montrent d'une façon si émouvante les procès-verbaux des électeurs publiés par Duveyrier.

Un district voulut vérifier les constatations faites par M. Quesnay de Beaurepaire : ce fut le district du Petit-Saint-Antoine, dont le siège était à ce moment à l'église du même nom. Il désigna des délégués qui allèrent à Montmartre pour voir ce que M. de Beaurepaire avait découvert de dangereux pour la sécurité publique, n'aperçurent rien et publièrent pour l'édification de leurs contemporains l'affiche dont la teneur suit :

« Procès-verbal de visite à Montmartre, extrait des registres des délibérations du district du Petit-Saint-Antoine.

Du 12 août 1789.

« L'Assemblée générale du district du Petit-Saint-Antoine, jalouse de rassurer le public sur les alarmes inspirées par un imprimé signé le chevalier Quesnay de Beaurepaire, distribué avec profusion dans Paris et singulièrement dans l'étendue du district, a arrêté que MM. de Saint-Far, ingénieur architecte du Roi, membre du Comité militaire, Plou et Desjardins, architectes, chevalier de Beaulieu et Usquin, membres dudit comité militaire, se transporteront à l'instant à Montmartre pour vérifier l'état des lieux et notamment la possibilité d'une mine, dresser procès-verbal qui sera rapporté au district, pour aviser ensuite ce qu'il appartiendra. — Signé Champion de Villeneuve, président; Fayel, Bouchard et Jublin, secrétaires.

« L'an mil sept cent quatre-vingt-neuf, le onzième jour d'août, cinq heures du soir, nous, ingénieur architecte et membres du Comité militaire soussignés, en vertu de la délibération prise dans l'Assemblée de la commune du district du Petit-Saint-Antoine, qui nous commet à la visite des travaux de la Butte Montmartre à l'effet de calmer les inquiétudes communiquées aux habitants de ce district par un imprimé de trente-deux pages d'impression et signé le chevalier Quesnay de Beaurepaire : Nous nous sommes rendus à Montmartre où du lieu le plus élevé nous avons premièrement examiné l'ensemble des travaux dont nous avons ensuite visité les parties séparément et pris information exacte de celles dont la connoissance aurait pu nous à échapper. D'après quoi nous avons reconnu et certifions que les susdits travaux, loin d'être dans le cas d'alarmer les citoyens, n'ont dans leur objet comme dans leur exécution rien qui ne doive être vu avec satisfaction, tant à cause des moyens de subsistance que ces travaux fournissent aux indigens, que de l'avantage qui résultera pour la capitale d'avoir des communications plus faciles pour le transport des grains et des farines qu'on y charrie journellement.

« Nous certifions en outre que ces chemins n'ont rien de commun avec les prétendues redoutes ou autres ouvrages de fortification que plusieurs personnes ont pu y remarquer, et qu'il est également faux qu'aucun souterrain existe dans cette montagne depuis environ huit ans que l'administration des carrières a détruit ceux qui y avoient été formés pour l'extraction du plâtre qu'on exploite depuis ce temps à ciel ouvert.

« NOTA. — Nous croyons devoir profiter de cette circonstance pour assurer que malgré le nombre très considérable d'ouvriers que l'on emploie dans ce lieu, nous y avons remarqué beaucoup d'ordre et de tranquillité : en foi de quoi nous avons clos le présent procès-verbal et en avons signé la minute. Signé : Saint-Far, Desjardins et Plou, architectes; Merle de Beaulieu et Usquin, membres du Comité militaire. »

« (Extrait du registre des délibérations du district du Petit-Saint-Antoine, — du 12 août 1789.)

« M. de Saint-Far ayant rendu compte de la visite

qu'il avoit été chargé de faire par la délibération d'hier
avec MM. Desjardins, Plou, de Beaulieu et Usquin.
l'Assemblée générale, persuadée que ce rapport étoit
capable de tranquilliser les personnes qui auroient pu
être alarmées par la brochure signée le chevalier
Quesnay de Beaurepaire, arrête que le procès-verbal
dressé par ses commissaires seroit imprimé et affiché
et un exemplaire envoyé à tous les districts. Champion de Villeneuve président, Payel vice-président.
Bonnefond de Lavialle secrétaire. — De l'imprimerie
de la veuve Delaguette, rue de la Vieille Draperie. »

La publication et l'affichage de cette délibération
durent rassurer les Parisiens sur les dangers qu'ils
pouvaient courir du fait des ateliers de Montmartre.
Mais ces vastes rassemblements d'ouvriers allaient
provoquer des plaintes si véhémentes, qu'elles amenèrent à la fin du mois d'août la clôture de l'atelier.

De toutes les sépultures conventuelles, celles dites
des martyrs fut le premier lieu où les chrétiens de la
contrée déposèrent leurs morts.

Le sanctuaire élevé au-dessus de cette retraite souterraine devint la chapelle du Martyre dont nous nous
sommes déjà occupés et qui fut si célèbre au commencement du XVIIe siècle quand on découvrit l'immense crypte.

C'est probablement de cette crypte abandonnée que
provenaient les trois châsses de reliques retrouvées
par hasard, en 1517, dans une petite voûte établie
près du maître-autel de l'église paroissiale de Mont-

martre, et où se lisait cette inscription : « Cy gisent les corps de plusieurs saints martyrs qui ont souffert en cette montagne. » Ces reliques furent déposées solennellement derrière le maître-autel, et le souvenir de cette translation, qui eut lieu le 15 mars 1517, fut perpétué jusqu'à la Révolution par une fête célébrée tous les ans à pareille date.

Les religieuses de Montmartre avaient un cimetière particulier bien distinct de celui de la paroisse. C'était les sépultures abbatiales dont il ne reste plus que des débris.

Les cimetières, considérés comme biens du clergé, furent décrétés biens nationaux par la loi du 15 mai 1791, sous la Révolution.

On reporte l'ouverture du grand cimetière du Nord à l'époque où fut fermé l'ancien cimetière paroissial. Il fut d'abord dénommé *Cimetière de la barrière Blanche*, puis *Cimetière sous Montmartre*, puis enfin, *Champ du repos*.

Le *Cimetière Saint-Roch* était situé dans le haut de la rue Royale, aujourd'hui rue Pigalle. Il remplaçait l'ancien cimetière de la paroisse Saint-Roch, sis à la chaussée d'Antin, entre les boulevards et la rue de Provence. Il fut fermé par arrêté départemental du 16 frimaire, an VI. Un nouvel arrêté du 8 messidor désignait pour son remplacement le terrain situé hors Paris entre les barrières Blanche et de Clichy. Agrandi en 1798 d'un hectare environ, il devint insuffisant en 1806. On l'augmenta de 10 hectares et demi en 1825. L'ancien Champ du Repos devint alors le Cimetière du Nord.

Mentionnons aussi un autre petit cimetière, lequel était jadis situé dans le haut du faubourg Montmartre, entouré de nombreuses maisons, et qui fut supprimé en 1794, conformément à la loi qui défendait les inhumations dans l'intérieur des villes. Ce cimetière, dont l'emplacement était à mi-distance environ des rues Buffaut et Coquenard, était placé sous le vocable de *Saint-Eustache*, parce qu'il dépendait de la paroisse de ce nom; on l'a aussi désigné sous le nom de *Cimetière des Porcherons*. Il attenait à la petite chapelle Saint-Jean-Porte-Latine, qui, après la Révolution, servit d'église paroissiale, en remplacement de l'ancienne chapelle Notre-Dame-de-Lorette, qui tombait en ruine, jusqu'à l'achèvement de la nouvelle église de ce nom, en 1836. De décembre 1785 à mai 1786, le cimetière des Porcherons reçut en dépôt provisoire 286 voitures d'ossements, provenant de l'ancien cimetière des Innocents qu'on était en train de désaffecter; ces ossements furent repris ensuite et transportés à la Tombe-Issoire pour être descendus dans les catacombes.

Le voisinage funèbre du cimetière Saint-Roch fit donner à l'ancienne rue Royale le nom de *rue du Champ-d'Asile*, jusqu'à ce qu'elle prit celui de *Pigalle*, en l'an XI. De même, la rue des Martyrs, située entre l'ancien cimetière Saint-Eustache et la direction des cimetières de Montmartre, fut appelée la *rue du Champ-du-Repos*, de 1793 à 1806.

En ce temps-là, les régions montmartroises ne pouvaient manquer d'être vouées au deuil ; en effet, dès le lendemain de la fameuse journée du 10 août 1792, c'est dans une carrière abandonnée située au pied de Montmartre, près de la barrière Rochechouart et vers la rue Pétrelle, que furent enterrés environ cinq cents soldats de la garde suisse qui périrent dans l'attaque du château des Tuileries. Le nom de *Trou aux Suisses* resta attaché à cette vaste sépulture.

Sept années plus tard, le citoyen Cambry, administrateur du département de la Seine, présentait, avec rapport à l'appui, le superbe projet d'un cimetière destiné aux sépultures de la totalité de la ville de Paris, et lequel projet avait été dessiné par l'architecte Molinos. Il ne s'agissait rien moins que de transformer en une immense et majestueuse nécropole la butte Montmartre, dont on aurait disposé les carrières souterraines en manière de catacombes richement décorées, à l'usage des familles opulentes ; à la surface extérieure, le sol aurait été couvert d'arbres, de fleurs, de gazons et de masses imposantes d'architecture, comprenant des mausolées, des fours crématoires et des columbariums avec urnes cinéraires ; l'administration laissant, bien entendu, aux parents des défunts le libre choix de les faire inhumer ou incinérer. Un projet d'arrêté, joint au rapport du citoyen Cambry, débutait en ces termes :

« *Article* 1er. Il y aura un champ de repos pour la commune de Paris. — *Art.* 2. Ce champ sera situé

hors des murs. — *Art.* 3. Il sera procédé à l'établissement de ce champ sur la *montagne* appelée vulgai-
rement *Montmartre*, laquelle portera désormais le
nom de *Champ de Repos.* »

Bien qu'il n'y fût donné aucune suite. le projet de
Cambry et Molinos n'en témoigne pas moins d'un esprit
de progrès large et puissant, caractéristique de l'époque.

Montmartre possède cinq cimetières : les cimetières

Un coin de cimetière. (Dessin de George-Edward.)

du Nord, — de Saint-Ouen, — de la Chapelle-Marcadet,
— de Montmartre-Calvaire et de Saint-Vincent.

Le cimetière de la rue Marcadet est aujourd'hui en
voie de complète disparition ; celui du Calvaire, situé
sur le plateau de la Butte, au pied de Saint-Pierre-de-
Montmartre, est de très petites dimensions et ne contient que les tombeaux de famille d'anciens notables

et aristocrates montmartrois. A droite s'élèvent les murs, vieux de six cents ans, de l'ancienne église ; en face, l'abside inachevée du Sacré-Cœur. C'est là qu'est inhumé le premier maire de Montmartre, ainsi que Mme Flore de Montendre, femme de Bougainville.

Jusqu'en 1823, on pratiqua des inhumations dans le cimetière du Calvaire, ancien cimetière paroissial de Montmartre ; quelques concessions nouvelles furent même accordées au cours des années 1830 et 1831, époque où l'on ouvrit le cimetière Saint-Vincent.

Ce cimetière, fort peu connu, est limité du côté de l'entrée par la rue Saint-Vincent ; il descend jusqu'à la rue Lamarck avec une pente totale de 17 mètres.

Pas de tombes aristocratiques ; toutes appartiennent à l'ancienne bourgeoisie montmartroise.

On y remarque le tombeau de la famille Debray, dont **nous** donnons ci-dessous les deux premières épitaphes :

(Tombe n° 32)

FAMILLE DEBRAY

AIMÉE-GENEVIÈVE BAILLY
ÉPOUSE DE PIERRE-CHARLES DEBRAY
NÉE A MONTMARTRE LE 11 JAN. 1754
DÉCÉDÉE LE 25 OCTOBRE 1812

PIERRE-CHARLES DEBRAY
MEUNIER PROPRIÉTAIRE A MONTMARTRE
DÉCÉDÉ LE 30 MARS 1814
TUÉ PAR L'ENNEMI SUR LA BUTTE DE SON MOULIN

Le *Cimetière Montmartre*, dit aussi *du Nord*, le plus ancien cimetière ouvert en dehors de la capitale, fut créé vers 1798 par l'administration municipale de Paris, dans le but de remplacer le cimetière établi depuis peu dans la plaine de Clichy et qui avait succédé à celui de Saint-Roch. Construit sur l'emplacement d'une vaste carrière de plâtre, c'est de là qu'est venu le nom de *Grandes Carrières* sous lequel cet emplacement fut désigné jusqu'au jour de sa nouvelle destination.

Transformé en cimetière, le terrain prit à l'origine le nom de *Champ du repos;* il était destiné aux inhumations des cinq premiers arrondissements de Paris. Mais il était loin, à cette époque, d'atteindre la superficie actuelle. Le cimetière Montmartre, aujourd'hui fermé à son tour, hormis aux morts dont la famille possède un caveau mortuaire, est divisé en deux grandes parties séparées par un mur. Dans l'une, au sol assez accidenté présentant de petites éminences, se trouvent les tombes dont les terrains sont concédés à perpétuité; dans la seconde, moins ancienne et dont le terrain est plat, on voit d'un côté le lieu de sépulture des juifs, entouré d'une enceinte particulière, de l'autre, les concessions temporaires et les fosses communes.

Les tombeaux les plus remarquables sont ceux de Henri Mürger, Godefroy Cavaignac, Horace Vernet; de la famille Véron, du représentant Baudin, etc. Citons encore les tombeaux d'Halévy et de la famille Millaud dans le cimetière juif.

N'oublions pas le pont magnifique, inauguré en 1888. Il est d'une grande utilité et fait communiquer les boulevards extérieurs avec la rue Caulaincourt. Il permet ainsi aux habitants des environs de la rue Ramey d'aller à la place Clichy, par exemple, dans un temps assez court. Chose importante, on n'a pas déplacé une seule tombe du cimetière pour établir ce pont.

Le puits artésien se trouve sur la place Hébert. Il a 718 mètres de profondeur. Celui de Passy, qui est déjà un beau et grand travail, n'a que 518 mètres.

Il a été commencé en 1863 et on y travailla sans relâche jusqu'en 1874. C'est alors qu'un accident déplorable, dû sans doute aux tremblements de terre, vint à se produire. Une longueur de tubes de 240 mètres s'écroula au fond du puits. Il fallut neuf ans pour pouvoir retirer ces tubes brisés du fond et encore était-on obligé de les réduire en miettes.

En 1883, les travaux furent repris avec plus d'acharnement. Une équipe de quinze hommes travailla tous les jours et toutes les nuits. Huit hommes pour le travail de jour, et sept pour le travail de nuit.

Les tubes qui avaient été posés avant l'accident avaient 1^m,30 de diamètre et donnaient 1.100 mètres cubes d'eau toutes les vingt-quatre heures. On a été forcé de les réduire à 1^m,20 et ils ne fournissent plus que 1.000 mètres cubes dans le même temps.

En 1887, arriva encore un autre petit accident qui n'eut heureusement aucune conséquence grave.

Pour descendre soit un outil, soit la cuiller ou autre chose au fond du puits, il faut trois heures, et pour le remonter, deux heures cinquante. Ce n'est pas la grande profondeur qui en est la cause, c'est le moyen pour soutenir l'outil.

Aussi a-t-on imaginé de faire des barres de fer de 4 mètres de longueur, ayant environ 5 centimètres carrés de côté et de les visser les unes après les autres pour aller à la profondeur voulue.

M. Lippmann, l'ingénieur en chef, est mort avant d'avoir achevé son œuvre.

Le puits est revenu à 1 million rien que pour le creuser. Avec tous les frais divers, outillage, main-d'œuvre et matériaux, il reviendra à près de 4 millions.

D'intéressants souvenirs se rattachent à la maison portant le n° 22 de la rue de Norvins, spécialement de 1821 à 1847, période pendant laquelle le célèbre docteur Blanche, ayant acquis cette propriété, y créa un asile d'aliénés.

M. J. Mauzin (*Bulletin du Vieux Montmartre*), nous donne sur cette maison les renseignements qu'on va lire, agrémentés de détails plus intimes qu'il tient de M. le docteur Blanche, fils de celui qui fonda l'asile de Montmartre.

« Le docteur Esprit Blanche, né à Rouen en 1796, d'une famille qui a fourni plusieurs hommes remarquables à la science, prit, en 1821, la direction d'une maison de santé sise à Montmartre, rue Trainée, n° 4 (aujourd'hui rue de Norvins, 22). Cette maison, où l'on traitait indistinctement toutes les maladies, était, paraît-il, fort mal ordonnée sous beaucoup de rapports. Le docteur Blanche, qui s'était principalement attaché à l'étude des maladies mentales, la consacra au traitement spécial des aliénés; et, grâce au talent, à l'habileté de l'éminent praticien, à la guérison surprenante de bien des malades confiés à ses soins, la maison des fous de Montmartre acquit bientôt une réputation européenne et ne tarda pas à être citée comme le modèle des maisons de ce genre.

« Sa position d'ailleurs répondait merveilleusement au but que se proposait le médecin. Placée sur le point culminant de la Butte, elle domine d'un côté la magnifique campagne qui s'étend jusqu'à Saint-Denis, et de l'autre, Paris, qui se déploie à ses pieds dans un panorama féerique. Pour bien des malades ayant encore conservé quelque lueur de raison, cette vue ne pouvait être indifférente; ils se sentaient moins isolés, moins séparés du monde; le spectacle de cette ville si bruyante, dont les joies et les douleurs venaient s'éteindre dans le silence de leur habitation, n'était-il pas pour d'autres une grande leçon et l'auxiliaire du traitement moral qui devait mettre fin à leurs souffrances?

« Mais une cause plus intime décida le docteur Blanche à se fixer à Montmartre. Son fils, né à la fin de l'année 1820, avait été placé en nourrice chez la mère N***, place du Tertre, à Montmartre. La rue Trainée était à quelques pas de la place du Tertre et ce motif dut, bien certainement, guider le docteur dans le choix de cette résidence.

« On arrivait à la maison Blanche par deux chemins : l'un pour les voitures, la grande côte ; l'autre pour les piétons, la petite côte. Au milieu de celle-ci se trouvait une sorte de banc de pierre creusé à son sommet en forme de cintre et sur lequel les habitants du quartier ou les passants fatigués venaient s'asseoir. Ces deux chemins sont aujourd'hui la rue Lepic et la rue Ravignan.

« Pour pénétrer dans la maison, élevée sur un tertre qu'environnaient alors plusieurs moulins, on gravit un petit monticule protégé par une rampe en bois et à la droite duquel ont été taillées sept marches, on franchit la grille et l'on se trouve dans la cour qui, à cette époque, était ombragée de quelques arbres et ornée de deux bosquets de chaque côté de la grande porte d'entrée. La façade blanche, très simple, dont le style permet de faire remonter la construction de cette maison à la fin du XVIIIe siècle, comprend un rez-de-chaussée et deux étages ; deux ailes latérales présentent la même disposition.

« Le milieu de la façade était autrefois surmonté d'un attique de forme rectangulaire qui fut équarri lorsque le docteur Blanche acquit cette propriété.

« C'est le petit étage composé de trois fenêtres que l'on voit aujourd'hui encore au dessus de la façade.

« La maison ne formait qu'un seul corps de bâtiment, fort grand et divisé en deux parties bien distinctes et bien séparées. La première, tenant à la cour et qui se confondait, à gauche, avec les appartements du docteur Blanche, était affectée aux convalescents et aux malades chez lesquels la folie ne se manifestait pas par des signes extérieurs; la seconde, plus petite et donnant sur le jardin était destinée aux malades agités dont la folie se traduisait à l'extérieur par des signes particuliers.

« Au rez-de-chaussée se trouvaient la salle à manger et le salon commun dont la porte était en face l'escalier à rampe en fer forgé qui conduisait au premier étage, dans les grandes chambres destinées aux malades. Chacun d'eux avait une chambre particulière; vu les nombreux changements apportés dans cette demeure, il serait assez difficile aujourd'hui d'en préciser la position; pourtant le deuxième étage, traversé d'un long corridor de chaque côté duquel s'aligne un nombre égal de portes, paraît être un des endroits de la maison qui n'ait pas subi de transformation.

« A gauche de la cour, au-delà d'une voûte, derrière l'aile de bâtiment habitée par le docteur Blanche et sa famille, se trouvaient l'établissement des bains et la petite cour, dite cour des bains, au fond de laquelle était la chaudière.

« Derrière la maison s'étendait le jardin également séparé en deux parties par une palissade de bois qu'on ne pouvait abattre ni franchir; dans l'une, plus grande, habilement coupée de bosquets et de clairières, se promenaient à volonté les malades de la première division ; dans l'autre, les fous agités, sous la conduite de leurs surveillants.

« A l'extrémité de la grande côte, vis-à-vis la maison de santé, il y avait une propriété appelée *La Tourelle* qui fut louée par le docteur Blanche et destinée à recevoir d'autres malades. On voit encore cette maison au coin de la rue de la Mire ; son entrée actuelle est au n° 19 de la rue de Ravignan.

« Parlons maintenant de quelques-uns des malades qui ont été traités chez le docteur Blanche.

« Là fut enfermé un noble Portugais dont le frère, âgé de douze ans, fut pendu à Coïmbre, coupable d'un projet tendant à renverser la forme du gouvernement !

« — Que ferons-nous de cet enfant, dit le grand juge à une femme, il n'a que douze ans...

« — Douze ans ! répondit-elle, tant mieux ; qu'on le pende vite, il ira souper avec les anges ; mais que son frère, un peu plus âgé que lui, assiste au supplice au pied de l'échafaud.

« La femme qui commandait cet assassinat était doña Charlotte Joachim, mère de don Miguel. L'ordre fut exécuté et l'enfant, témoin de cet horrible spectacle, perdit la raison.

« Dans une autre chambre fut également enfermée Mme de Lavalette, devenue folle à la suite de l'évasion du comte, son mari. Elle dut au docteur Blanche une guérison presque miraculeuse.

« Voici la chambre d'un spirituel et brillant écrivain. Jacques A... La cause de sa folie fut originale ; il était fou d'amour. L'amour fait souvent faire bien des folies, mais au point d'être enfermé, c'est heureusement plus rare. Il a lui-même raconté son internement et fait une description de la maison du docteur Blanche, dans un livre fort curieux et assez difficile à trouver aujourd'hui : *Paris ou les Cent-un*.

« Sur les murs de la division des fous agités étaient dessinés, çà et là, les figures les plus étranges, les plus grotesques, les emblèmes les plus bizarres. Une de ces figures frappait particulièrement les yeux par son dessin correct et son caractère grandiose. A coup sûr, ce devait être l'œuvre d'un peintre. Point du tout, elle était l'œuvre d'un homme qui ne savait pas dessiner, mais dont l'imagination éminemment poétique semblait avoir deviné les secrets d'un art qu'il n'avait jamais appris. Cet homme était Gérard de Nerval. Après six mois du délire le plus extravagant, il fut rendu à ses amis stupéfaits d'une guérison à laquelle ils s'attendaient si peu qu'ils avaient déjà consacré plusieurs articles élogieux à sa mémoire. Gérard de Nerval aimait Montmartre : dans un chapitre de *la Bohème galante*, consacré à notre Butte, il dit même y avoir habité. Veut-il parler de la maison du docteur Blanche?

« Il venait presque chaque jour à Montmartre dans l'atelier d'un de ses amis, le peintre Auguste de Châtillon. Gérard de Nerval retomba malade et dut rentrer à la maison de santé; mais elle n'était plus à Montmartre, elle avait été transférée à Passy.

« Si nous descendons dans la salle à manger aux

heures des repas, à dix heures ou à cinq heures, nous allons voir les malades de la première division et en reconnaître quelques-uns.

« Trois tables sont dressées ; une en haut, plus petite, où se tiennent le docteur Blanche et sa famille ; deux autres perpendiculaires à celle-ci devant lesquelles sont assis les fous dans un silence recueilli. L'espace resté libre en bas est occupé par les gens chargés du service. Les mets sains, variés et choisis sont servis par M. ou Mme Blanche. Le repas en commun est une innovation due au docteur qui cherchait à créer autour du malade une famille nouvelle ; et nul ne se serait douté, en voyant la tenue correcte, le maintien réservé et décent de tous ces malheureux qu'ils allaient peut-être tout à l'heure se livrer aux gestes les plus extravagants.

« Non loin du maître de la maison se tient Antoni Deschamps, l'aimable et charmant poète. Le travail considérable qu'il entreprit : la traduction de Dante, acheva de troubler son cerveau déjà malade. Sa folie, fort douce, était plutôt une grande distraction, mais si caractérisée qu'il aurait oublié de boire, de manger, de se vêtir.

« Antoni Deschamps allait souvent s'asseoir sur le banc situé au milieu de la petite côte ; et là, pendant des journées entières, il rêvait, se frottant machinalement une paupière qui était toujours enflammée par ce contact continuel de la main.

« A ses côtés, on voit un homme silencieux et absorbé

dans ses pensées; la tête, toujours remarquable, a cependant perdu ces éclairs d'imagination, ce feu, cette activité qui en firent un des plus grands artistes de la Comédie-Française. C'est Monrose qui, deux fois traité par le docteur Blanche, deux fois fut guéri. Pendant une de ses maladies, la Comédie-Française voulut, pour une solennité, faire reparaître son premier comique devant le public qui le chérissait et qui savait sa position. La scène fut émouvante. On donna le *Mariage de Figaro*. Monrose fut conduit à sa loge par le docteur Blanche et son fils; et là, pendant quelques heures, devant un public ému, palpitant, redoutant une catastrophe, pour jouer ce magnifique rôle de Figaro, la raison lui revint. Après le spectacle, les deux médecins reconduisirent Monrose à la maison de Montmartre.

« Deux cas de folie méritent d'être cités...

« M. le comte D... se croit le maître de la maison et, dès qu'il voit un visage nouveau, s'emporte, gronde, querelle au point qu'il faut satisfaire sa manie en lui présentant les nouveaux venus qu'il accueille ou repousse à sa fantaisie. Un jour que le procureur du roi faisait sa visite officielle de chaque trimestre et demandait aux malades réunis dans le salon s'ils n'avaient pas de réclamations à lui présenter, le comte D... s'avança vivement et lui dit :

« — Monsieur, je suis ici chez moi et je vous somme d'en partir sur l'heure; si vous ne sortez pas immédiatement par la porte, je vous... jette par la fenêtre.

« L'autre, M. N..., a le goût de la servitude; après les

repas, on le voit chargé d'une pile d'assiettes, traverser le palier et le corridor qui conduisent à la cuisine ; son plus grand bonheur est lorsque son domestique veut bien se laisser servir par lui.

« Bien des noms seraient encore à citer, mais la maison Blanche a des secrets que les convenances ne nous permettent pas de dévoiler. Pourtant en voici un qui se trahit lui-même dans une lettre adressée à Jules Janin à la date d'avril 1844, lettre qui fut vendue dernièrement comme autographe à la salle des ventes. Cette lettre, signalée par M. Wiggishoff, commence par ces mots : « Je suis dans une maison de santé depuis le 1ᵉʳ mai de l'an passé ; j'ai passé vingt-sept jours chez M. Blanche..., etc... Signé : Lassailly », un romantique de 1830, auteur des *Roueries de Trialph*.

« Lassailly, dans sa démence, croyait être en rapport avec les philosophes et les poètes de l'antiquité et paraissait surtout se plaire dans la conversation du poète grec Lycophron qui vivait au IIIᵉ siècle avant l'ère chrétienne et dont les écrits sont tellement obscurs qu'ils l'ont fait surnommer *le poète ténébreux*. Lorsqu'au matin, Lassailly descendait au jardin, il ne manquait pas d'aborder Antoni Deschamps en lui demandant : — N'as-tu point vu passer Lycophron ?

« Le traitement employé par le docteur Blanche fut si différent de ceux suivis jusqu'alors, qu'il mérite une courte analyse. Admirablement secondé, d'abord par Mᵐᵉ Blanche, par les docteurs Prot, Lamide, Lachaize et plus tard par son fils, M. Blanche s'attacha surtout, comme il est dit plus haut, à créer autour du malade une véritable famille et à l'entourer des soins, des attentions, des prévenances qu'il était en droit d'attendre des siens.

« Suivant les principes de Pinel et Esquirol, le docteur Blanche rejeta tous les moyens violents qui, non seulement répugnaient à nos mœurs, mais devenaient un obstacle à l'efficacité du traitement moral. S'emparer de l'attention du malade, dominer son intelligence, gagner sa confiance et lui inspirer la crainte capable de réprimer sa fureur, telles sont les principales bases de ce traitement dont les résultats ont été si surprenants. Ce n'est que par la bonté et la justice que l'on obtient cette confiance, ce respect qui doivent être le partage du médecin ; la justice est le sentiment le plus vivace chez les aliénés, sentiment avec lequel ils jugent nos moindres actions avec une finesse et une sûreté merveilleuses. A ce traitement moral vient s'ajouter l'exercice corporel, chaque jour le malade était conduit au jardin où la campagne ; insensiblement, on l'amenait à des occupations sérieuses, quelquefois même on le forçait à se livrer à de pénibles travaux manuels.

« Grand, fortement constitué, doué d'une remarquable énergie, le docteur Blanche exerçait sur ses malades une espèce de fascination qui se changeait bientôt en une soumission aveugle ; et tel malade qui se révoltait aux ordres des surveillants, n'avait plus de volonté à la vue du docteur.

« Pendant vingt-sept ans, la paix de cette maison ne fut troublée qu'une seule fois, aux journées de juillet 1830. Le colonel Moulin, à la tête d'un bataillon d'insurgés, vint demander, pour quelque heures, l'hospitalité au docteur Blanche. Pendant qu'une partie des hommes se reposait et prenait quelques rafraîchissements, l'autre allait fondre des balles dans la propriété de *La Tourelle*.

« Il y eut encore un moment de panique lorsqu'on vit arriver sur la Butte Montmartre une troupe de quinze cents Rouennais, suivie de plusieurs pièces de canon. Cette panique vint même troubler la séance du Corps législatif du 30 juillet où le général Gérard apporta la nouvelle. On croyait cette troupe venue pour soutenir la cause royale, quand, au contraire, elle n'arrivait de Rouen que pour combattre avec le peuple.

« Détail curieux à noter : le chirurgien attaché à l'état-major de cette milice bourgeoise était le docteur Blanche, frère du directeur de la maison de Montmartre ; il devint, peu après, médecin en chef de l'hospice général de Rouen.

« Au mois de septembre 1847, le docteur Blanche quitta Montmartre et transféra la maison de santé à Passy, dans l'ancien château de la princesse de Lamballe. Le docteur Blanche souffrait déjà d'une maladie du cœur qui l'emporta en 1852, et ce fut son fils qui prit les rênes de cette nouvelle maison devenue célèbre, plus célèbre même que celle de Montmartre dont il ne reste plus que le souvenir et le nom. Mais ce nom lui restera ; et quelles que soient les destinées réservées au n° 22 de la rue de Norvins, il est à croire que nos enfants l'appelleront longtemps encore, comme nous l'appelons aujourd'hui, la maison du docteur Blanche. »

Une autre curiosité de Montmartre sise, celle-là, au n° 112 de cette horrible rue Marcadet, est la maison de la baronne de Trétaigne avec les restes du parc qui en dépend. C'est une construction Louis XVI, simple, de bon goût, sans prétention, mais renfermant tout simplement des merveilles.

Meubles, tentures, tableaux, sculptures, dessins, tout y est à profusion, sièges Louis XIII du plus pur style, candélabres de la fin de Louis XIV, glaces de Venise. Dans le salon : un André del Sarte, un Van Dick, quatre ou cinq Greuze. Une magnifique collection de maîtres modernes : des Rousseau, des Diaz, des Troyon, des Corot, etc., a été vendue après la guerre.

« Depuis le bas jusqu'en haut (Jean Noro, *Bulletin*), de l'office au salon, toutes les fenêtres sont resplendissantes de merveilles, il n'y a pas une vitre sur laquelle ne s'étale brillant, lumineux, décomposant le rayon solaire ou le reconstituant par la puissance de l'harmonie, un panneau de peinture sur verre. Chefs-d'œuvre sur chefs-d'œuvre, tous les maîtres du XIVe, du XVe et du XVIe siècles s'y coudoient, tantôt à grand orchestre avec les tons d'or rehaussant violemment les bleus purs de l'indigo et du lapis lazuli jusqu'à la turquoise tendre sur laquelle éclatent comme des notes de cuivre à travers les hautbois, les pourpres sanglantes et les rubis embrasés; tantôt ce sont de douces et harmonieuses juxtapositions où l'orchestration s'éteint, où les resplendissants contrastes s'assourdissent pour laisser dans toute leur finesse et dans toute leur pureté les galbes élégants et les audacieuses envolées de draperies de la Renaissance.

« Là, le patient artiste de l'Helvétie s'est inspiré de la taille précise et de la délicate sécheresse d'Albert Dürer; ici le verrier italien a redit toutes les exagérations musculaires et toutes les redondances des maîtres, ses compatriotes, portant déjà en eux les prémices d'une décadence prochaine; ailleurs, les Allemands ont marqué de leur sceau des compositions reconnaissables à première vue et les Flamands nous apparaissent avec l'empreinte indélébile de la patrie des Ostade et des Teniers.

« Et lorsque l'on croit avoir tout vu, ce n'est pas fini encore. Après s'être épris de la couleur, puis du dessin, puis du sujet, l'on s'éprend de l'exécution, des transparences obtenues à l'aide d'une double ou triple cuisson, des opacités légèrement translucides que laisse un feu plus calme; des tonalités voilées ou des brillants éclatants, du modelé lisse, grenu ou taillé; enfin, la coupe des pièces de verre et la mise en plomb des diverses époques et des divers pays vous entraînent, vous recommencez votre examen et vous vous reprenez à admirer, bercé, perdu comme dans les aubes ou les crépuscules méditerranéens, avec du soleil plein les yeux et des émerveillements plein le cerveau... »

Nous ne pouvons passer sous silence l'histoire très intéressante des fouilles opérées, lors de la construction du nouveau réservoir, dans l'espoir de retrouver d'anciennes fondations gallo romaines, ou des vestiges de la célèbre abbaye de Montmartre.

Constatons tout d'abord que le point culminant de la Butte se trouve à l'altitude 127, cote au-dessus du niveau de la mer, et que l'on est descendu dans le sondage le plus profond, jusqu'à 83,60 d'altitude, ce qui implique une profondeur de 43^m,40.

L'ensemble du terrain appartient au tertiaire.

1° En raison du remblai plus ou moins épais de la couche supérieure, le dessus des sables peut être coté à l'altitude 125. C'est une épaisse couche de sable de Fontainebleau dans laquelle on rencontre des grès coquillés et des fossiles tels que lucines, sérites et turitelles. Au point culminant de la Butte ce sable atteint une épaisseur de 10 mètres.

2° On rencontre ensuite des marnes à huîtres qui ont une épaisseur de 6 mètres. Ces marnes ont été ainsi dénommées parce que l'on y a trouvé des huîtres en abondance considérable, des clovisses et autres coquillages.

3° Au-dessous s'étend une couche de marne et caillasse dénommée travertin de la Brie, d'une épaisseur moyenne de 2 mètres.

4° Au-dessous encore, un banc de marne verte d'une épaisseur de 6 mètres. Dans ces marnes, on a trouvé une dent de requin entière, parfaitement effilée à l'extrémité, d'une conservation complète, ainsi que les débris d'un vertébré.

5° Après ces marnes, on rencontre une couche de gypse marneux de 80 centimètres d'épaisseur.

6° Au-dessous viennent les marnes supérieures ou gypse, marnes dont les teintes alternent du blanc verdâtre au vert foncé. Cette dernière couche atteint une épaisseur de 15 mètres environ.

7° Enfin la masse de gypse apparaît à l'altitude 85.

Des huit sondages pratiqués sur ce versant, le plus profond a été effectué le long de la maison Lécuyer. Il a été conçu en vue de savoir ce que pouvait bien être un immense puits dont on avait trouvé le dessus maçonné par suite d'un tassement qui s'était produit lors de la démolition d'un petit pavillon élevé en avant de cette maison.

On a rencontré ce puits tout à fait au fond du sondage à l'altitude 85, et on a constaté qu'il descendait beaucoup plus bas que le gypse. Il mesure 2^m,50 de diamètre. En arrivant sur le gypse on a fait un sondage vertical à l'axe de cet ancien puits et on a encore rencontré la maçonnerie. On a tracé alors un axe circulaire à l'entour et partout en faisant un sondage vertical on l'a toujours rencontré. Quels étaient l'origine de ce puits et le but que l'on se proposait en le créant, on ne saurait le bien définir : les travaux n'ont pu être poussés plus loin en raison des difficultés extrêmes de l'exécution.

Voici maintenant en quoi consistent les découvertes

des diverses constructions rencontrées jusqu'à ce jour sur les chantiers où se font les travaux de terrassement.

Tout d'abord, des fouilles faites en dehors de ces travaux par M. Vaquer, chargé du service archéologique de la Ville, à l'effet de rechercher les assises d'un ancien temple de Mars, avaient mis à jour, sur le plateau longeant les murs de l'église Saint-Pierre, des substructions qui paraissaient provenir de l'ancienne abbaye. Ces murs consistaient en deux piliers peu élevés, de 1ᵐ.10 de diamètre et dans une substruction allant presque jusqu'à la petite chapelle restée debout et adossée contre les terrains du Sacré-Cœur. En présence du peu de résultat obtenu, ils ont été presque immédiatement recouverts.

Plus tard, à quelques mètres en avant, sur le côté des galeries et à l'altitude 120, les terrassiers mettaient à jour quelques longueurs de murs romains. L'un mesurait 10 mètres sur 0ᵐ,60 d'épaisseur et 0ᵐ,80 de hauteur. Les autres n'étaient que des tronçons.

Puis, sur la gauche, une cave moderne, aujourd'hui démolie, dans le pied droit de laquelle a été trouvé un chapiteau merveilleux.

Non loin de cette cave, on a mis à jour deux galeries paraissant remonter à la fin du XVIᵉ siècle et non pas du XIIᵉ, ainsi que cela a été écrit dans plusieurs journaux qui se sont occupés de ces travaux, mais n'ont donné que des renseignements de pure fantaisie ou bien se sont bornés à rééditer le passé, confondant les fouilles actuelles avec celles opérées lors de l'établissement des fondations du Sacré-Cœur.

Ces deux galeries communiquaient ensemble et étaient bouchées à leurs extrémités par des murs en pierres sèches, ce qui ne permet pas d'apprécier la longueur qu'elles avaient à l'origine.

Le sol de ces deux anciennes galeries paraissait avoir été recouvert d'un plancher en bois. Mais les débris vermoulus que l'on a pu recueillir ne sont pas de nature à nous faire connaître une date, et ne sauraient nous permettre davantage de savoir quelle pouvait être la destination de ces souterrains.

Voici la nomenclature des morceaux découverts au cours de ces fouilles (février 1887) :

Un certain nombre de chapiteaux du XIIᵉ siècle, quelques fûts des colonnes qui les devaient supporter; des débris de tuiles et de poterie romaine, des morceaux de grès dits *grès de Montmartre*, avec incrustations et empreintes de coquillages; des débris de poterie et de verre des XVᵉ et XVIᵉ siècles et deux ou trois pièces de monnaie romaine.

M. Félix Jahyer a pu faire bénéficier la Société du *Vieux Montmartre* d'un certain nombre de débris trouvés au cours de ces fouilles et dont la désignation suit :

1° Six chapiteaux qui, sans être semblables, sont du même style (milieu du XIIᵉ siècle), en pierre de liais et ont dû appartenir au même monument qui ne devait être autre que l'ancienne abbaye sur les terrains de

laquelle ils ont été trouvés. Ces chapiteaux, quoique
mutilés, le sont sans trop de désavantage; la conservation de la pierre est parfaite, et permet d'apprécier
le fini des détails. L'un est à feuille d'acanthe, un
second à feuille d'eau, un troisième à feuille de chêne,
un quatrième à feuille de trèfle, les deux autres à
feuilles des champs d'une dénomination que l'on ne
peut préciser, la fantaisie entrant pour beaucoup dans
leur composition. Cette dissemblance dans l'ornementation de ces chapiteaux s'explique tout naturellement.

On ne travaillait pas autrement à cette époque.

2° Un septième chapiteau de forme toute différente.
La pierre en est plus tendre que celle des autres; des
torsades le ceignent dans son milieu. Il devait être
adossé contre le mur, en haut d'une colonne, et servir
à soutenir une colonnette superposée et d'un volume
plus petit.

3° Une base de colonne.

4° Un fût de colonne de la grosseur voulue pour
supporter un des six chapiteaux du XIIe siècle.

5° Trois morceaux de gypse en formation.

6° Un morceau de grès de Montmartre avec empreintes et coquillages.

7° Deux tuiles romaines avec leur jonction.

8° Un morceau d'amphore.

9° Deux débris de poterie.

10° Deux débris de vases en grès vernissé du
XVe siècle dont on peut rétablir la forme.

11° Un sou romain du Ier siècle.

Ne quittons pas ce chapitre des découvertes sans faire mention d'une porte de pur style Louis XIV que M. Firmin Leclerc a fait connaître et qui existait dans une maison sise rue Séguin, n° 32.

Comment cette œuvre d'art se trouvait-elle là? Peut être ne le saura-t-on jamais. Elle doit provenir d'un château quelconque et a été apportée dans cette maison et même mutilée pour être mise en place. Il est certain que cette porte n'est pas dans la demeure qui lui était destinée. La cheminée de la salle est du style Louis XVI moderne; il n'y a aucune ornementation au plafond ni dans le restant de la maison.

Cette porte (1ᵐ,90 sur 0,80) se divise en trois panneaux : un grand dans le milieu entre deux petits, en haut et en bas.

Le petit panneau du haut est divisé en trois parties par un filet coupé à chaque bout par la moulure. La partie du milieu est ronde et se compose d'un diamant à quatre facettes sur lesquelles reposent des fleurs de lis, et, entre les fleurs de lis, des flammes, de chaque côté un ornement très fin en croisillon.

Le panneau du milieu se compose d'un cartouche. Sur ce cartouche, une tour surmontée de trois tourillons; au-dessus, une couronne fleurdelisée et, de chaque côté, une palme; au-dessous du cartouche, deux aigles tenant dans leur bec une guirlande de chêne, les ailes déployées et le corps se terminant par un enroulement d'ornements d'un effet très gracieux. Sur le cartouche, une chaîne soutenant des ailes et des foudres. Au-dessus du cartouche, une couronne de feuilles de chêne avec des rubans et des bâtons ornés posés en sautoir, qui semblent représenter des bâtons de commandement. A chaque angle, deux rosaces coupées par la moulure, entourées de filets également coupés et qui terminent cette composition très ingénieuse et très claire par ce qu'elle veut exprimer, c'est-à-dire le commandement et la glorification des armes.

Le panneau d'en bas est sans aucune ornementation.

Pour en finir avec les fouilles découvertes, mentionnons l'alarme donnée en novembre 1896 par une certaine famille Berthelot à laquelle s'était adjoint le concierge du n° 28 de la rue Ravignan, alarme tendant à faire croire, dans un but que l'on devine sans peine, à des découvertes archéologiques du plus haut intérêt. Ces trouvailles se bornèrent à la mise au jour d'une vieille cave que l'imagination des inventeurs avait déjà transmuée en un souterrain bourré d'or.

CHAPITRE VIII

LES ARTISTES A MONTMARTRE

Nous ne croyons pas émettre quelque opinion subver-
sive en déclarant ici que les artistes ont fait Montmartre. C'est là une vérité quasi axiomatique. La première
petite colonie de peintres, sculpteurs ou dessinateurs qui
élut domicile en quelque coin de la Butte s'étendit et
prospéra si bien qu'elle gagna tout Montmartre, et que
de cette tentative décentralisatrice naquit bientôt une
décentralisation à rebours. En d'autres termes, par
l'envahissement des chansonniers, des cabarets artistiques, des tentatives d'art si diverses, Montmartre est
devenu la véritable terre d'élection où se plurent les
neuf sœurs. Qu'il s'agisse des maîtres du crayon, de la
plume ou du pinceau, de l'ébauchoir ou du burin ; qu'il
s'agisse des caricaturistes, ces philosophes ; qu'il
s'agisse des musiciens, ces dispensateurs des tristesses

ou des joies de l'âme, Montmartre est riche et peut prêter au monde.

Aussi quelle besogne légère s'il nous fallait simplement détailler toute cette fraternité d'art. Quelle tâche au contraire, quand nous devons, comme ici, avoir recours à la sélection, ne mentionner que « quelques uns » parmi les grands. Quels choisir? Oh! certes, les plus connus, les plus « appréciés », naturellement. Nous ferons ainsi. Pourtant un souci nous prend à cette presque certitude que beaucoup des oubliés deviendront grands, alors que les favoris d'aujourd'hui seront peut-être les oubliés de demain. C'est que le jugement public immédiat n'est pas toujours un critérium absolu, une preuve de valeur artistique ; les goûts changent avec les époques et souvent les fils élèvent des stèles admiratives à ceux-là qu'avaient bafoués leurs pères.

Parmi les peintres de la Butte, qu'ils l'aient prise pour sujet de leurs toiles où qu'ils aient été plus particulièrement des Montmartrois, nous citerons *Lépine*. Il a peint Montmartre sous tous les aspects sans oublier les effets de neige. Sa peinture est harmonique et rappelle Corot. *Michel* a pris pour sujet les grands moulins et les terrains. Le doyen des peintres vivants est *Ziem*, l'orientaliste, propriétaire de deux immeubles ayant chacun un vaste atelier, dont le plus grand est au point culminant de l'impasse Girardon. *Victor Vignon*, peintre et graveur, a donné dans un ton délicat des études recherchées à l'heure actuelle. *Renoir*, une des hautes célébrités de l'impressionnisme militant d'il y a vingt ans, peintre de carnations exquises, habite encore le château des Brouillards, habitation connue par ses jardins et sa situation sur le nord de la banlieue. Ne pas oublier les œuvres capitales de *Renoir*, le Moulin de la Galette et le Bal et ses incomparables tableaux de Chatou.

(Dessin de Willette.)

Quost, les fleurs en plein air; il a su faire éclater la fleur dans une palette de quantités et lui donner chaque fois la valeur d'œuvres d'art, dont le Luxembourg conserve deux très beaux spécimens. *Forsberg*, l'artiste suédois peintre de batailles auquel nous devons un grand tableau d'une anecdote de la guerre qui lui valut d'emblée une médaille de première classe.

Durant quelque temps, le *Courrier Français* nous a initiés aux dessins du peintre graveur *Maurin*, célébrité modeste de Montmartre dont le talent tout intime est une des fortunes de la Butte artiste.

Le Camus, paysagiste montmartrois, peint ses belles études aux bords ensoleillés de la Méditerranée, il est propriétaire d'un ancien hôtel, vestige du Montmartre suburbain, garni de beaux arbres, qui borde la rue Saint-Vincent. C'est là que ce jeune maître réalise son rêve ensoleillé. Auprès de ces célébrités, d'autres moins connus, comme M. *Guignet* et M. *Quinsac* apportent un gros contingent de succès à nos salons annuels.

A côté de ces ouvriers de la brosse, les graveurs abondent, ainsi que les dessinateurs.

Léandre, spirituel et humoristique caricaturiste actuellement au *Rire*, pour le plus grand contentement des nombreux lecteurs de cet intéressant journal.

Paul Gavault, à qui notre livre est dédié, a émis sur Léandre des opinions si justes que nous nous permettons de reproduire ici son article, paru dans *Le Turco*, sur le digne successeur de nos grands caricaturistes défunts.

« Il me semble qu'un caricaturiste s'est révélé depuis quelque temps, dont le nom continue la série glorieuse et courte demeurée close depuis Gavarni et Daumier.

« C'est de Léandre que je veux parler.

« Sa vogue égalera un jour celle de Forain, ce qui ne prouvera guère pour la qualité de son talent, mais lui

Léandre, par lui-même.

donnera du moins l'immédiate satisfaction de la notoriété.

« Forain n'est pas un caricaturiste. Il est tout à la fois un philosophe et un dessinateur satirique. Son œuvre est originale et puissante ; elle cingle à pleines laniè-res les politiciens, les financiers et les fêtards du temps présent, mais il me paraît que son dessin, sommaire et presque symbolique, en tous cas conven-tionnel comme les gestes de la pantomime, ne possède pas les caractères très spéciaux qui distinguent celui des grands caricaturistes. Supprimez la légende, et le chef d'œuvre, né de sa réunion au dessin, s'évanouit avec les lignes d'écriture que vous retranchez. Chez Forain, le dessin n'est que le geste de la phrase à laquelle il emprunte sa saveur avec sa signification.

« La manière de Léandre est différente. Je dirais volontiers qu'elle est plus artistique si je ne craignais qu'on se méprît sur ma pensée, ce qui serait faire injure au rare et fier artiste qu'est Forain.

« J'admire surtout du jeune maître deux séries récen-tes où il apparaît en pleine possession de ses moyens : *les Nocturnes*, un album que vient de donner Empis avec cette conscience d'exécution qui signale ses publications d'art, et ses binettes de sénateurs parues dans *le Rire*. Le jour où, cédant aux instances de ses amis, il aura achevé et étendu sa galerie politique, Léandre aura donné une page définitive d'histoire anecdotique que nos petits-fils consulteront plus tard avec une curiosité passionnée.

« Ici l'effort se particularise et s'attaque non plus à un type, mais à une personnalité, avec une puissance d'interprétation, une sincérité d'analyse qui dépassent la charge pure et simple et constituent l'œuvre d'art.

« Considérons tour à tour trois aspects différents dans la production de Léandre : la poésie, la caricature, la charge.

« Où se traduit la tendance poétique à laquelle nulle âme d'artiste ne saurait échapper, c'est dans les portraits de femmes des *Nocturnes*, un, surtout, enfermé comme à plaisir entre deux feuilles réalistes de l'album pour donner la surprise d'un voyage exquis dans le bleu — je devrais dire dans le rose, car cette dame de café est moins idéale que savoureuse dans la splendeur d'une chair vivante et saine.

« Visiblement, le beau traduit par Léandre ne va pas sans une sensualité quasi flamande. Alors même qu'il veut dégager de son rêve une perfection dans la grâce, il semble que, poussé par l'instinct secret de sa nature propre, le dessinateur a senti la plume tressaillir sous ses doigts, prête à déformer, pour donner un plus exact sentiment de la vie aux dépens de la rectitude des traits.

« De même, n'est-ce pas, Wagner arrête un instant ses magistrales furies d'orchestration pour réveiller en son cœur l'âme endormie de la romance et, soudain, chante aux oreilles l'*Hymne au Printemps*, dans la *Valkyrie*.

« Ainsi vous étonne et vous enchante la poésie de Léandre semée en stances discrètes du crayon au travers de ses sublimes grotesques.

18

« Nous en venons à la caricature et là nous touchons au chef-d'œuvre, au moins par endroits. Le violoniste, qui exécute la romance sans paroles, précisément auprès de la madone de café, arrête le regard et le retient. Le type cherché s'affirme et se dresse dans une perfection de rendre où la psychologie a sa part, car c'est elle qui a guidé la main, lorsque celle-ci modelait la figure. L'homme n'est pas seulement dessiné, il est aussi pensé et de là vient qu'il est vivant, d'une vie intense.

« Voilà le secret découvert.

« Peu importe vraiment de reproduire avec une exactitude inutile et de mérite banal les traits du modèle. Tel se croit caricaturiste qui ne le fut et ne le sera jamais, n'étant que l'auxiliaire des photographes, pour les journaux illustrés. La vision du caricaturiste doit être réfléchie et discernante ; elle emprunte les éléments d'information typique, les développe, les élargit, les fait énoncer et rejette loin d'elle tout ce qui ne concourt pas à l'évocation du personnage.

« C'est par là que Léandre est, très certainement, le continuateur de Daumier et de Gavarni.

« Je me souviens avoir lu je ne sais guère dans quelle chronique ou dans quel livre de critique, cette étrange définition du caricaturiste : « Un dessinateur ayant reçu en partage le don de voir laid. » A mon sens, c'est un jugement deux fois inexact. Tout d'abord le caricaturiste ne voit pas comme il exprime. Le travail de déformation volontaire auquel il se livre n'est pas une conception immédiate de son cerveau, mais une analyse.

Ensuite la caricature des maîtres n'a de laideur qu'en apparence. Elle est, au contraire, infiniment plus en soi, comme disent les philosophes ; c'est un langage spécial, une façon de faire comprendre, une métaphore du dessin.

« Dans la charge proprement dite, c'est-à-dire la caricature d'un homme, le procédé demeure le même mais combien plus difficile ! Il ne s'agit plus ici de réunir sur un type de synthèse les observations successives de chaque jour mais d'évoquer l'individualité par le grossissement furieux des lignes et des mouvements caractéristiques. Ne sentez-vous pas toute la hardiesse d'une telle initiative ? J'entendais excellemment dire à Léandre qu'il ne saurait réussir à son gré la charge des hommes qu'il connaissait mal.

« C'est affirmer sous une autre façon cette vérité que nous avons rencontrée au cours de notre causerie, à savoir que la caricature doit être pensée.

« Et c'est aussi pourquoi Léandre, observateur patient, ne livre au public ses binettes politiques qu'après de longues méditations devant les médiocres dont il éternise la médiocrité dans ses charges.

« Oh ! le rare document sur l'imbécillité parlementaire.

« Mais il ne s'agit point de médire et nous voici au terme de notre rapide étude sur l'artiste aimé.

« Ne pensez-vous pas que nous ayions ensemble trouvé la différence pressentie entre Forain et Léandre ! L'un demeure un philosophe amer, qui met dans la raillerie comme un éclair de génie, tandis que l'autre, sans prétendre à se fâcher non plus qu'à flageller, montre l'humanité du jour au travers du prisme déformateur de son Art. »

. . . .

Toulouse Lautrec, acerbe critique des mœurs de nos bals actuels. De même les maîtres de la gravure sont nés ou habitent encore le mont Aventin : *Lepère, Mesplès, Lumois, Marcellin Desboutin*, caricaturiste et auteur dramatique ; *Paillard, Bertrand*. L'imprimeur *Delatre* et son fils, graveur lui aussi, gardent dans leurs collections mille souvenirs des peintres et des graveurs d'antan.

A la limite du Paris avant 1860, année de l'annexion, la place Pigalle était une entrée de la ville ; cette partie de notre quartier était déjà intéressante, grâce à la migration des artistes. *Horace Vernet* fut le premier à venir habiter au pied de la Butte. C'est rue de la Tour-des-Dames qu'il vint s'établir dans un atelier disparu, où il a peint son célèbre tableau : l'intérieur de son atelier, salon de 1825. Cette œuvre est intéressante par les portraits ; car chaque modèle est un artiste ou un élève du peintre qui écrivit l'épopée militaire à coups de pinceaux (portrait de Louis-Philippe, alors duc d'Orléans).

Une maison des plus anciennes abritant des peintres, le 11 de la place Pigalle, depuis près d'un demi-siècle ne s'est jamais désemplie de ses locataires habituels. M. *Puvis de Chavannes*, artiste qui connut l'apothéose durant sa vie, *Henner* son voisin. *Pils*, peintre d'histoire et particulièrement peintre militaire, a laissé une œuvre sur le siège de Paris; la plupart de ces choses sont les campements des troupes sur la place Pigalle. Vis-à-vis cette maison, M. *Picot*, membre de l'Institut, fit bâtir un hôtel qui depuis a eu des fortunes diverses. Il appartint d'abord à *Diaz*, puis à *Fromentin*, le peintre écrivain, qui laissa un livre remarquable sur les maîtres hollandais et flamands, *Les maîtres d'autrefois*, puis *Un été au Sahara* et d'autres ouvrages sur l'Algérie. *Roybet* fut le dernier artiste qui habita cet hôtel au jardin recueilli pour être remplacé par une gargotte de goût douteux.

Sur le boulevard de Clichy, entre les rues Lallier et Viollet-le-Duc, se trouve l'atelier de M. *Hébert*, membre de l'Institut, ancien directeur de l'Ecole de France à Rome. Le grand *Troyon*, une gloire de l'école moderne d'il y a cinquante ans, a peint dans ce même local.

Entouré alors d'un immense jardin, comblé depuis par des maisons nouvelles, c'est là qu'il peignit *Bœufs se rendant au labour*, effet du matin (1855); il y mourut en 1865.

Sur l'autre côté du boulevard, chaque atelier a eu son homme célèbre: *Vallon*, le peintre de natures mortes; *Lenepveu*, le peintre religieux et d'histoire, membre de l'Institut; *Gérôme*, aussi de l'Institut, habite toujours le même hôtel, où il fait également des tableaux et des statues. On lui doit de charmantes figures dans

18.

le style élégant des statuettes polychromes de Tatagna.
Outin, peintre de genre, *Roll*, *Voillemot*, *Dumoulin*
et *Millallès*, ont acquis tous une célébrité dans cet

Rœdel.

espace qui précède Montmartre de la largeur d'une
chaussée; car, il y a trente-sept ans, le mur d'enceinte
était au milieu du chemin d'asphalte actuel.

A ajouter aux artistes célèbres de Montmartre, *Gi-*

goux, ce peintre de tant de talent, qui nous apprend, dans son spirituel volume *Causeries sur les artistes de mon temps*, que *Gavarni*, en 1833, habitait lui aussi ce pays alors suburbain, où il fit des quantités de dessins lithographiés des maisons du voisinage et aussi de ses voisines.

Mentionnons en passant qu'une exposition permanente d'œuvres des artistes montmartrois existe depuis peu boulevard de Clichy, entre l'hôtel du maître Gérôme et l'hôtel où vécut Charles Jacques : *La maison d'art* bien prétentieuse comme enseigne, l'exposition de toiles sans cadre.

Montmartre, dans tous ses coins et recoins, compte des ateliers d'artistes et aussi des hôtels particuliers pour les plus fortunés d'entre eux. Citons au hasard.

Steinlen, le suggestif illustrateur de la rue, collaborateur du *Gil Blas*, admirable de coloris, de dessin et de trouvailles ; l'ex-lutteur *Rœdel*, l'habile lithographe au goût si charmant, rénovateur des modes 1830, sachant marier en des compositions irréprochables des

O'Galop.

fleurs exquises, des femmes chatoyantes, oh! combien!
O'Galop, comme son nom l'indique, est le croqueur
par excellence; ses planches drôles sont empreintes
d'un esprit bien parisien; il sait, en pince-sans-rire,
faire avaler les blagues d'un dessin sobre qui le
placent parmi nos meilleurs humoristes du crayon;
Jacotot, caricaturiste et bibliophile, collectionneur
enragé, doublé d'un compositeur délicieux : nous n'en
finirions pas s'il fallait énumérer toutes les faces de
son talent et de son esprit si original; *Burret*, d'une
habileté étonnante au point de vue de l'exécution
rapide, joint à cette qualité celles d'excellent dessinateur et parfait coloriste. Son classement dans le concours
d'affiches de l'*Éclair* le place parmi les rois du mur.
Faverot, ex-clown, peintre de clowns, a fait et fera toujours des clowns. Le panneau des *Quat'-z'-Arts* donne
une idée exacte de ce genre dans lequel il est maître.

Cohl (Émile), excellent élève de Gille et aussi son
dernier et fidèle ami jusqu'à sa mort, fait de la
bonne caricature proprement dite et aussi des dessins,
des portraits d'une facture bien personnelle. *Merwart*,
Grun, mentionné au dernier Salon, fait pour l'art des
natures mortes où les cuivres très réussis tiennent
une grande place, et pour le commerce, des affiches où
les effets sont obtenus par le rouge et le noir. Un conseil : ne pas abuser des sergents de ville. *Stévens fils*,
dont le père avait tant de talent! *de Feure*, école sym-
boliste, mais mièvre et ne donnant pas ce qu'on serait
en droit d'en attendre; *Redon*, portraitiste et peintre

de valeur ayant passé au fil de sa plume tout le Montmartre artiste ainsi d'ailleurs que le lecteur pourra

en juger par les
nombreux portraits
qui illustrent ce
Volume. — *Vin-
cent*, peintre mili-
taire et paysagiste
de valeur, *Georges
Edward*, du *Chari-
vari*, au trait vi-
goureux, au croquis
facile, à l'exécution
finie et sans re-
cherches.

Émile Cohl, par lui-même.

Davaut, à la force
herculéenne, connu sous le nom du Terrible Davaut,
s'est surtout spécialisé à la décoration des brasseries;
ses petits cochons et ses compositions de scènes de
rats lui donnent une originalité bien parisienne sinon
très artistique, tout au moins décorative. Une des plus
grosses brasseries de Vienne (Autriche) l'a chargé
dernièrement de couvrir ses murs de peintures originales; d'après les croquis qu'il a bien voulu nous
communiquer, il s'en est tiré à merveille et sans
réclame; quand un cabaret se monte, on peut confier
à Davaut le soin de l'enluminer; il les a d'ailleurs
tous vus naître à Montmartre, en a décoré beaucoup
et a été lui-même fondateur de l'Épopée, rue de

la Nation; Davaut est petit-fils du général Davoux.

Pellez est l'artiste peintre faisant du grand art, profond philosophe, d'une facture à la fois pleine de sentiment et de force. Ses gosses, ses miséreux arrachent des larmes, tant l'allure en est belle, tant la composition en est savante, naturelle et sentimentale. Pellez est décoré de la Légion d'honneur et membre du jury du Salon des Champs-Élysées; ses œuvres sont d'autant plus recherchées et d'autant plus estimées qu'elles sont en petit nombre, mais la qualité compense largement la quantité. Un jour viendra où Pellez sortira ses chefs-d'œuvre encore cachés soigneusement, pour en faira une exposition susceptible de le classer parmi les grands talents modernes.

Guirand de Scevola fait de fort belles choses. L'élève fait honneur au maître, M. *Cormon*, qui inculque, à Montmartre, par son professorat, le grand art qui l'anime. Guirand a obtenu cette année une seconde médaille au Salon, qu'il fasse comme le nègre, qu'il continue !

M. *Guillemet* également a décroché la timbale avec une Vue de Paris qui restera dans sa spécialité.

Nous nous voyons malheureusement forcés d'écourter cette énumération, incomplète, émaillée de notes hâtives et trop brèves; ils sont nombreux les camarades peintres, dessinateurs, sculpteurs, etc., qui méritent mieux qu'une simple mention et qui devraient avoir une large place en ce chapitre.

Qu'ils nous pardonnent, nous allons leur montrer

L'Œuvre de M. Pellez, dessin de Willette.

que nous avons pensé à eux. Ils font tous partie de la grande famille d'artistes montmartrois, soit qu'ils s'intéressent à la Butte, soit qu'ils habitent Montmartre ou qu'ils soient nés même dans le XVIII\ :sup arrondissement.

Ibels, E. Mulertt, Fernand Piet, Sieb-Ten-Cate, E. Cagniart, Edmond Debon, Louis Hista, E. Girardin, Guilloux, Grunery, Uzés, Berthoud, sculpteur aux œuvres vigoureuses et originales dont plusieurs bustes et notamment un groupe de trois personnes sont très remarqués aux Quat'z'Arts. *Barillot, Arus, Cagniart, Chivot, Dameron, Debon, Forsberg fils, Gagliardini, Hanicotte, Chaillery, Lambert* sculpteur; *Lavau*, dont les panneaux décoratifs dénotent un artiste doublé d'un ouvrier d'art; *Noir*, fils de Victor Noir; *Quinsac, Ribe-Roy*, peintre s'appliquant à marier dans ses compositions tout ce qui peut se classer dans la note ouvrier d'art et y réussissant au delà de toute espérance; outre cela, artiste dans l'âme, voyant bien et méritant d'être encouragé pour ses tendances d'application. *Abel Truchet* fait grand, mais, hélas! ses conceptions sont trop grandes pour sa valeur. La volonté, l'idée y sont bien, mais se trouvent être trahies par la force; l'œuvre devient mauvaise alors que, bien exécutée, elle aurait pu donner un résultat. M. Abel Truchet devrait faire plus petit, les fautes se verraient moins. — *Vallet* est un dessinateur de talent; *Viardot*, un fin paysagiste, un ouvrier d'art d'une grande valeur en tant que décorations de style; *Voisard*, peintre;

Larroux, sculpteur ; *L. Morin*, dessinateur ; *Radiguet*, collaborateur du *Rire* et d'autres feuilles illustrées, a des légendes drôles sous ses dessins peu goûtés de notre critique. *Henri Rivière*, *Jouard* et *Somm Henry*, dont nous parlons au chapitre du *Chat noir*,

Henry Somm. (Portrait de Redon.)

sont connus surtout pour leurs pièces d'ombres, véritables petits chefs-d'œuvre du genre. *De Specht*, un ancien; *de Thoren; Gray*, dessinateur; *Payen*, aux figures de Parisiennes croquées avec chic; *Hubert*, spécialiste de natures mortes, expose avec succès tous les ans au salon; *Tichon*, un Belge, mais un bon Belge, pour une fois, sais-tu? est l'homme de métier le plus adroit que nous connaissions. Une promptitude incroyable, un coup de plume sûre. Tichon excelle dans le portrait où la ressemblance est toujours frappante. Les affiches le connaissent aussi et ils sont nombreux les colombier, double colombier, etc. signés Tichon qui tapissent Paris intra et extramuros. Sa série de portraits pour *le Journal*, comportant une quarantaine des principaux rédacteurs, compose une collection susceptible de faire apprécier Tichon à sa juste valeur.

Et *Forain*, *Balluriau*, *Caran-d'Ache*, *Louis le Grand*, *Lunel*, *Heidbrinck*, et tant d'autres encore, aujourd'hui gens arrivés, ont fréquenté Montmartre, l'ancien *Chat noir*, qui doit leur rappeler un peu de leur bon temps, alors que les soucis et les ennuis de la vie de bohème pouvaient se noyer dans les bocks. C'était le commencement de la vogue, l'acheminement vers la fortune pour quelques-uns, le petit nombre, et la route encombrée de ronces et d'ornières pour les autres, la majorité. Qu'importe, c'est la vie. Il faut se soumettre pour en arriver tous au même but avec, pour bien peu, la satisfaction du devoir accompli, de l'œuvre faite, de l'idéal presque atteint!

Parmi les musiciens, n'avons-nous pas aussi des gloires à Montmartre. *Gustave Charpentier* en tête peut tenir haut le drapeau de la nouvelle école; *Charpentier*, *Victor*, sans posséder le rare talent de son frère, n'en est pas moins un musicien de haute valeur,

H. Rivière et Jouard.

et *Chantrier, Kunc, Lafitte, Saint-Just, Lefranc, Ray*, etc., ne sont-ils pas là pour faire valoir la lyre montmartroise, la lyre des jeunes, la lyre de l'avenir.

Nous avons perdu, cette année, deux artistes d'une grande valeur. Le premier est le moyenâgeux *Henri Pille*, aimé et connu de tout le Montmartre artiste. Ses œuvres, tant dessins que peintures et décorations, déjà très populaires, resteront à jamais dans les annales de l'art français.

Sous son aspect bohème, sa dèche factice et son accoutrement bizarre frisant la pauvreté, Pille avait des terres au soleil et était à sa mort dans une aisance très enviable. Ses cheveux en broussailles, sa barbe hirsute, sa mise décousue étaient

Henri Pille, par lui-même.

plutôt l'œuvre de la négligence que celle du besoin. Très affable, prêt à rendre service, il a distribué de ses œuvres à foison. Ayant eu le travail très facile sa production a été considérable.

L'Œuvre de M. A. Willette.

Malgré cela sa cote marchande est très élevée, les amateurs et les admirateurs de H. Pille étant légion.

Le second, *Edmond Yon*, peintre et graveur français, était un robuste et consciencieux paysagiste, un graveur de grand talent, une des figures les plus sympathiques de la Société des artistes français. Il était né à Paris, le 31 mars 1841, et exposait régulièrement depuis une trentaine d'années aux salons du palais de l'Industrie, aux Aquarellistes et aux Pastellistes. Il avait été décoré de la Légion d'honneur en 1886 et avait reçu une médaille d'or à la dernière exposition universelle.

M. Yon avait commencé par faire de la gravure sur bois et des eaux-fortes très habilement traitées pour nombre de publications illustrées; puis il s'était consacré presque exclusivement au paysage. Il explora d'abord la Butte Montmartre au moment, qui paraît déjà très éloigné, où elle était encore pittoresque et vraiment champêtre; puis il peignit les rives de la Seine, de la Marne, de l'Oise, dont il a rendu très délicatement la transparence des bords herbeux; il laisse également d'intéressants paysages de la Hollande et du midi de la France.

Ne fallait-il pas conserver pour la fin l'exquis *Willette*, peintre et dessinateur parfait, philosophe acérbe et doux, chantre des malheureux, revendicateur social — de ceux qui peuvent crier à l'injustice parce qu'ils en connaissent toutes les amertumes. Sa personnalité

toujours se révèle et dans les moindres lignes. Oh ! les
inimitables Pierrots, les charmantes
Pierrettes ! Prions dame la Lune d'être
douce au poète qui les a chantés.
Prions-la d'être clémente plus que Thémis aux pudeurs hypocrites. Mais la
Lune est bonne, tandis que ceux-là qui
conseillent Thémis ne sont pas, quoi-
qu'on en ait dit, comme la Lune !

L'œuvre de Willette est remarquable
et assez généralement reconnue comme
telle pour que nous puissions nous
étonner qu'on ait jusqu'à ce jour oublié
son auteur lors des distributions de
croix. Plus heureux que lui-même, ses
amis verraient dans cette récompense
bien méritée la consécration officielle d'un talent
transcendant, gloire de Montmartre !

Le docteur Grunberg a été longtemps des nôtres,
comme camarade de noces pâles, commencées et
finies avec les lueurs encore bien plus pâles des becs
de gaz quand Paris se réveille et que Montmartre va
se coucher.

Aujourd'hui Grunberg est encore notre ami, mais il
est aussi notre docteur.

Son admirable thèse sur l'organisation des ambulances urbaines à Paris, en province et à l'étranger
lui valut des félicitations chaleureuses de ses maîtres. Ex-interne des ambulances urbaines de Paris,

Grunberg était spécialement attaché au poste de l'hôpital Saint-Louis. Il compte à son actif un nombre incalculable de secours portés par ses soins et aussi une quantité de guérisons.

Le docteur Grunberg.

Le docteur Grunberg a conscience de son mandat, il aime son métier, aussi Montmartrois et Montmartroises, et ce sans réclame, sont-ils certains de rencontrer en lui un médecin dévoué, érudit, doublé du plus charmant des hommes, qualités si rares dans cette corporation !

CHAPITRE IX

LES GUINGUETTES — LES BALS — LES CABARETS
ET LES CHANSONNIERS

De tout temps l'adage « Il faut que jeunesse se
passe — c'est-à-dire s'amuse — » a été l'expression
textuelle de la vérité et de la logique. Le monde et
le demi, les bourgeois et *les autres*, se sont donné
rendez-vous à Montmartre dans ces établissements où
l'on s'amuse. Clientèle spéciale à chacun, mais souvent
mélangée : la seule patte blanche à montrer étant le
dieu argent.

Les guinguettes ont disparu. Il est resté deux bals :
le *Moulin Rouge* et le *Moulin de la Galette*, encore
l'un est-il mitigé d'un concert et l'autre n'est pas fré-
quentable.

On n'attendra pas de nous une description minutieuse
de tous les établissements plus ou moins bien famés

qui ornèrent et ornent la Butte; *le nôtre* (s'il est permis en un tel sujet de risquer ce calembour), sera de mentionner les guinguettes anciennes, les bals fameux d'antan dont il ne reste plus trace. Quant aux cabarets artistiques(?) qui pullulent à Montmartre, la sélection en sera facile.

Ces cabarets y abondent effectivement plus que partout ailleurs. Ils sont quelques-uns le rendez-vous des peintres, sculpteurs, chansonniers, journalistes, autant de petites chapelles académiques où fleurissent conjointement et l'admiration mutuelle et le débinage réciproque. Soutenus par ceux là qui y ont élu domicile, ces établissements peuvent réaliser des bénéfices tant qu'ils ignorent l'art de faire crédit. Mais l'exemple de *pavés* célèbres laissés par ceux-là même qui inspiraient le plus de confiance n'a pas toujours porté ses fruits.

Les femmes habituées de certains cafés, brasseries et cabarets, viennent jeter une note gracieuse et parfois spirituelle dans ce concerto de la bohème littéraire. Ailleurs, elles en sont l'âme; partant moins intéressantes — mais ne faut-il pas que tout le monde vive! Et puis, avons-nous bien le droit de les blâmer, ces pauvres vendeuses d'amour que la société, pour la plupart, a faites ainsi, qu'elle entretient dans cet état d'abjection en dépit — à cause peut-être — de tous les messieurs Béranger qui entreprirent d'instaurer par la force le triomphe de la vertu?

On peut reporter les premières guinguettes montmar-

troises au temps des moulins dont nous avons déjà parlé.
Durant la belle saison, le peuple des faubourgs venait

Une habituée du Moulin-Rouge. (Dessin de Payen.)

festoyer sur les hauteurs de la Butte où les meuniers
vendaient la galette chaude qu'arrosait le vin du cru.
M. Pierre Delcourt nous donne au sujet des guinguettes
tous les renseignements qu'il est possible de désirer.

Anciennement, les lieux de beuverie en question portaient le nom assez explicite de *vide bouteilles*, quand un certain Pierre Guinguet, notable vigneron de Ménilmontant, eut l'idée, en 1640, d'installer un cabaret luxueux pour l'époque et de lui donner son nom quelque peu féminisé.

Or, de tout temps, et pour que la fête fût complète, il fallait danser — sauter plutôt — après boire. Les guinguettes étaient donc des lieux mixtes servant à honorer Bacchus et Terpsichore, et l'on comprend assez l'absence — jusqu'aux premières années du XIXe siècle — de bals proprement dits. Laissons maintenant parler M. Pierre Delcourt :

« Des nombreux établissements de bals éclos à Montmartre, dit-il, deux seuls vivent à cette heure : le *Bal du Moulin-de-la-Galette* et le *Moulin-Rouge*.

« Conjointement à ces deux uniques rejetons, régnaient sur la Butte, en ses divers recoins et avec une plus ou moins vive splendeur, les bals suivants :

« L'*Élysée-Montmartre*, la *Boule-Noire* (précédemment la *Belle-en-Cuisses*), le *Château-Rouge*, le *Grand-Turc*, le *Grand-Balcon*, l'*Ermitage*, le *Bal des Marronniers*, le *Bœuf-Noir*, le *Bal du Bossu*, l'*Échelle de Jacob*, la *Tour Malakoff*, le *Bal Roger* ou *Tivoli-Montmartre*, le *Bal du Château des Brouillards*, la *Feuillée de Montmartre* devenu le *Petit Moulin-Rouge*, le *Bal de la Tourelle*, le *Petit Château-Rouge*, le *Bal des Lilas*, le *Bal du Poirier sans pareil*, le *Bal de la Tour Magenta*, le *Bal Robert* dans l'impasse du Cadran, propriété du couple Robert, physionomies bien extraordinaires, les habitués de l'endroit étaient, au surplus, des types étranges que la police surveillait attentivement, le *Bal du Grand-Salon*, et, à La Chapelle, le *Bal Pérot*.

« Le *Bal des Marronniers* se trouvait au numéro 78 de la rue des Martyrs, à l'endroit occupé actuellement par la cité André-Gill. Il fut créé par Isidore Tolbec. Comme ses concurrents, le *Bœuf-Noir*, situé au numéro 79 de la même rue, et le *Bal du Bossu*, placé à l'encoignure des rues d'Orsel et des Martyrs, il ne présentait aucun caractère pittoresque et n'avait qu'une clientèle fort peu intéressante. Il devait son titre à deux superbes marronniers plantés dans sa cour. L'étymologie du *Bœuf-Noir* est indéchiffrable, et nous ne savons quel Saumaise pourrait la retrouver. Quant à celle du *Bossu*, elle est toute prosaïque et a pour simple raison une superbe gibbosité de son fondateur, un palefrenier du premier cirque Bouthors.

« Le *Bal de l'Ermitage* tenait ses assises aux numéros 6 et 8 actuels du boulevard de Clichy, et s'étalait, assez piteusement, sur un talus, nivelé depuis par les soins de la voirie parisienne. Il ne présentait, lui non plus, aucun caractère saillant, et, comme les trois autres, il paraissait quelque peu perdu dans le rayonnement de son redoutable concurrent et voisin la *Belle-en-Cuisses*, devenu la *Boule-Noire*.

« En somme, ces quatre établissements vivaient des déchets de la *Boule-Noire* et de l'*Élysée-Montmartre*.

« La *Boule-Noire* avait un caractère bien particulier ; son nom doit sans doute réveiller d'étranges échos aux cœurs racornis de quelques vieilles domestiques, venues y flirter, aux jours d'antan, alors que ce coin consacré à Terpsichore était un lieu d'élection plus spécial à toute la domesticité de plusieurs kilomètres à la ronde.

« Il fut fondé, en 1822, par une femme galante, ex-professionnelle très en éclat sous le Directoire et qui eut, dit-on, l'heur de charmer les loisirs de Barras. Cette demi-vertu, surnommée la *Belle-en-Cuisses*, donna son nom à l'établissement.

« Celui-ci était composé d'un cabaret à tonnelles et d'un jardin dans lequel on dansait. Plus tard, le cabaret fut isolé et une salle de bal s'éleva au détriment de la plus notable partie du jardin. Dans le cabaret, sur un immense comptoir, s'étalaient, en permanence, quatre ou cinq gigots, débités sans cesse par minces tranches, vendues, au prix de six sols, aux buveurs et aux danseurs que l'odeur de l'ail semblait plutôt allécher. C'était, au surplus, une coutume montmartroise que ce débit de gigot, dans les bals ; peut-être en devait-on attribuer l'influence à la proximité des abattoirs de la Ville de Paris, établis sur l'emplacement actuel du collège Rollin.

« A la mort de la *Belle-en-Cuisses*, survenue assez rapidement, le bal fut géré par un M. Bécuzet, qui s'empressa d'embellir sa nouvelle acquisition par de judicieux travaux.

« Ce fut lui qui installa la salle de danse, au détriment du jardin ; il fit aussi construire le portique, existant encore, quoique modifié, et servant d'entrée au concert actuel de la *Cigale*. Enfin, innovation dénotant chez cet impresario de hautes idées de progrès, il installa au-dessus du portique une grosse boule de verre, éclairée chaque soir au moyen d'un quinquet, destinée à remplir l'office de phare et à attirer du plus loin les papillons des deux sexes voletant, inquiets, dans l'ombre du chemin de ronde.

« La boule obtint le plus grand succès, ainsi qu'il est dû à toute heureuse nouveauté. Elle eut même la gloire de provoquer le changement d'appellation de l'établissement ; cette transformation s'accomplit de la façon la plus prosaïque, il est vrai.

« Propre, le seul jour de sa mise en place, privée de tous soins, abandonnée à toutes les poussières, elle ne tarda pas à changer si bien de couleur qu'elle passa du blanc le plus pur au noir le plus parfait. Et l'opinion publique, s'accoutumant doucement à ces successions de tonalité, en vint, par transitions, à dénommer *Boule-Noire* le bal de la *Belle-en-Cuisses;* cette étiquette nouvelle lui fut définitivement acquise. »

Bécuzet ne demeura pas longtemps propriétaire de la *Boule-Noire;* il passa la main à M. Leclerc et alla fonder le bal *Favié*, à Belleville.

Leclerc tint le sceptre de 1830 à 1849 ; il eut pour successeurs les frères Corlieu, lesquels demeurèrent propriétaires du temple jusqu'en 1872.

C'est sous leur principat que se fit la décoration de la salle de danse, décoration artistique disparue vite sous l'embue de la fumée, due au pinceau de M. Boudeau, second prix de Rome et professeur de dessin à Reims. Elle représentait la Musique, la Danse, le Chant et les Quatre Saisons, d'après Boucher.

En 1872, M. Charcoussot succéda aux frères Corlieu, deux types bien originaux, antithèses vivantes, l'un très grand, l'autre minuscule, inséparables au point que nul ne les vit l'un sans l'autre. Dans les derniers temps de leur existence, car il semble qu'ils n'ont pu que mourir à la même heure, on les voyait déambuler à pas comptés, le grand fort époumonné, soufflant à chaque enjambée, soutenu avec des soins extrêmes par son frère, dont la tête atteignait à peine son coude.

Si pénible que dût être pour eux la marche, ils venaient chronométriquement, chaque jour, rendre une visite à l'établissement cédé par eux, comme s'il eût constitué une source de vie à laquelle ils allaient prendre, quotidiennement, quelques heures nouvelles d'existence.

Charcoussot tint le bal dix années environ ; la *Boule-Noire* mourut avec lui. A sa place s'éleva le Café-Concert de la *Cigale*, établi tout d'abord sans grandes modifications dans la bâtisse et reconstruit luxueusement en 1894. A noter, en passant, l'admirable plafond mobile de Willette, véritable chef-d'œuvre d'exécution et de goût.

C'est à la *Boule-Noire* que la célèbre Rigolboche fit

ses premières armes. Fillette, elle s'esquivait de la maison paternelle, chaque fois que la chose était possible, et venait étonner les paisibles danseurs. Souvent sa mère accourait à sa poursuite, pleine d'une juste colère, menaçant de lui rompre les os en plein bal; mais, toujours avertie à temps, Rigolboche s'enfuyait par un coin dérobé.

La *Boule-Noire* a eu la gloire inestimable d'inaugurer le quadrille des lanciers, en 1857, laquelle danse ne fit son entrée à Mabille que l'année suivante. Les frères Corlieu nous semblent avoir bien mérité de Montmartre.

Si typique était cet établissement que les Goncourt n'ont pu résister au plaisir de le crayonner. Voici, en partie, la magistrale description qu'ils font de la salle de danse :

« La salle avait le caractère moderne des lieux de plaisirs du peuple. Elle était éclatante d'une richesse fausse et d'un luxe pauvre. On y voyait des peintures et des tables de marchands de vins, des appareils de gaz dorés et des verres à boire un *poisson* d'eau-de-vie; du velours et des bancs en bois, les misères et la rusticité d'une guinguette dans le décor d'un palais de carton.

« Des lambrequins de velours grenat avec un galon d'or, pendus aux fenêtres, se répétaient économiquement en peinture sous les glaces éclairées d'un bras à trois lumières. Aux murs, dans de grands panneaux blancs, des pastorales de Boucher, cerclées d'un cadre

La descente de la Butte. (Dessin de Grün.)

peint, alternant avec les saisons de Prudhon, étonnées d'être là ; et, sur les dessus des fenêtres et des portes, des amours hydropiques jouaient entre cinq roses décollées d'un pot de pommade de coiffeur de banlieue. Des poteaux carrés, tachés de maigres arabesques, soutenaient le milieu de la salle, au centre de laquelle une petite tribune octogone portait l'orchestre. Une barrière de chêne à hauteur d'appui et qui servait de dossier à une maigre banquette rouge enfermait la danse. Et, contre cette barrière, en dehors, des tables peintes en vert, avec des bancs de bois, se serraient sur deux rangs, et entouraient le bal avec un café.

« Dans l'enceinte de la danse, sous le feu aigu et les flammes dardées du gaz, étaient toutes sortes de femmes vêtues de lainages sombres, passés, flétris, des femmes en bonnet de tulle noir, des femmes en caracos élimés et rapés aux coutures, des femmes engoncées dans la palatine en fourrure des marchandes en plein vent et des boutiquières d'allées. Au milieu de cela, pas un col qui encadrât la jeunesse des visages, pas un bout de jupon clair s'envolant du tourbillon de la danse, pas un réveillon de blanc dans ces femmes sombres jusqu'au bout de leurs bottines ternes, et toutes habillées des couleurs de la misère. Cette absence de linge mettait dans le bal un deuil de pauvreté ; elle donnait à toutes ces figures quelque chose de triste et de sale, d'éteint, de terreux, comme un vague aspect sinistre où se mêlait le retour de l'hôpital au retour du Mont-de-Piété !

« Les hommes avaient le paletot, la petite casquette flasque rabattue par derrière, le cache-nez de laine dénoué et pendant dans le dos. Ils invitaient les femmes en les tirant par les rubans de leurs bonnets, volants derrière elles. Quelques-uns, en chapeaux, en redingotes, en chemises de couleur, avaient un air de domesticité insolente et d'écurie de grande maison.

« Tout sautait et s'agitait. Les danseuses se démenaient, tortillaient, cabriolaient, animées, pataudes et déchaînées sous le coup de fouet d'une joie bestiale. »

. . . .

Le café, le bal et l'hôtel y attenant étaient la propriété d'un M. Lambin, un des plus riches propriétaires fonciers de la ville de Paris, lequel en fit don à la commune de Montfort-l'Amaury, pour ses indigents, avec défense d'aliéner cette propriété.

Le concert actuel la *Cigale*, successeur du bal de la *Boule-Noire*, est demeuré le locataire de la commune de *Montfort-l'Amaury*.

Au temps où Paris accordait bénévolement le droit de cité aux Allemands, le bal du *Grand-Turc* était, pour la colonie teutonne inférieure, comme une seconde terre natale où elle prenait ses ébats, quelques heures par semaine, en une touchante promiscuité.

Pendant de longues années, la salle de danse du *Grand-Turc* fut la propriété quasi exclusive de toute la domesticité sortie des pays confédérés, et aussi des Badois, Bavarois, Saxons, Prussiens et Wurtembergeois exploitant une foule de métiers dans la grande ville.

Ce temple de Terpsichore, venu au monde allemand, semblait devoir rester comme le vase d'élection
des Germains, nos hôtes plus ou moins momentanés ;
la guerre de 1870 modifia profondément cet ordre de
choses.

Malgré son esprit tudesque, ou peut-être en raison
même de cette circonstance, le bal du *Grand-Turc*
jouissait d'une réputation de curiosité qui tenta main-
tes fois les esprits avides d'instruction, les chercheurs
à l'affût des coins intéressants, les amateurs de pittoresque et aussi les germanophiles.

A la vérité, pour ces derniers, quelques visites au
Grand-Turc évitaient la course aux bords du Rhin,
plus longue et pouvait donner l'illusion d'un voyage,
en extrèmement petit, aux contrées des Gretchen.

Le bal du *Grand-Turc* fut fondé en 1806, par l'Allemand Teiche Joseph, dans la rue des Poissonniers, à
proximité de la barrière. Aujourd'hui, cette partie de
la rue est enclavée dans le boulevard Barbès ; le local
existe toujours, au numéro 10, sous une autre dénomination et une destination différente. Il abrite le
concert actuel de la *Fourmi*.

On ne sait pour quelles raisons Joseph Teiche dé-
nomma son bal le *Grand-Turc* : toujours est-il qu'il fit
deux moutures de son exploitation et qu'il accola une
hôtellerie à sa salle de danse.

Joseph tint le spectre jusqu'en 1848. Après la révolution de février, le père Teiche, très ému de la chute
de Louis-Philippe et n'ayant plus de joie au cœur, céda

la place à son cousin Pégard. Celui-ci dirigea le *Grand-Turc* jusqu'en 1856, époque où il eut pour successeur son fils, un Teiche par les femmes.

En 1873, Pégard jeune le vendit à un sieur Hugot, son beau-frère, le dernier propriétaire de l'établissement.

Nous avons fait connaître que Joseph Teiche, en créant le bal, y adjoignit une hôtellerie ; c'est-à-dire que, dès le premier jour, on donna à manger, indépendamment du coucher. Pendant longtemps, il s'y tint une table d'hôte, fort achalandée, au prix raisonnable de 25 sous. « La cuisine et le vin y étaient sans reproches, les personnes y formaient bonne compagnie », lit-on dans l'*Éclaireur des Barrières*, publié en 1841. Nous avons le regret de déclarer que, dans les dernières années de sa vie, le *Grand-Turc* avait vu singulièrement se modifier ladite bonne compagnie, au point que les premiers clients y auraient difficilement retrouvé le bon ton ou l'aimable gaité d'antan. A ne rien cacher, les consommateurs et les danseurs de l'établissement se recrutaient dans la partie la plus malpropre de l'élément interlope qui grouille, par places, sur les boulevards extérieurs.

Le *Grand-Turc* était divisé en une salle à manger où se tenait la fameuse table d'hôte, en un jardin et une salle couverte où se réfugiait la danse, en temps de pluie.

Cette table d'hôte, nous le répétons, fut longtemps très fréquentée ; on y allait par curiosité, et la moyenne des dineurs y fut de cent cinquante par jour, en une longue période de temps. Le repas terminé, l'habitude était de prendre son café dans le jardin.

Parmi les convives, on remarquait, plus ou moins assidus, selon leur tempérament, Carjat, Alexandre Dumas, les frères Lionnet, A. Delvau, Gérard de Nerval, Darcier, Alexis Bouvier, Thérésa... avant la lettre, Privat d'Anglemont, Alexandre Pothey, Durandeau le précurseur de Charles Leroy, Monselet et même le lycantrophe Pétrus Borel.

De 1830 à 1835, le *Grand-Turc* donna asile aux *Lurons*, une société bachique et chantante, de haute notoriété à cette époque. La malheureuse politique, qui se glisse trop aisément partout, envahit les *Lurons* et amena promptement la dissolution de cette association.

Le prix d'entrée du bal était fixé à 25 centimes; pour cette somme d'argent, il est vrai, on avait droit à une consommation tarifée 25 centimes. Les contre-danses se payaient 25 centimes chacune; les hommes seuls réglaient la facture.

Après la guerre de 1870, les Allemands, formant la presque totalité des danseurs, ne donnèrent plus signe de vie; le bal redevint français, mais en quelles conditions!

La transformation du *Grand-Turc*, dès cette époque, ne fut pas seulement morale ; Hugot, croyant devoir sacrifier au goût du jour, couvrit le jardin d'une construction en charpente, assez semblable, par sa configuration intérieure, à un cirque, à cette différence que les fauteuils circulaires étaient remplacés par des tables.

Derrière celles-ci se développait un promenoir, coupé par des espaces triangulaires et des sortes d'encoignures meublées également de tables et de bancs, pour les consommateurs.

Ces bancs, cloués au parquet, avaient été dénommés *sénateurs* par quelque loustic français, pour cette raison qu'étant fixés au sol, ils étaient *inamovibles!*

Une galerie, formant premier étage, représentait les mêmes dispositions.

L'ensemble était de mauvais goût et fort mal éclairé, bien que la piste ou, pour mieux dire, le centre réservé aux danseurs fût orné de quatre lustres prétentieux, aux pendentifs en cristaux, noircis de taches de mouches.

L'art décoratif avait eu sa part sérieuse au *Grand-Turc* ; mais, sous l'embue de toutes les vapeurs hétérogènes, il fut tôt difficile, pour ne pas dire impossible d'accoler une signification à la décoration du bâtiment.

C'est ainsi qu'un tableau de Simer, grand prix de Rome, lequel fit hommage de son œuvre à Pégard Ier, n'avait tardé à devenir quelque chose d'absolument informe.

Cette toile, de quelque valeur et représentant une accorte Alsacienne versant à boire à son maître, fut placée sous un vasistas, toujours ouvert, au-dessus de la cuisine. La pluie, le vent, le feu, toutes les vapeurs auxquels la peinture de Simer fut exposée accomplirent rapidement leur œuvre dévastatrice.

Aujourd'hui, le *Grand-Turc*, modifié à l'intérieur,
est remplacé par le café-concert la *Fourmi*.

Nous citerons, pour mémoire, le *Grand-Salon*, voisin du *Grand-Turc*, établi sur le boulevard actuel de la
Chapelle, presque au coin de la rue des Poissonniers,
et voisin, par conséquent du bal cher aux Allemands,
avant l'année terrible. Le *Grand-Salon*, aux prises
avec un rival aussi redoutable, dut employer des moyens
dilatoires pour lutter, non point victorieusement, mais
à seule fin de vivre.

Comme au *Grand-Turc*, le prix d'entrée était de
25 centimes, consommation comprise, les contredanses se soldant à part ; mais l'esprit de concurrence, en
son ingéniosité, réduisit ce droit d'accès à 15 centimes
sous forme d'abonnements par cachets. Fournier, le
préposé au guichet de réception, vendait, en effet,
pour la somme de 1 fr. 50, une série de dix cachets
que les forcenés de la danse se disputaient ; d'aucuns
se cotisant à trois ou quatre, se rendaient acquéreurs
d'une ou plusieurs séries.

Cette réduction n'existait que les dimanches et les
lundis, seuls jours où les contredanses se payaient
en sus du droit d'entrée. Les jeudis, ce dernier était
élevé au chiffre aristocratique de 50 centimes, à
la faveur duquel toutes les sauteries demeuraient
gratuites. Pour justifier une augmentation budgétaire
aussi extravagante, l'administration offrait à son public
deux quadrilles de lanciers, figures assez longues supprimées les jours de contredanses payantes, en raison

même de leur durée et de la réduction qu'elles auraient occasionnée dans les bénéfices.

Le *Grand-Salon* a eu pour directeur Dumont, qui a dû, comme nombre de ses collègues, passer à d'autres exercices ; ce local est aujourd'hui, occupé par une imprimerie.

Disons, pour en terminer avec le *Grand-Salon*, que ses abords constituaient le quartier général des jeunes Montmartrois, aux jours de grande bataille avec les enfants de la Chapelle, luttes héroïques assez fréquentes, dans lesquelles les élèves des écoles de ces deux centres échangeaient force horions.

Cabaret plutôt que bal, et quel débit de liqueurs ! Mais on a dansé à *Guillaume-Tell* ; si peu que la chose ait existé, il nous faut signaler l'établissement.

Le bal, pour tout dire, n'a eu qu'une durée éphémère ; il s'est tôt éteint de consomption, les danseurs ayant prestement abandonné le chemin de ce logis.

Guillaume-Tell, d'abord brasserie de *Deux-Ponts*, a subi de nombreux avatars : taverne, puis bal, passant de ce dernier au café-concert, pour se transformer en *Brasserie Suisse* au personnel féminin des plus suggestifs.

On jugera, au surplus, du peu de confiance que le public pouvait accorder à ce lieu de réjouissances, par le détail suivant : pendant quelque temps, il fut le lieu de rendez-vous des *ramasseurs de cataplasmes*, lesquels y avaient constitué une sorte de bourse commerciale de leur trafic.

Ce titre, en trois mots, pouvant être de nature à provoquer quelque étonnement et à réclamer un éclaircissement, nous extrayons le passage suivant d'un traité de l'art des falsifications, *Ce qu'on mange à Paris;* il satisfera la curiosité du lecteur sur les fonctions des *ramasseurs de cataplasmes* et leur raison d'être :

« Certains industriels, adonnés spécialement à la fabrication des huiles de lin et de moutarde récoltent, chaque matin, dans les hôpitaux, ou achètent à certains explorateurs du pavé parisien, tous les cataplasmes ou sinapismes ayant *servi,* en retirent les farines humides, les font sécher et passer ensuite à la meule, qui en extrait l'huile. »

D'abord brasserie de *Deux-Ponts,* avons-nous dit, titre lui venant de la bière même qui s'y consommait et provenant de la ville de Deux-Ponts, cette taverne prit le titre de *Guillaume-Tell,* après la guerre, sous la direction de Lefèvre. C'est à ce moment qu'un bal y fut établi.

Lors de la tranformation, immorale, de la rue de la Nation, en une sorte de Rydeck en miniature, et l'éclosion sur cette voie de nombreux établissements de boisson aux personnels féminins, *Guillaume-Tell* subit un nouvel avatar, sous le pontificat de Fortuné, et grâce à la commandite d'Henri Chambon, le directeur du *Château-Rouge;* il devint ensuite la *Brasserie Suisse* dont nous avons parlé. Au surplus, ce ne lui porta guère chance : l'établissement, malgré sa nouvelle destination, passa tôt de vie à trépas.

M. Jean Oller, Directeur du Moulin-Rouge.

Guillaume-Tell était situé au numéro 17 actuel de la rue Clignancourt.

Le *Moulin-Rouge*, établi sur l'emplacement du bal de la Reine-Blanche et fondé par le très sympathique M. Jean Oller, fait tourner ses grandes ailes chaque soir et l'après-midi des dimanches. La partie de concert relativement courte mais toujours intéressante permet au public retardataire d'arriver dans ce music-hall select pour les premières mesures des danses endiablées que joue un orchestre irréprochable.

Roger M., le comique bien connu, est le plus ancien pensionnaire de la maison ; très aimé du public, cet artiste de valeur est de plus le meilleur camarade que nous connaissons, qualité si rare chez les *cabotins*,

On est chez soi au Moulin-Rouge et l'on s'y amuse : voilà le plus sincère compliment que nous puissions adresser à M. Jean Oller qui a résolu ce difficile problème d'être un parfait directeur tout en restant l'homme le plus aimable qui se puisse rencontrer.

Les plus grandes étoiles de l'art chorégraphique ont débuté au Moulin-Rouge. Citons parmi elles, — pour être toujours documentaires,—la Goulue, Rayon d'Or, la Môme Fromage, la Sauterelle, etc. Le Jardin de Paris, forcé de quitter les bords de la Seine par suite de l'Exposition de 1900 qui l'englobe, a fusionné avec le Moulin-Rouge qui a subi de ce fait quelques transformations heureuses.

Le *Moulin de la Galette* a bien changé. C'est aujourd'hui un endroit plutôt mal fréquenté. Le coup d'œil

de la salle, le dimanche après-midi, ne manque pas,
pourtant, d'un certain pittoresque. Les ouvrières de
la Butte s'y donnent rendez-vous; aussi les gigolettes

Cliché de M. Frémont.
Le Moulin de la Galette.

qu'accompagnent — soyons corrects — leurs inséparables gigolos, y viennent déguster le vin chimique en
de traditionnels saladiers et les liqueurs... de fantaisie.

La danse règne ici en souveraine maîtresse. Au

Moulin de la Galette, c'est comme sur le pont d'Avignon, tout le monde y danse. Et qui pourrait dire le nombre de mariages à la vapeur, si vite noués, si tôt dénoués qui se concluent là, dans l'atmosphère épaisse et surchauffée du lieu, entre deux figures de quadrille !

Casquette ou chapeau en arrière, cravate voyante, petit veston, pantalon bizarre, cigarette aux lèvres ou à l'oreille, tel est l'accoutrement général des habitués mâles. Les filles sont en cheveux, la taille serrée en des corsages de pacotille avec, au cou, un ruban clair. L'attitude des couples en dansant mérite l'attention. Poitrine contre poitrine, les yeux dans les yeux, les bras enlacés mutuellement autour de leur taille, les hôtes du Moulin font de la danse un sacerdoce.

Les *mères* très jeunes qui hantent ce lieu se repassent tour à tour leur *môme* complaisamment pour pouvoir à leur aise en *sucer une*.

Le tableau est très parisien, sinon triste, tout au moins bizarre. C'est ici le bas de l'échelle sociale où grouille, au point de vue seul de l'âge, toute une minorité. Qu'adviendra-t-il de tous ces danseurs encore imberbes que guette le régiment ? Ah ! qu'ils ignorent à jamais Biribi, c'est toute la grâce que nous leur souhaitons.

Le soir, les allures de ce public deviennent plus clandestines. Le gaz vacille, éclairant des figures glabres et parfois sinistres, le maquillage grossier paraît plus écœurant.

Les disputes y sont fréquentes, les batailles néces-

saires et les mauvais coups à redouter. Pour donner
une idée de la surveillance exercée avec juste raison
au Moulin de la Galette, disons en terminant que les
gardes municipaux y sont au nombre de douze régle-
mentairement et ce, en plus du service ordinaire de la
préfecture composé d'un nombre respectable d'agents.

L'excellent peintre Boris avait loué le Moulin de la
Galette proprement dit, seul débris vacillant et ver-
moulu de la vieille his-
toire de Montmartre. Son
atelier y était instal-
lé, et, pour jouir cha-
que jour d'un uni-
que et splendide
panorama, il n'a-
vait pas hésité à
affronter quoti -
diennement les mau-
vaises rencontres
fréquentes en ces para-
ges. Sa témérité, excusée
par l'originalité de sa demeure, n'a pas été de
longue durée. Boris, en

Georges
Brandimbourg.

homme prudent, a regagné des pénates
moins dangereux et plus centraux. Rappelons que le
chef-d'œuvre de Renoir est le *Bal du Moulin de la
Galette*, exposé au Luxembourg.

Non loin du Moulin de la Galette, près de l'exauberge des Assassins, actuellement *au Lapin agile*, dont nous parlons d'ailleurs dans notre chapitre des rues, se trouve le logis de Georges Brandimbourg, agréable conteur et exquis bohème surnommé, à tort, *l'en...nuyeur de Montmartre*. Bon camarade, Brandimbourg a prouvé qu'il était susceptible de faire bien. Il est malheureusement atteint d'une maladie d'ailleurs chronique, que d'aucuns ont appelée la *cuitomanie*.

M. Georges Courteline, le fin littérateur, romancier et journaliste de valeur, auteur dramatique, habite aussi sur la Butte. Ses concierges sont de splendides danois qui se chargent de faire respecter le sommeil de l'heureux auteur de *Boubouroche*.

Courteline aime la Butte. On le voit un peu partout, parlant beaucoup, discutant toujours en des causeries pleines d'esprit et de verve. Sa parole chaude, précise, un peu nazillarde, pénètre, c'est du vif argent qui coule dans ses veines.

Né à Tours en 1860, fils de Jules Moineaux, Courteline est élève du collège de Meaux avec Jacques Madeleine, Auguste Germain, Henri Piazza, etc.

Ses premiers vers s'envolent de sa classe de 3ᵉ et sont publiés dans un petit journal de la localité. Courteline fait son service militaire au 13ᵉ chasseurs à Bar-le-Duc; treize mois de présence au corps, dont un mois d'hôpital et douze de convalescence, puis libéré à force d'opiniâtreté et après avoir passé quatre conseils de revision. Au sortir du régiment, il publie les *Gaietés de l'Escadron* en feuilleton, dans une feuille appelée les *Petites Nouvelles*, aujourd'hui, est-il besoin de le dire, disparue?

Présenté par Catulle Mendès chez l'éditeur Flammarion qui, avec sa bonne grâce légendaire, l'accueille favorablement, Courteline publie en volume les *Gaietés de l'Escadron* (1887), les *Femmes d'amis* (1889) le *Train de 8ʰ 47* (1890), *Potiron* (1892), *Lidoire et La Biscote* (1893), *Messieurs les Ronds de cuir* (1894), *Ah ! jeunesse* (1895), les *Fantaisies de Jean de la Butte* et le *Miroir concave* (1897). Entré à l'*Écho de Paris* en 1890, Courteline affronte un an après avec

Courteline.

Lidoire les feux de la rampe au Théâtre Libre (1891). Encouragé par le succès, il écrit pour le Nouveau Théâtre les *Joyeuses commères de Paris*, cinq actes en collaboration avec Catulle Mendès (1892), puis *Bou-*

bouroche, Théâtre Libre (1893), les *Grimaces de Paris* avec Marsolleau, Théâtre des Nouveautés (1894), la *Peur des coups*, Bodinière (1894), les *Gaietés de l'Escadron*, sept tableaux en collaboration avec Norez, Ambigu (1895). Courteline crée au Carillon les *Fameuses assises* qui devaient faire monter tout Paris rue de la Tour-d'Auvergne avec le *Client sérieux* (1896). Son entrée au *Journal* date de 1895 ; cette même année voit sortir *la Cinquantaine*, le *Coup de fusil*, puis après un grand nombre de petites saynètes, croquis toujours pris sur le vif et joués un peu partout avec le même succès, la *Lettre chargée*, *Petin Mouillarbourg*, *Monsieur Badin*, *Hortense, couche-toi !* Grand-Guignol (1893), etc.

Rue d'Orchamps, là-haut, tout là-haut, sur la Butte, le digne fils de Jules Moineaux loge son talent si personnel qui constitue une des bases solides et fermes de cette école dont Rabelais sera l'éternel père. Parmi les chats et les chiens et les animaux de toutes sortes qui font les délices de Courteline ; parmi les fleurs et sous les roses, un ange blond joue avec les petits moineaux, ses petits frères,

> En le vieux jardin dont l'exquise flore
> A pour joyaux purs la femme et l'enfant.

Montmartre, plus que tout autre quartier, a été de tous temps un quartier galant. De nos jours, les femmes légères, du quart de monde surtout y pullulent. Ce sont les éléments de cette vie de vadrouille et bases fondamentales de la gaieté factice que les blasés viennent y chercher. Elles animent, elles font vivre et si leurs lazzi sont parfois grossiers, leur langage décousu,

Jeune Montmartroise de 1897. (Dessin de Steinlen.)

elles ont une excuse, celle de soulager l'humanité souffrante! Il faut de ces femmes, papillons communs entraînant le sexe à qui elles doivent leur père, si toutefois elles le connaissent, dans ce tourbillon parisien où elles se chargent de brûler leurs ailes et aussi celles des autres à la chandelle de la débauche.

Montmartre, malgré cela, renferme en ses murs tout un essaim de jolies ouvrières, rendues plus jolies

Marché conclu! (Dessin de Léonce Burret.)

encore par leur contraste avec leurs sœurs galantes, leurs sœurs en Jésus-Christ.

Fraîches et roses, elles descendent par centaines, chaque matin, des hauteurs de la Butte, s'éparpillant dans Paris, ruche bienfaisante qui leur donnera, par un travail honnête, le pain quotidien.

C'est le chemin droit de la vie. Suivez-le, joyeuses

ouvrières, il est rude et sans grâce, et pourtant ses rares fleurs ont la douceur des joies pures. Il conduit plus sûrement au bonheur que tels sentiers de fête où l'on trébuche à chaque pas sous le fardeau des espoirs déçus.

Camille, fille de Véronèse, le grand artiste de la Comédie italienne et pensionnaire de ce théâtre, eut, au XVIIIe siècle, une grande popularité méritée d'ailleurs comme artiste d'abord et ensuite comme femme galante. Elle habitait Montmartre. « rue Blanche à la Barrière Blanche au bout de la Chaussée-d'Antin, paroisse de Montmartre ». comme nous l'apprend un document du temps. Richelieu, le grand duc des ruelles, avait mis cette rue à la mode en faisant construire un pavillon destiné aux plaisirs ; on voyait également dans ce quartier le luxueux hôtel de Gaillard de la Bouexien, fermier général.

Les femmes galantes de l'époque. les artistes en renom accoururent en foule habiter ces parages. C'était l'endroit chic d'alors dans cet ordre d'idées, et dont nous ne pouvons aujourd'hui que constater l'horrible chrysalide.

Maîtresse de Cromot, nommé en 1776 surintendant des finances de M. le comte de Provence, Camille Véronèse, mourut le 20 juillet 1768. Elle n'avait que trente-trois ans.

Dans ses mémoires secrets Bachaumont attribue la cause de sa mort « aux nuits d'une vie voluptueuse ainsi qu'il arrive souvent à ces demoiselles qui aiment à la faire courte et bonne ».

Labor improbus omnia vincit.

Noctambules jeunes et vieux, fêtards de la veille ou du lendemain, vous tous qui « montez à Montmartre », bien que la plupart des établissements auxquels vous vous rendez n'en fasse pas partie topographiquement, arrêtez-vous ici, faites halte un moment, non point près de cette croix de pierre, mais à la fameuse taverne Montmartre fondée en janvier 1882 par les frères Fernand et Félix Pousset.

Nés dans les environs de Moulins, ils importèrent en France cette bière exquise de Munich qui a fait leur fortune.

Après leur mort (1891 et 1892), M. François Bertet acheta la maison qui ne fit que prospérer et qui est devenue aujourd'hui une des premières de Paris avec juste raison d'ailleurs. Les vitraux sont du maître verrier Jules Avenet. Les murs sont ornés de belles et vieilles tapisseries de Bruxelles; de faïences cuites de Sarreguemines et de Gien, d'une seule pièce, représentant, l'une un bon Gambrinus flamand à cheval sur un tonneau, l'autre la fameuse *Schützenlisle* de Fritz August Kaulbach, servante de brasserie munichoise, populaire en Allemagne.

L'ensemble de la taverne Montmartre est plutôt sévère, mais d'un goût exquis, style Louis XIII. Le Tout-Paris littéraire et artistique a passé au *Petit-Pousset* comme on appelle familièrement la maison. Faut-il noter quelques vieux habitués? Non, nous ferions concurrence à l'*Annuaire du Tout-Paris*, car c'est le rendez-vous de toute la littérature.

En face existe un établissement assez récent, la taverne Dégremont dont la décoration bien parisienne est d'une note plus gaie que l'établissement de M. Bertet, mais malheureusement d'aucun style.

Il nous reste à parler maintenant de la grande attraction montmartroise, de ces parlottes artistiques, de ces cabarets-théâtres et des chansonniers, et de tout ce qui faisait autrefois la vogue du quartier Latin.

Le vieux quartier latin transformé sous la pioche des démolisseurs qui l'ont émondé de ses antiques ruelles propices au recueillement des artistes, et favorables aux bourses légères, les futurs grands hommes de la littérature, du barreau, de la peinture et de la musique devaient émigrer dans un autre coin de Paris où ils pourraient retrouver les mêmes agréments et les mêmes avantages.

Montmartre fut la terre d'élection où se transportèrent les lares modestes des ouvriers de la pensée. Les artistes, à leurs débuts, étant généralement peu aisés, et tenant, d'autant plus, à leurs aises, ne pouvaient manquer d'adopter ce quartier resté village, où tout le monde se connaît, où l'on peut descendre en pantoufles, fumer la pipe sur le pas de sa porte, ou en bras de chemise à sa fenêtre, et où la vie est encore, relativement, à meilleur marché, que partout ailleurs.

Les artistes fixés à Montmartre, Montmartre devait rapidement changer de physionomie et mériter le nom dont s'enorgueillissent ses habitants, le nom de cerveau de Paris. N'est-ce point là en effet que prirent

naissance les idées les plus neuves en art et en politique. Montmartre avec ses peintres, ses littérateurs,
ses philosophes est aujourd'hui ce qu'était avant 1867
le quartier Latin, au beau temps des Gambetta, des
Reclus, des Goblet, etc., etc.

Si l'homme est un animal sociable, l'individu jouis-
sant d'une supériorité intellectuelle quelconque a ce
sentiment de sociabilité développé à l'excès; chez lui
le besoin de réunion est presque maladif. L'artiste a
horreur de la solitude, par instinct, et besoin d'un
cénacle en vertu de ce c...abotin, aurait pu dire Monselet, qui sommeille au cœur de chacun.

De plus, la modicité des ressources entraînant l'absence totale de luxe et de confortable dans les demeures
— qu'il serait ironique d'appeler foyers — l'on est
heureux d'aller bien au chaud, dans un lieu banal,
café ou brasserie, chercher auprès des camarades l'en-
couragement à persévérer dans le pénible labeur de
l'art. Du contact de toutes ces intelligences naît l'ému-
lation, se réalise le progrès.

Telle est l'origine des parlottes artistiques, dont la
première en date fut, à Montmartre, le cabaret Dinochau,
que le célèbre *restaurateur des lettres* ouvrit rue Bréda,
et sur les murs duquel s'étalait, crayonnée par Carjat,
la charge du patron, sous forme d'une bouteille, avec
cette légende : *Eh bien, quand la débouche-t-on?*

La Grande-Pinte, taverne Henri IV, s'ouvrit bientôt
en haut de la rue des Martyrs, et sa décoration originale, son relief archaïque, attirèrent les artistes du

crayon et de la plume qui prirent l'habitude de s'y
réunir et de rehausser la bestialité des beuveries par
l'audition des dernières œuvres de chacun, par la com-

Rodolphe Salis. (Dessin de Redon.)

munication avant toute lettre, avant toute épreuve,
du dessin, de la chanson, du livre, de la mélodie ou de
la partition qui allait faire l'admiration de Paris.

Puis naquirent le *Chat-Noir*, au boulevard Rochechouart, le *Clou*, fondé par l'acteur Mousseau, jouxte la
Grande-Pinte devenue, Gabriel Salis dirigeant, l'au-

berge de l'*Ane-Rouge*. Le sous-sol du *Clou* a eu sa vogue avec ses ombres, ses chansonniers et son guignol, où une revue en deux actes et plusieurs tableaux, à vingt personnages, de Defrance et Renault, intitulée : *Cherchez le Clou*, dépassa cinquante représentations. Enfin le *Tambourin*, inauguré le 10 avril 1885, comme simple brasserie et dont nous aurons à suivre les avatars.

La curiosité qui ne perd jamais ses droits s'émut de ces parlottes artistico-littéraires ; la foule, toujours avide de contempler un mur derrière lequel il se passe quelque chose, ne pouvait manquer de pousser la porte percée dans ces verrières à travers lesquelles on voyait, au travail, ces êtres mystérieux, fantasmagoriques que sont, pour le commun, les artistes.

Emile Goudeau, président des *Hydropathes* et fondateur de ce cercle qui comptait dans son sein le tout Paris artiste, sut faire monter tous les copains de la rue Cujas, *Café de la Rive gauche*, à Montmartre, *Cabaret du Chat-Noir*.

Dès lors le cabaret-théâtre était né. Un épicier de lettres, le gentilhomme (?)-cabaretier Rodolphe Salis, éleva à la hauteur d'un art l'exploitation duelle du public et des artistes dont il embrigada quelques-uns, s'érigeant Mécène, alors qu'il n'était que Barnum, et les exhiba, tel un montreur de curiosités forain, dans le nouvel hôtel du *Chat-Noir*, transféré, pour cause d'agrandissement, du boulevard Rochechouart à la rue Victor-Massé.

Luxueusement et artistiquement installé, grâce au concours dévoué de la pléiade de jeunes hommes talen-

tueux dont Salis s'était à très bon compte — de rares
louis, de maigres sandwichs et des bocks très moussus
— assuré la reconnaissance, le cabaret-théâtre conquit rapidement la vogue. Les yeux s'y récréaient des

Marcel Desboutins.

magistrales compositions de Willette, le peintre des
Pierrots dont le pinceau spirituel, amusant, ironique
fait rire ou émeut avec trois couleurs, trois taches
qui éclatent, attirent et retiennent le regard, Pierrot

blanc, chat noir, femme rose. C'est Willette aussi qui exécuta le carton du magnifique et flamboyant vitrail de la grande baie, le *Te Deum laudamus* des repus et des gavés adorateurs du Veau-d'Or enfoui en un fauteuil, adossé à son temple, la Bourse. Signalons aussi la ruée des chats de Montmartre au *Chat-Noir*, par Steinlen ; les études d'oiseaux de Méry ; les portraits charges de quelques-uns des collaborateurs du *Chat-Noir*, par Antonio Gandara, Espagnol des Batignolles, peintre en vitriol, élève d'Aurélien Scholl, suivant le catalogue de l'Exposition des Arts incohérents.

L'escalier, les salles des autres étages étaient décorés de fresques ou d'originaux des dessins publiés dans le journal *le Chat-Noir* et signé de

George Auriol.

tout ce qui porte un nom dans la jeune école, Desboutin, Grasset, Heidbrinck, Fau, Coll-Toc, etc., etc. Des bois de cerf, des tapisseries, des statuettes polychrômes, des faïences, des étains venaient jeter dans ce concert harmonieux une note de variété originale.

Ainsi prévenu en faveur de cet établissement qui

« offrait à boire et à manger à tous gentilshommes de haut lieu et de bonnes manières en la compagnie de poètes, musiciens et peintres qui viennent y prendre leurs ébats » le public fut retenu.

Ce n'était pas le cabaret. Le cabaret allait devenir l'illustre petit théâtre. L'idée du Guignol viendrait à Auriol et à Somm. Ils construisirent un Guignol d'enfants, mais ce n'était pas autrement gai. Un jour, pour accompagner une chanson de Jules Jouy.

Maurice Donnay.

le fameux *Sergots*, on eut l'idée de faire passer derrière la toile blanche des ombres de silhouettes découpées. Ce fut l'origine de la scène que l'on a connue, qui se développa, prit de la profondeur, qui fut truquée et machinée par Henri Rivière qui réalisa le théâtre d'ombres par la perspective — qui fut un trouveur idéal en ce genre, ce dont on ne le louera jamais assez.

Jouard.

Qui n'a vu par cette croisée merveilleuse *1808 !* et l'*Epopée*, de Caran-d'Ache; la *Marche à l'Étoile*, de Fragerolle et Rivière; la *Tentation de Saint Antoine*; *Roland*, de G. d'Esparbès et Rivière; *Phryné*, de Maurice Donnay et Rivière; le *Sphinx*; l'*Enfant prodigue*, de Fragerolle et Rivière; *Ailleurs*, de Maurice Donnay; la *Nuit des temps*, 40 tableaux de Robida; *Héro et Léandre*, d'Haraucourt; *Sainte-Geneviève de Paris*,

de Dauphin et Blanc; la *Conquête de l'Algérie*, de Bombled; *Un Crime en chemin de fer*, de Lunel, etc.

Le prix des bocks montait avec le **succès**; il passait de 50 centimes à 1 franc, à 3 francs, à 5 **francs** et même à 10 francs. On venait voir, on venait entendre. Les chansonniers remplissaient les intermèdes.

Léon Gandillot était l'archiviste perpétuel !! Alphonse Allais, chef de batterie; Laumann, metteur en scène et machiniste, avec Rivière et Jouard, des inimitables ombres dont certaines pièces coûtèrent la somme respectable de 12, 16 et même 20.000 fr.

Raoul Ponchon, aux tournures de vers si amusantes en des satires d'un esprit fin et délicat faisait le délice des gourmets qui peuvent se délecter encore, dans le *Courrier français*, où chaque semaine il donne sa gazette rimée inimitable, dont il est d'ailleurs l'innovateur.

Alphonse Allais.

Ponchon est aussi collaborateur de la grande presse au *Journal*, par exemple, pour le bon plaisir de tous et les délices de chacun.

Il fait plaisir à voir, ce chantre du vin. Il donne à penser à son dieu Bacchus, avec une bonne face rubiconde et franche, et rappelle des temps meilleurs, où la saine gaieté se puisait dans des verres qui débordaient du jus divin comme pour noyer les idées noires. Il est loin ce temps, ami Ponchon ?

Et Doës, Maurice Vaucaire, Delmet, Ferny, Fernand Fau, Louise France, Goudezki, Heidbrinck, Hyspa, Joyeux, Narcisse Lebeau, Montoja, Xenis, Privas, Trimouillat, Villy, et cent autres qui vinrent, s'en allèrent, revinrent formant cette jeune et nouvelle clientèle dont Salis abusa alors qu'il aurait dû se souvenir, au contraire, qu'avec les anciens il avait fait sa fortune.

Il est vrai qu'aujourd'hui les patrons de cabarets artistiques, à part de rares exceptions, sont tous logés à la même

Laumann.

enseigne. Voyant l'argent emplir leur caisse, ils se moquent des amis de la veille, sacrifient les copains du jour pour encenser les *michés* du lendemain.

Et il n'était étranger ou Parisien de marque qui ne

vint au *Chat-Noir*... On vit là des chefs d'État, des princes, des rois. Rien n'était plus comique que le sérieux bouffe de Salis les accueillant avec une humilité qui n'était pas exempte de j'menfoutisme.

Raoul Ponchon.

Les poètes chansonniers aujourd'hui célèbres, quelques-uns même malheureusement disparus, passèrent tous par le *Chat-Noir*, si tous n'y demeurèrent point. Longue est la liste des littérateurs classés qui durent au *Chat-Noir* la joie initiale de se lire imprimés.

Mais à ce tableau il y avait une ombre. Salis, hanté par le besoin de paraître, ne pouvait pas éviter le grotesque dans la fumisterie. Pour s'affirmer artiste, il exploita, lourdement, la charge d'atelier. Ses garçons déguisés en académiciens, ses vendeurs en sous-préfets, donnèrent au public l'illusion qu'elle était bien bonne. Cela devait nous mener loin, comme nous le verrons avec le citoyen Lisbonne, avec Dorville, et même avec Aris-

Doës.

tide Bruant et son émule, son *seul* élève, Alexandre, le chanteur des cours.

Le propriétaire de l'immeuble de la rue Victor-Massé s'étant refusé à renouveler le bail, le *Chat-Noir* a dû fermer définitivement ses portes dans le courant de janvier 1897. Salis n'a pas survécu longtemps à son établissement. C'est aux obsèques de Jules Jouy qu'on a appris sa mort. Le créateur du premier cabaret de Montmartre disparaissait le même jour que le créateur de la chanson montmartroise.

Cette funèbre coïncidence a frappé l'assemblée qui était nombreuse. Aussitôt les légendes de courir. Quelqu'un s'est rappelé qu'un jour, dans l'escalier, Jules Jouy était tombé à terre. Salis, furieux contre lui, proféra : « Que ne t'es-tu cassé la tête ? » — « Ne souhaite pas ma mort, lui aurait répondu Jules Jouy, tu mourras vingt-quatre heures après moi. » Le mot était presque historique. Il avait été fait par Jacques de Molay.

Salis était né à Châtellerault et avait quarante-cinq ans. — Son oraison funèbre, très juste, a été prononcée par Alexandre Hepp dans le *Journal* :

« Il s'en va avec une bonne presse, le gentilhomme-cabaretier, et plus d'un des talentueux fantaisistes, des poètes exquis qui l'ont enrichi pour une famélique choucroute, peut-être n'en aura pas autant.

« Mais en celui-là aussi, c'est le parvenu qu'on honore, et c'est Gaudissart devenu notable monsieur du *Bottin*, sans qu'on se préoccupe davantage de ce qu'un tel patronat a pu représenter, dans la marche à l'argent et non pas à l'Étoile, d'impitoyables indifférences, de douleurs mises en commerce, de cervelles broyées. Cet homme a créé le rire de la Butte, mais avec quels obscurs sanglots ? et pour quelques beaux gestes, quelle exploitation de pauvres enfants souriants à la Muse, mais vrais galériens du bock, de la pipe et du piano !

« Je voudrais certes m'attrister à la fin d'un si artistique négociant. Ayant vendu sa boutique, installé son manoir quelque part au milieu des champs, pensé profiter un peu du formidable et singulier métier auquel il s'était voué, il est brusquement enlevé, et ce coup pénible, cette impossibilité de jouir des résultats, **c'est d'ailleurs toute la Vie.**

« Mais, en vérité, dans ce moment même, en moi, je ne sais quoi vient empêcher ma sensibilité; quand le Salis des grands jours tombe à rien, je songe à Pille

La musique unit la peinture à la danse.

qu'il a fait boire pour des dessins, à Jules Jouy, hier mort fou, dont il a alcoolisé le rêve, à tous ceux qu'il a pompés comme bière, et quand il s'agit de regretter ce Victorieux, malgré moi, ô douceur vengeresse, c'est aux vaincus que va mon cœur. »

Aristide Bruant qui, dans le local de l'ancien *Chat-Noir*, boulevard Rochechouart, avait ouvert le *Mirliton*, y inaugura l'accueil ignoble. Les clients, à leur entrée, étaient salués d'apostrophes grossières et à la moindre réclamation sur la mauvaise qualité ou l'insuffisance des consommations, il était répondu en langage de barrière. Cela émoustillait les belles madames, fouettait les nerfs des crevés, réveillant, pour citer cette fois Monselet dans son intégrité, le *cochon* qui sommeille.

L'ancien *Café de la Chanson*, devenu le *Divan Japonais*, vit longtemps encore subsister dans son sous-sol un caveau libertaire où, s'accompagnant sur un piano obligeamment mis à sa disposition, chacun pouvait y aller de la sienne.

Bientôt pullulèrent les cabarets-théâtre aux existences durables ou éphémères.

Le *Tambourin*, après avoir été la *Butte*, est devenu les *Quat'z'Arts*. Sous cette nouvelle appellation, souvenir du fameux bal organisé par le *Courrier français*, où triompha Sarah Brown, victime des foudres ridicules de M. Bérenger pour avoir osé se montrer en Ève avant le péché, le cabaret du boulevard Clichy est le rendez-vous de quelques artistes. La joyeuse cavalcade de la *Vache enragée*, Willette *inspiratore*, y prit naissance; ce fut sa meilleure et gratuite réclame.

La Vache enragée, cette année, avait aussi, comme siège social, le cabaret de M. Trombert.

Les orageuses et stériles discussions du comité sont

Cliché Reutlinger.

La Muse. — Mlle Marguerite Stumpp.

connues de tous, mais le but artistique de cette vachal-cade en doit faire oublier les préludes fâcheux. La primeur, la trouvaille, la nouveauté en 1897, aura été la

création de la Muse de Montmartre, ouvrière simple
et sage élue par ses camarades, des ouvrières comme
elle, convoquées à cet effet en la
mairie du XVIIIe, mise à la disposition du comité par le très sympathique maire de l'arrondissement,
M. Wiggishoff. — C'est la vierge
plébéienne, c'est la femme
jeune, l'honnête ouvrière, la
fille du peuple lançant à la face
des pères la Pudeur un soufflet
formidable, montrant, à ces ga-
gas de l'autre siècle, d'esprit
dénaturé, faux et bour-
geois qu'on peut faire de
l'art, qu'on peut faire du
beau, en prenant comme
reine une ouvrière, une rosière
même, à Montmartre, pays de
leurs désirs trop jeunes pour
leurs idées trop vieilles. L'élue
a été Mlle Marguerite Stumpp,
lingère aux Dix-huit printemps.
Quand, au Nouveau-Théâtre,
Mlle Cléo de Mérode, qui re-

Émile Goudeau.

présentait la Beauté dans le magnifique et splendide
ballet du compositeur Gustave Charpentier, a em-
brassé la Muse, les larmes nous vinrent aux yeux.
La Beauté et la Sagesse; quelle communion d'Art,

quel spectacle qui puisse résumer mieux l'ambition d'une vie !

Notre éminent confrère, Émile Goudeau, adressa à la Muse, le jour de la remise des cadeaux, cette poésie superbe d'allure :

A LA MUSE

O Muse de Montmartre, ouvrière aux doigts fins
Qui saurait broder d'or l'azur des Séraphins
Et qui daignez sourire aux larmes des poëtes,
Salut ! Salut ! pour t'applaudir nos mains sont prêtes.
Toi, vertu radieuse et candide beauté,
Il faut que sur nos fronts ton regard enchanté
Se pose, et qu'un rayon émane de ton âme,
Donne à nos cœurs sans ciel une céleste flamme.
Te voici parmi nous, vagues chercheurs de rien,
L'un sculpteur, l'autre peintre, un tel musicien,
Guettant un idéal parmi les âpres cimes,
Songeurs des formes et des rythmes et des rimes.
Te voici parmi nous ! Tes lèvres de corail
Nous chantent le couplet sublime du travail.
Tu viens, et ta main apte aux ouvrages de fée,
O Muse de Montmartre, aura, pour tout trophée
Cette chanson d'un fou qui rêve, et cependant,
Oubliant l'ironie ancienne et regardant
Comment la vie est faite avec trop de souffrances,
Avec trop de désirs vaincus et d'espérances
Qui s'étouffent les uns les autres sans retour,
Veut, très fort, que l'on pousse encore un cri d'amour.
Sois, Muse de Montmartre, envers nous belle et bonne
Pour que l'être ulcéré par ce Destin pardonne,
Pour que le pauvre soit meilleur et que ses yeux
S'emplissent du soleil de tes yeux radieux.
Que l'homme du pinceau, que l'homme de la lyre,
Que le rêveur en proie au rythme qui délire,

> Que le passant quelconque accablé par l'ennui,
> Que le désespéré pleurant l'amour enfui,
> Que tous, enfin : les grands, les petits et les mièvres,
> Puissent en te voyant oublier quelles fièvres
> Les torturent, et quels remords ou repentirs !
> O Vierge de Montmartre, ô Muse des Martyrs !

Si les résultats philanthropiques furent nuls, le succès proprement dit de la *Vache enragée* fut considérable et d'autant meilleur au point de vue artistique qu'on habitue ainsi la foule aux spectacles de la rue.

Le nu n'est pas sale, c'est là un très vieil axiome dont les milliers de promeneurs montés à Montmartre pour la *Vachalcade* ont pu apprécier l'exactitude et la logique.

Les *Décadents*, ex-*Incohérents*. rue Fontaine, virent des jours prospères sous Carpentier, fondateur : moins heureux sous Dufay. ils se relevèrent avec la chanteuse Duclerc qui leur donna son nom et y flatta l'hystérie contemporaine par des exhibitions de pendu. Siméon stylite, de crucifié, de noyé, etc., etc. Duclerc abandonnant. *Le Concert du Pendu* lui succéda. pour combien de temps? Le *Grelot* prend sa place. l'entendrons-nous longtemps tinter ?

Le *Carillon*, fondé en 1893 par Tiercy, se distingua des autres cabarets en ce que tout y fut simple. C'était le cabaret où se faisaient entendre des chansonniers et des poètes, une sorte de salon de bonne compagnie, auquel l'actuel directeur, notre très aimable

et plein de talent confrère, M. Millanvoye, a ajouté
seulement une meilleure entente dans l'organisation
des programmes. C'est à des Montmartrois, Courteline,
rapporteur greffier des spirituelles assises du *Carillon*,

La musique.
Mme Fernande Renault. Souvenir de la *Vachalcade*, 1897.

à Jules Oudot, revuiste et chansonnier plein d'humour
et de verve, etc., etc., que la bonbonnière de la rue
de la Tour-d'Auvergne doit la persistance de sa vogue.

24

Valbel, un ami, tient le secrétariat de la Maison en avisé comparse.

Tabarin, fondé rue Pigalle par M. Henri Dreyfus qui se pseudonyma de Fursy, puis Fursy, est passé entre les mains d'un nouveau propriétaire. Celui-ci. toutefois, a eu la sagesse de laisser la direction artistique au fondateur à qui sont dues d'assez jolies soirées. L'on ne saurait reprocher à M. Fursy que deux choses, résultant d'ailleurs de sa tendance d'esprit, sa rosserie vis-à-vis des camarades à qui il veut imposer, avec sa supériorité directoriale, celle plus contestable de son talent non encore mûri, et la tournure agressive et méchante de ses chansons, où la malignité tient le plus souvent lieu d'esprit et de finesse.

Le boulevard Rochechouart a vu se succéder dans un local sis presque au coin de la rue des Martyrs, sous la *Cigale*. trois ou quatre entreprises à fortunes diverses. La *Taverne franco-russe*, où fut un théâtre d'ombres, devint, avec Lemercier, le *Cabaret des Éléphants*, qui fit à son tour place au *Coup de Gueule*, dirigé par Blédort, pour finir, avec M. Henri Martin. un confrère, *Conservatoire de Montmartre*. Cette chrysalide, enfin devenue papillon, se recommande aux curieux d'archéologie par sa décoration, assez exacte restauration de l'ancienne abbaye de Montmartre, et à tous par un spectacle heureusement choisi, et l'excellence des chansons y applaudies et des pièces d'ombres.

La *Roulotte* a bientôt vu accourir rue de Douai, où

elle fait escale, les amateurs de belles chansons et
d'esprit de bon ton. Charton, son directeur, n'a rien
négligé pour mériter et obtenir le succès; pour lieu-
tenants il s'est assuré de P. Gavault, Mougel, Delorme,
Clément George, etc. Pour faire du nouveau, il a créé

Croquis de Willette. Souvenir de la Vachalcade, 1896.

la chanson animée, constituant une exacte évocation
des lieux et des circonstances où elle se développe.

Le *Divan Japonais*, dont nous avons parlé, est
devenu un véritable café-concert, avec ses jours clas-
siques, ses conférences par M. Sarcey. La mauvaise
diction, la perversité, plus intentionnelle que réelle,

de son directeur le poète (?) chansonnier (?) Habre-
korn, en constituent la seule originalité.

La *Fourrière*, établie au-dessus de la brasserie Fontaine, a vécu. Le dernier né, jusqu'à nouvel ordre,
de ces cabarets-concerts dont le nombre devient inquié-
tant est le *Pierrot Noir*. Parmi les éphémères, citons :
le *Grillon*, qui eut avec Ed. Teulet quelques beaux
jours ; la *Pomme*, ouverte quelques jours en haut de
la rue de Dunkerque dans une brasserie, rendue au
culte de Saturne ; le *Chat-Huant* installé par Chartran, un Béarnais, dans une petite boutique de pharmacie, maintenant occupée par une blanchisseuse,
tout en haut de la rue des Martyrs. Les murs tendus
de papier gris étaient entièrement recouverts par de
grandes compositions aux deux crayons, d'un jeune
artiste encore ignoré, M. Rucquois. Enfin, le *Hibou*,
de Sadi, et les *Abbesses*, de Chartrand.

Dans le café attenant au cirque Fernando, à l'encoignure du boulevard et de la rue des Martyrs durèrent,
à peu près le temps de peindre les enseignes : la
Truie qui chante, la *Taverne des Bossus*, les *Gaîtés
Montmartroises* et la *Cloche*.

Au-dessus de la brasserie de la *Nouvelle Athènes*,
coins des rues Pigalle et Frochot et de la place Pigalle,
se manifesta, mort-née en ses langes vert-clair, la
Feuille de Vigne, de Marcel Ludo.

Pour en finir avec les cabarets-théâtres, signalons le
Cabaret Bruyant (par homophonie du *Cabaret Bruant,
ex-Mirliton*), installé par Alexandre, copiste éhonté

de celui dont il se dit l'élève, dans l'ancien *Casino des Concierges*, de Lisbonne. Alexandre, dénué de l'ombre d'un talent, a jugé bon d'abdiquer toute personnalité pour singer Bruant dans sa façon d'accueillir et d'eng.....r le client, à qui il ne mâche pas les vérités, dans la façon même de s'habiller. Ce dernier détail nous a d'ailleurs valu la joie d'un procès drôlatique intenté par le maître à l'élève, pour concurrence déloyale; comme s'il y avait personne qui put s'y tromper.

Le *Ciel* et l'*Enfer*, béant porte à porte, dans un ancien marché couvert du boulevard de Clichy, par l'originalité, la bizarrerie de leurs décorations spéciales, peuvent encore être catalogués spectaculaires, mais, un point, c'est tout, et si le *Ciel* et l'*Enfer* dirigés par l'aimable M. Antonin méritent une visite, il n'en est pas de même du *Néant*, fréquenté par les hystériques et les névrosés; M. Dorville est le propriétaire fondateur de ce cabaret de la Mort où à l'aide de glaces l'on fait assister le consommateur au travail de décomposition *trans mortem*, les tables sont des cercueils, les consommateurs des macchabées, les garçons des croque-morts et le reste à l'avenant. Jugez comme tout cela est gai!

Les directeurs de théâtre ligués contre les cabarets montmartrois, cela n'a pas manqué de charme; quant à la Censure, poussée par le raseur de Paris en général et de Montmartre en particulier, elle a essayé d'arrêter un courant artistique dont plus tard on pourrait bien lui demander raison.

24.

Il faut véritablement que dame Anastasie ait l'esprit pervers pour trouver dans des pièces ou des chansons

Mme France.

des choses que les auteurs eux-mêmes auraient été incapables même de concevoir.

Au *Grand-Guignol*, situé rue Chaptal dans les locaux de l'ancien Théâtre-Salon et réunissant sur son affiche les noms de Georges Courteline, Jean Lorrain, Oscar

Méténier, la lutte a été particulièrement chaude.

La guerre a été carrément déclarée et faut-il le dire, la Censure a battu en retraite.

Tandis que Courteline déposait une plainte contre le Ministre, Méténier agissait en faisant sortir son public à la fin des pièces autorisées, et l'invitait à rentrer de nouveau à guichets fermés, sur invitation personnelle, pour entendre *Mam'z'elle Fifi*, cause principale du conflit. Inutile d'ajouter que pas un des spectateurs ne manquait à la rentrée, et que Méténier était payé en bravos et en ovations chaleureuses accompagnés de cris « à bas la Censure. »

Oscar Méténier.

Fermé, malgré cela, quelques jours, le *Grand-Guignol* fut rouvert avec autorisation de jouer *Mam'z'elle Fifi*. La cause était gagnée.

Avant de donner la monographie des chansonniers, nous devons rappeler, pour être complet, que c'est Montmartre qui vit éclore le *Théâtre Libre* d'Antoine, dans la petite salle de l'*Élysée des Beaux-Arts*. Le directeur, aujourd'hui si justement célèbre, resta d'ailleurs toujours fidèle au quartier où il débuta, et tout le monde connaît l'artistique salle de répétition de la rue Blanche, où subsista, jusqu'à la fin, l'administration du *Théâtre Libre*.

Montmartre a compté de nombreuses associations artistiques d'amateurs, telles : les *Mathurins*, la *Rampe*, les *Joyeux*, les *Escholiers*, les *Indépendants*, le *Cercle Pigalle*, etc., etc.

A Montmartre aussi eurent lieu les premières tentatives du théâtre socialiste à la Maison-du-Peuple, et antérieurement rue Rochechouart, aux *Fantaisies Parisiennes*, par les soins de l'*Art social*, association libertaire où luttèrent Gabriel de la Salle, Le Rouge, etc., etc. En 1822, le théâtre des Jeunes Élèves fut ouvert sous la direction de M. Seveste, ancien artiste dramatique, fondateur des théâtres de la banlieue de Paris. Ce théâtre était situé entre les barrières des Martyrs et Rochechouart.

Qu'est devenu le projet de Paris-Hippodrome, qui devait être situé boulevard de Clichy près la place Moncey et aussi trop près du cimetière du Nord ? Tombé à l'eau sans doute, les actions n'ayant pas été souscrites. Allons, tant pis, et les Arènes montmartroises sont encore jusqu'à nouvel ordre confinées aux boulevards extérieurs.

A tout courant d'idées répond une poussée d'efforts, sans que l'on sache précisément si ceci vient de cela,

où si cela fut cause de ceci. La vogue des cabarets
artistiques amena naturellement sans doute les jeunes
hommes de lettres à exprimer en chansons ce qu'à

Aristide Bruant.

une autre époque ils eussent dit en vers ou consigné
dans des romans. Nombreuse et brillante est donc la
théorie des chansonniers montmartrois dont nous
allons esquisser les physionomies les plus saillantes.

Leur initiation remonte au *Chat-Noir* qui donna aux jeunes l'exemple à suivre dans la route frayée par les premiers pionniers d'un art nouveau.

Aristide Bruant, ex-maître de céans de l'ancien *Chat-Noir* d'où il ne voulut pas émigrer, et qu'il transforma en le *Mirliton* n'a pas échappé au ridicule du travestissement. Il est légendaire, avec le cache-nez rouge, sabrant le col du complet de velours noir dont la culotte s'enfouit en de hautes et lourdes bottes de chasse, et le chapeau à large bord des « gars de Courtenay », qui après avoir affronté bravement les balles prussiennes en 1870, avait assisté aux victoires du chansonnier sur les scènes des grands concerts parisiens témoins de ses premiers débuts. Si ce costume est discutable, le talent de Bruant ne l'est pas, car il en a et beaucoup, il a de la morgue, de l'énergie, qu'il a su placer dans ses chansons de forme parfois grossière, mais si éloquentes au fond, si profondément, si exactement vécues. En un mot, Bruant a fait école.

La dernière œuvre de Bruant, les *Bas-Fonds de Paris*, dénote plutôt la décadence. Au point de vue pécuniaire, l'affaire n'est peut-être pas mauvaise. Un roman populaire avec sous-titres flambants, aux situations feuilletonnesques, aux récits abracadabrants émaillés de mots d'argot, doit être acheté par ce bon public qui ne recherche pas la littérature et qui s'abreuve de tout ce qu'on lui sert. M. Bruant est devenu riche pourtant, en chantant les marlous et les gueux. Propriétaire et poète, il n'aurait pas dû demander plus à la lyre! Passons-nous de toute appréciation sur sa *Lanterne*, réédition de ses chansons déjà tant de fois servies.

Dominique Bonnaud débuta au *Chat-Noir*, chante encore aux *Quatr'z'arts*, au *Chien-Noir*, au *Tabarin*, un peu partout; est certes un de ceux qui font le mieux actuellement la chanson spirituelle et mordante. Signe particulier : est le portrait frappant au moral et au physique de son camarade Jacques Ferny.

Jacques Ferny, le nouveau Mac Nab, suivant l'appréciation de notre bon oncle Sarcey, est le type parfait du chansonnier mont-

Dominique Bonnaud.

martrois, incarnant l'ironisme à froid. Sa première chanson, la *Classe*, lui valut les compliments du colonel du 21e de dragons où il achevait son service. A touché au théâtre où il a donné deux ou trois opérettes. Parfait homme du monde, pas cabotin pour un sou, artiste dans l'âme, tel est, en deux mots, Jacques Ferny.

Collaborateur assidu de *Gil-Blas* où tout le monde a lu ses chansons illustrées par Steinlen, Maurice Boukay (M. Couyba), est le vrai poète de la nature, le

« pastourel de moutons blancs, comme le lis à l'aube »
de qui si justement disait Verlaine en la préface de son premier volume de *Chanson d'Amour:* « En ces temps de faciles, de fades, d'insipides, de banales et d'au fond odieusement et abusivement bourgeoises macabreries, il est digne et sain d'enfin entendre une voix qui chante bien, un cœur qui souffre bien et de se complaire à voir parfois un sourire qui sied bien. »

Jacques Ferny.

Aujourd'hui Boukay, pardon, M. Couyba, élu par les électeurs de Gray, est député de la Haute-Saône, en même temps que conseiller général de ce département. Heureux auteur des *Stances à Manon.* Comment vous ne connaissez pas les... Vraiment c'est sérieux? Oui! Alors en voici quelques petits fragments :

Verlaine
sur son lit d'hôpital.

Manon, voici le soleil
C'est le printemps, c'est l'éveil,
C'est l'amour maître des choses...

Laisse-moi dans tes grands yeux
Goûter l'infini des cieux
Et l'ivresse de ton âme...

Qu'importent les trahisons
Des lèvres que nous baisons
Si les lèvres sont jolies...

et cette chanson, *Le député en blouse*, n'indiquait-
elle pas sa vocation !

> Mes électeurs me pay'nt des bocks
>   Pour ma noble attitude.
> C'est tous des zigs, des vrais démocs;
>   Faut pas d'ingratitude !
>   Une fois dégoûté
>   D'êt' leur député
>   Et d'avoir fait la fête,
>   J'attrap' l'aut' mandat,
>   J'irai dans l' Sénat
> Prendre ma petit' retraite.

L'ex professeur de l'école Arago, le député actuel,
le chansonnier d'antan, le futur sénateur, prononcera
désormais ses discours en vers sous forme de chansons
et fera de la politique dans les salons où des cachets
d'étoiles augmenteront considérablement le maigre
louis un quart quotidien. Il sera alors d'accord avec
sa chanson :

> Faudra bien qu'un jour
>   Çà soit à mon tour
> D'avoir l'assiette au beurre.

Et, pourquoi pas plutôt Boukay qu'un autre ! Signe
particulier, M. Couyba fut le défenseur de M. Baïhaut
en février 96, et obtint par une pétition qu'il avait
rédigée la grâce du prisonnier de Clairvaux. N'est-ce
pas l'acte d'une âme généreuse, d'une âme montmartroise !

A côté de Boukay, se présente, tout naturellement,
son collaborateur habituel pour la musique, Paul

Delmet, à qui nous devons déjà plusieurs volumes superbement illustrés par les maîtres Willette et Rœdel. Est-il besoin de parler longuement de l'auteur

Paul Delmet. (Dessin de Redon.)

des *Petits Pavés* et des *Petits Chagrins*, dont les jours se compteront par les succès.

Connu tout d'abord aux *Hydropathes*, comme compositeur, Fragerolle se lança bientôt dans le chant et commença modestement au *Chat-Noir* par interpréter les œuvres de ses camarades qu'il avait mises en musique. Conscient enfin de sa valeur il osa davantage et pour le grand plaisir du public produisit la *Marche à l'Étoile,* le *Rêve de Joël,* l'*Enfant Prodigue,* dont il écrivit le texte et la musique. N'en déplaise à Fragson, Fragerolle fut le premier, en 1880, au Casino des Arts à Lyon, à s'accompagner au piano en chantant. Son bagage littéraire se complète des *Chansons de France,* parues en 1889, *Saint Pierrot* joué au Cercle Funambulesque, *Chansons des Soldats de France,* etc., etc.

Georges Fragerolle.

Un des grands maîtres de la chanson, Jules Jouy, journaliste de talent, revuiste inimitable, nous a été ravi tout dernièrement victime d'une cruelle maladie.

Parisien pur sang de Belleville, Jouy se lança d'abord dans la chanson de café-concert. Qui ne se rappelle *Derrière l'omnibus*, *Mademoiselle, écoutez-moi donc*, la *Digue, digue, don*, *C'est la poire*, et cent autres qui lui valurent la vogue.

Jouy avait plusieurs cordes à sa lyre, et fit aussi de la chanson d'art. *La Terre*, les *Enfants et les Mères*, *Gamahut*, gros succès de Thérésa, contrôlent nos dires. Mais où il excella, ce fut dans la chanson aujourd'hui qualifiée *rosse*. Quotidiennement Jouy donnait à nos grandes feuilles des élucubrations mordantes, spirituelles et irréprochables quant à la rédaction, qualité d'autant plus remarquable que

Jules Jouy.

ses imitateurs la négligent trop aujourd'hui.

Deux volumes de chansons ont paru : Les *Chansons de l'année*, couverture de Willette, et *Chansons de bataille* (Flammarion, éditeur); puis la *Muse à Bébé*, chansons pour les enfants, dédiées aux grandes personnes : la *Chanson des joujoux*, *Le Rêve de Zola* qu'il interprétait lui-même au *Chat-Noir*, on sait avec quel grand et légitime succès.

25.

Les revues de Jules Jouy étaient, nous le répétons, inimitables. Travaillant toujours sans collaborateur, il donnait libre carrière à sa verve gouailleuse, tour à tour macabre ou gaie, triste, émue ou tendre. La presse entière s'est d'ailleurs plu à le louanger chaque fois que le rideau s'est levé sur l'une d'elles.

Un des nombreux chefs-d'œuvre de J. Jouy est certainement une de ses chansons socialistes : *Fille d'ouvrïers*, musique de Goublier, publiée chez Vanier.

> Pâle ou vermeille, brune ou blonde,
>   Bébé mignon,
> Dans les larmes ça vient au monde,
>   Chair à guignon.
> Ébouriffé, suçant son pouce,
>   Jamais lavé,
> Comme un vrai champignon ça pousse,
>   Chair à pavé.

Puis continuant la gamme, Jules Jouy arrive au moment fatal où :

> D'un mal lent, souffrant le supplice,
>   Vieux et tremblant,
> Ça va geindre dans un hospice,
>   Chair à savant.
> Enfin, ayant vidé la coupe,
>   Bu tout le fiel,
> Quand c'est crevé, ça se découpe,
>   Chair à scalpel.

> Patrons, tas d'Héliogabales,
>   D'effroi saisis
> Quand vous tomberez sous nos balles,
>   Chair à fusils,
> Pour que chaque chien sur vos trognes
>   Pisse, à l'écart.
> Nous leur laisserons vos charognes,
>   Chair à Macquart

Que ce pauvre Jouy repose en paix en cette terre ingrate, dont il a su si bien blaguer tous les pantins.

André Barde est un poète, un vrai, soucieux de la rime et de la facture, un poète sarcastique. — Les *Chansons cruelles et Chansons douces*, mises en musique par Marcel Legay, préface de Richepin, dénotent un artiste qui pense et qui voit juste.

Nous extrayons de son prochain volume : *Tics et Grimaces*, une pièce : *Le Larbin*, qui nous paraît pouvoir donner au lecteur un aperçu du talent d'André Barde.

LE LARBIN

Avec le cuir rasé, de sa face de prêtre,
Avec son menton bleu, son rictus méprisant,
Son faux col empesé, son œil fuyant de traître
Et ses cheveux plaqués sur un crâne luisant.

Avec son large dos, tendu d'un noir sinistre,
Et son mollet musclé d'une blanche roideur,
Le larbin impassible est beau comme un ministre,
Imposant et correct, comme un ambassadeur.

Cet homme, né d'un rustre en quelque coin d'étable,
Ou d'une fille en carte au rebord d'un trottoir,
Dont l'appétit d'enfant n'a pas connu la table
Et les membres rompus pas goûté le dortoir.

Après une jeunesse orageuse et cachée,
Qui hantait par les soirs les boulevards lointains,
Où des larves, dans l'ombre amie et débauchée,
Prononcent en geignant des appels libertins.

Cet homme, un jour, lassé de son métier baroque,
Où la loi vous poursuit, où l'on est talonné,
Dépouille sa fierté, jette au vent sa défroque
Et met sur son échine un habit galonné.

Et c'est cet homme-là, manant, que l'on consulte :
C'est l'arbitre du genre et le roi du bon ton,
C'est lui, qui fait trembler les petits sous l'insulte
Et dédaigne les grands du haut de son menton.

Il connait l'étiquette, il est le protocole,
Il est le règlement; son érudition
Accepte d'enseigner et veut bien faire école :
Car il est le dépôt de la tradition.

Aujourd'hui, que le noble, ignorant son prestige,
Ose allier son sang au sang d'aventurier,
Que, laissant son orgueil, comme un ancien vestige,
Il cause et s'encanaille avec le roturier.

Qu'il s'exprime en argot et vend sa particule,
Qu'il est simple soldat et, comme un paysan,
S'appelle au régiment numéro matricule,
Qu'il ne sert plus son roy, qu'il n'est plus courtisan.

Le larbin, par bonheur, est là, dragon sévère,
Veillant avec ardeur aux portes du blason :
Et c'est lui qu'on respecte, et c'est lui qu'on révère,
Et c'est lui qu'on encense : et c'est avec raison.

Lui qui parle en français — en dehors de l'office —
Lui, qui sait se tenir, dans son habit moulé,
Lui, pierre encor debout de l'ancien édifice,
Lui, qui demeure seul, quand tout s'est écroulé.

Lui, qui peut se vêtir d'un somptueux costume
Et chausser des souliers avec boucle d'argent,
Lui, qui porte perruque à l'ancienne coutume,
Et froisse son jabot, comme au temps du régent ;

Lui, surtout, qui possède une largeur d'athlète
Des pectoraux d'hercule, un torse d'écuyer,
Des reins de portefaix, un solide squelette
Et des poings de lutteur, qu'on a peur d'ennuyer.

C'est lui le descendant de ceux du moyen-âge,
Qui tranchaient un coursier avec leur durandal,
Qui buvaient des tonneaux, souvent, par badinage,
Et troussaient les gothons, par devoir féodal.

Oui c'est lui : le larbin, c'est lui : le domestique !
Et non ces éreintés, ces fleurs de casino,
A la taille voûtée, à la poitrine étique,
Sur les côtes desquels en jouerait du piano !

Aussi, les yeux malins, imitant leurs ancêtres,
Leurs femmes satisfont un désir clandestin,
Et, parfois, certains soirs les valets passent maîtres
Et glissent dans le lit, qu'ils ont fait le matin.

Et, bientôt, dans un temps, qui, sourdement, s'approche,
Trapus, régénérés et non plus freluquets,
Avec un sang tout neuf et des muscles de roche,
Les enfants des croisés seront fils de laquais.

Encore un Parisien. Né rue Jacob, Victor Méusy, ex-
employé des chemins de fer de l'Est, fut un des premiers
habitués de l'ancien *Chat-Noir*, boulevard Roche-

chouart, où il interprétait ses œuvres. En présence
des nombreux succès obtenus, il s'adonna alors entiè-

Eugène Lemercier.

rement à la chanson. Rappelons : les *Halles*, la *Carotte*,
la *Promise*, les *Conseillers municipaux*, le *Fromage*.

En 1889, Meusy fit paraître un premier volume :

Chansons d'Hier et d'Aujourd'hui, puis, en 1891, un second : *Chansons modernes*.

L'auteur de la *Carotte*, à jamais légendaire, créa les *Soirées parisiennes* à la Galerie Vivienne, puis, en 1890, abandonnant le *Chat-Noir*, il se lança dans les grands concerts où il interpréta toujours lui-même ses œuvres.

Il a fait jouer : au Nouveau-Cirque, *Garden-Party*; à la Bodinière, *Vers de Chic*, *Changement de garnison*, les *Cousins de Nanette*.

Ses essais de chansons politiques, publiées dans le *Cri du Peuple*, sont plutôt ternes. Il est loin, tout en restant un parfait chansonnier, d'atteindre, en ce genre, J. Jouy, Ferny ou Bonnaud.

Meusy est le directeur du *Chien-Noir*, au Nouveau-Cirque.

Lemercier aura bientôt trente-cinq ans, et s'est fait entendre dans tout Paris, mais principalement à Montmartre où il a fréquenté tous les établissements artistiques sans exception.

Fin et délicat ironiste, Eugène Lemercier a traité tous les genres d'une plume toujours alerte et vive, avec un succès, faut-il l'ajouter, toujours égal. Ses productions nombreuses pour le café-concert ne lui ont pas fait délaisser le genre dans lequel il excelle et où véritablement il est lui, et ce genre est bien personnel, c'est du Lemercier !

ON DIRAIT QU' C'EST TOI!

Musique de V. Leclerc.

Je t'écris ces quelques lignes
        Pour t'avouer, Bernard,
Qu' je n' fus pas des plus malignes
        En t' faisant cornard.
J' croyais rencontrer un ange
        Dans l' petit Eloi,
Mais j' n'ai gagné rien au change :
        On dirait qu' c'est toi !

Chez nous à la moindre brouille,
        Etant mon époux,
T'avais l' droit d' m'app'ler : « Andouille ! »
        Et moi d' filer doux.
Lui qu'est poli comme une brique
        N' m'est rien d'vant la Loi,
Y m'appell' tout d' même : « Bourrique ! »
        On dirait qu' c'est toi !

Y n' prononc' pas deux mots d' suite
        Sans s' glorifier d'eux,
Tous les jours y prend un' cuite,
        — Quand ce n'est pas deux —
Il est amoureux d' sa tête.
        — Je m' demand' pourquoi ? —
Il est gueulard, il est bête :
        On dirait qu' c'est toi !

Sitôt qu'il a sa biture,
        Au moindre cahot,
L' vin qu'il a d' trop dans la p'lure
        Lui sort par le haut,
Ça lui met, c'est détestable,
        L' cœur en désarroi.
Quand y làch' tout sur la table,
        On dirait qu' c'est toi !

C' n'est pas, d'après ma peinture,
La crêm' des amants,
Mais, poussé par la Nature,
Il a d' bons moments ;
Dans ses élans de tendresse,
Heureux comme un roi,
Quand sur son cœur il me presse,
On dirait qu' c'est toi !

Moi, lorsqu'il est en ribotte,
Je prêt' mes appas
Au premier voisin qui m' botte
Ou qui n' me bott' pas.
Mes fredaines n'ayant pas d' bornes
J' te jur' sur ma... foi
Qu'il est fadé pour les cornes :
On dirait qu' c'est toi !

Malgré sa musculature,
Y n' fait pas chaq' jour
Honneur a sa signature
Au point d' vu' d' l'amour.
Quand nous taillons un' bavette
Sur n'importe quoi,
Y reste en panne au plus chouette :
On dirait qu' c'est toi !

Lemercier, outre ses qualités de revuiste, est encore l'auteur d'un petit chef-d'œuvre, *l'Éternel roman*, représenté pour la première fois aux *Éléphants*, ce cabaret dont nous l'avons signalé fondateur et de durée malheureusement éphémère par la faute d'un associé qui mit, pour être correct, des bâtons dans les roues.

Doué des meilleures qualités, Lemercier s'est fait

apprécier à Montmartre par son exquise discrétion.
Ne parlant jamais, ni de lui, ni des autres, il a pour
devise : « Toujours mieux et laisser dire ». C'est
presque, si nous ajoutons à cela qu'il est, à juste
raison, l'ami de tous, un homme parfait.

Sous le pseudonyme de Gaston Sécot, Jules Costé,

Gaston Sécot.

un jeune chansonnier
qui n'est plus un chan-
sonnier jeune, a publié
des œuvres personnel-
les empreintes d'un
cachet de parisianisme
trahissant le terroir.

Ses débuts datent de
1892 à l'*Ane-Rouge*,
puis il fit l'ouverture
des *Quatr'z'Arts* où il
est revenu pour ne
plus en sortir après
une fugue d'un an au *Chat-Noir*.

Signes particuliers : est une antithèse ambulante :
car, si ses chansons s'attaquent surtout au gouvernement, c'est qu'il est fonctionnaire ; s'il s'appelle Sécot,
c'est parce qu'il a pris du ventre ; s'il a l'air j'menfou-
tiste, c'est parce qu'il est licencié en droit et lieutenant
de territoriale. Quand on ne le connaît pas, c'est un
bohème quelconque. Quand on le connaît, c'est un
bourgeois qui porte trois siècles de roture dans la
chanson de son sang.

Charles de Sivry, au talent si personnel, connu de tout Paris, tient le piano aux *Quatr'z'Arts*. Ce maëstro restera à jamais comme la silhouette de l'homme simple ; inconscient de sa vie artistique si bien remplie, ayant passé partout où l'art a élu domicile.

Charles de Sivry a débuté aux fameux *Délassements Comiques*, 60, faubourg Saint-Martin. Qui ne se rappelle, parmi les artistes d'il y a vingt ans, la petite salle au premier, la porte à gauche, qui vit éclore des talents si différents masculins et féminins, entre autres Ida de la Roche, morte depuis, qui passait pour une des plus jolies femmes de Paris. Pour le *Châtelet*, Charles de Sivry fit la musique de la

Charles de Sivry.

Rédemption, d'*Istar*. Puis après celle de l'*Agamemnon* de Bornier, le *Cœur de Sita* obtint, à l'*Eden-Théâtre*, un très gros succès, ce fut son premier ballet. Charles de Sivry met en musique *les Chansons de France*, et toujours infatigable il continue sa carrière artistique avec l'acharnement d'un artiste connaisseur, à la chasse d'un idéal impossible à atteindre.

Au Palais de l'Industrie, la *Légende d'Hiram*, aux

Folies-Bergères de Rouen l'*Absinthe*, ballet ayant dépassé cent représentations. Un tel succès en province prouve que les Rouennais ont bon goût.

Charles de Sivry est un des fondateurs du *Chat-Noir* où il resta six ans. C'est alors qu'il monte la *Marche à l'Étoile*, *Roland* avec G. d'Esparbès, chanté par Delmet. Ses tournées sont pour lui des occasions de voyages agréables, toute la France le connaît et aussi l'Afrique, ne vous en déplaise. La musique adoucissant les mœurs, il devait être envoyé lui aussi en mission extraordinaire par le gouvernement, pour inculquer aux nègres des principes musicaux dont il semble qu'ils ont vraiment besoin.

Comme récompense de ses services, de son dévouement, de son travail, Salis, pour ne pas faire mentir la tradition, plaque un beau jour Sivry qui rentre alors aux *Quatr'z'Arts*, où il est depuis plus de trois ans.

Les œuvres de Verlaine, de Baudelaire, de Botrel et de beaucoup d'autres poètes ont gagné encore sur la musique de Charles de Sivry qui, en bon père, a vu naître et grandir cette pléiade de chansonniers montmartrois unanimes à reconnaître son talent ressortant davantage encore sous sa physionomie bonne et sincère. C'est là un pur artiste, modeste, au cœur parfait. Signes particuliers: Sivry est l'auteur d'une méthode de timbale, la seule qui existe après celle de Kasner. — A refusé 1.600 francs par mois chez Corvi et rêve de faire un voyage en roulotte. Où? Dans l'Olympe, sa future patrie.

Yon-Lug.

Yon-Lug, à la tête de Christ, s'appelle, de son nom,
Constant Jacquet. Ramené de Lyon par M. Trombert
qui l'y rencontra au cours d'une tournée, il s'est fait
applaudir pour son talent humoristique et bien personnel : la *Ballade des Agents*, la *Purée*, les *Tonneaux*,
l'*Hydrophobe*, etc... ont plus d'une fois été bissés.

G. Tiercy fonda le *Carillon*, et tenta l'acclimatation
d'un cabaret à l'*Olympia* où il dut céder la place
au cinématographe. Tiercy s'accompagne lui-même
au piano et a eu des succès divers avec, notamment,
Nicolas et Toinon, l'*Opéra*, la *Pipelette*.

Son visage est un masque interprète de ses pensées ;
ce n'est pas ce qu'il dit que l'on suit, ce ne sont pas
ses paroles, sa musique que l'on écoute, l'on boit ses
grimaces de clown artiste, il fait rire comme Foot tit.
Quant à son talent encore discutable, nous espérons
qu'il s'affirmera. Excellent camarade, il est parfois un
peu *moi*. Signes particuliers : aura incessamment les
palmes, entrera à l'Opéra-Comique à moins que ce ne
soit à la Comédie française, ou bien encore se perfec-
tionnera chansonnier.

Un solide gaillard, vigoureux, bien bâti, à l'œil clair
et brillant, Xavier Privas est le charmeur par excellence ; et il n'est point de bonne fête, s'il n'est au pro-
gramme. Fortement épris de son art qui n'a dans son
cœur de rival que la femme, le chansonnier lyonnais,
qui de son vrai nom s'appelle Taravel, a eu le bonheur de
s'imposer presque immédiatement aux Parisiens grâce
à l'enthousiaste propagande de Félicia Mallet et de Mé-

Xavier Privas, au piano accompagnant Trimouillat.

visto. La charmante artiste eut tôt fait de lancer le nouveau poète pour qui tous partagèrent son admiration.

En moins d'un an, nul à Paris n'ignorait l'auteur des
Thuriféraires, de la *Pentecôte*, des *Grotesques;* de

Chanson pastiche, *Chanson paillarde*, du *Noël de Pierrot*, de la *Fête des Morts*, *Problème*, les *Larmes*, etc., etc.

Nous donnons ci-après l'une de ses charmantes compositions : Les *Moineaux du Luxembourg*, due à l'obligeance de l'auteur lui-même.

I

En le vieux jardin dont l'exquise flore
A pour joyaux purs : la femme et l'enfant,
Des petits moineaux le vol triomphant
S'alanguit au lieu que Murger décore,
Car c'est là que ces gavroches de l'air,
Pour glorifier leur frère en bohème,
Viennent gazouiller le joli poème
De la libre vie et du rire clair !

II

Et le bon Murger, à ce bruit de lyre,
Laisse de ses yeux, à demi voilés,
Tomber sur ces gais bohèmes ailés,
Un regard discret, doux comme un sourire ;
Y perçoit-il donc un écho lointain
Des éclats rieurs de quelque grisette,
Ou bien la chanson morte de Musette
Qui revient bercer son sommeil d'airain ?

III

Gazouillez, moineaux, pour le cher poète,
Qui chanta Jeunesse, Amour et Beauté
Sur le luth d'argent par Phébus prêté
Aux bardes joyeux de l'Humaine fête ;
Pierrots, gazouillez pour ce vieil ami
Dont l'âme accordée au LA des folies,
Vibra sous l'archet des mélancolies
Lorsqu'il célébra la mort de Mimi !

IV

Lancez librement vos superbes odes
En le vieux jardin où par votre voix,
S'arrêtent charmés manants et bourgeois,
Jolis moineaux francs, merveilleux rapsodes ;
En ce siècle abject de servilité
Vous êtes les seuls vrais fils de Bohème
Chantant fièrement le divin poème
De l'indépendance et de la gaîté !

Tour à tour fustigeant les errements et les vices, riant d'un bon rire gaulois, ému de religiosité humanitaire, Privas est de ceux que l'on ne peut oublier quand on les a une fois entendus.

Gaston Dumestre, un jeune, tout jeune venu, a fait déjà beaucoup de chansons dont la forme très châtiée dénote non seulement un chansonnier de valeur, mais encore un poète de talent, doublé d'un excellent musicien compositeur.

Il s'est fait entendre un peu partout et toujours le public l'a accueilli avec la faveur qu'il mérite si bien. Un échantillon, entre tous, *La Passion de Notre Seigneur Pierrot Christ*, un pur chef-d'œuvre, en dira plus que les plus grands éloges.

I

Or, en ce temps-là, le touchant
Pierrot, rédempteur ironique,
Allait par la ville, prêchant
Devant le juste et le méchant,
Devant l'artiste et le marchand,
Son évangile chimérique.
Il disait : « Peuple, en vérité,

Pour l'oubli notre race est mûre,
En vérité, je vous le jure,
La vieille Lutèce a quitté
La droite route de bonté,
D'art, de noblesse et d'équité,
Qui mène à la gloire future ! »

II

Dans les temples du Dieu d'amour
J'ai vu des prélats vénérables,
Compter l'or jaunissant et lourd
Que les fidèles, chaque jour,
Apportent dans leur coffre pour
Fléchir le dieu des misérables.
J'ai vu sur les trônes souillés
Des laquais braillards et sinistres,
Levant leur dextre de ministres
Sur les badauds agenouillés.
Et le char aux essieux rouillés
Des vieux rois, de gloire habillés,
Porte la fortune des cuistres. »

III

Lors, les ministres de l'autel
Et les ministres de la France
Firent saisir ce criminel
Qui, toujours pâle et solennel,
Clâmait aux quatre vents du ciel
Leur orgueil et leur ignorance.
Pierrot, du peuple abandonné,
Devant ses juges, le jour même,
Comparut, méprisant et blême.
Il fut sans retard ordonné
Qu'il mourrait en croix, condamné,

IV

Le lieu du meurtre fut choisi,
Vers le logis du blanc prophète,
Pierrot fut cloué sans merci.

Jambe de-là, jambe de-ci
Sur les ailes en bois noirci,
Du vieux moulin de la Galette.
Lors il pleura, martyr divin,
Nouveau Christ et même supplice
Trois honnêtes gens de police
Partagèrent son saint-frusquin,
Puis, plus tard, un député vint
Lui présenter un pot-de-vin,
Pour calmer sa soif de justice.

V

Et quand le soir aux frêles doigts
Eût tapissé d'ombres funèbres
La ville, la plaine et les bois,
Pierrot vit venir vers sa croix
Des filles et perçut leur voix
Qui sanglotaient dans les ténèbres.
Lors il leur dit : « Tout est fini
Femmes aux grands yeux d'améthystes,
Ne pleurez ni ne soyez tristes,
Eli lama sabachthani.
Que personne, ne soit puni
De ma mort et que soit béni,
Montmartre, berceau des artistes ! »

Reverrons-nous d'ici longtemps en France ce bon
camarade qu'était Dumestre? Hélas, il est à craindre
que non, à moins qu'une prompte amnistie le ravisse à
la Belgique, en faisant rentrer en France, son bercail,
un mouton qui voit rouge, égaré.

Une silhouette originale, longue redingote, ouverte
en écran comme un fond de tableau derrière un mâle
énergique et svelte, à l'œil vif, au visage enthousiaste;
c'est Marcel Legay, le chansonnier, le musicien bien
connu de tous, le barde montmartrois.

Sa célébrité date du *Semeur* de J.-B. Clément qu'il entreprit après les refus de tout le monde, de mettre en musique, l'on sait avec quelle réussite. L'un des fon-

Marcel Legay. (Dessin de Léandre.)

dateurs du premier *Chat-Noir* il s'y fit tout de suite une large place.

Deux volumes, les *Rondes du Valet de Carreau* et *Toute la gamme*, de nombreuses chansons constituent le bagage littéraire de Marcel Legay, qui, encore plus

fécond musicien, a choisi avec discernement dans l'œuvre des maîtres, Zola, Renan, Guy de Maupassant,
Victor Hugo etc., les pages les plus propres à faire
valoir les ressources de son talent si souple, si divers.
Ces « proses symphoniques » lui valurent les palmes

Jean Goudezki.

de l'Académie, aujourd'hui il a la rosette ! Marcel
Legay dirige actuellement, sur la rive gauche, un
cabaret artistique, *Les Noctambules*, qui fait les
délices du quartier latin.

Jean Goudezki, blond, de ce blond des gens du nord

révélateur de l'origine, né à Louvignies, est suivant la pittoresque expression d'un rédacteur du *Soleil*, un poète au masque étrange, mélange de Baudelaire et de Banville. Dirigea tout d'abord un journal socialiste, le *Lampion*, au quartier latin ; puis, passant les ponts vint se fixer à Montmartre et trouva sa véritable voie dans l'interprétation de ses chansons satiriques au *Chat-Noir*. Goudezki a divisé ses productions en trois séries, les *Montmartroises*, où il y a un peu de tout, les *Vieilles Histoires*, dans la note sentimentale, enfin les *Chansons de Lisières*. Un trait pour finir, Goudezki est l'auteur du seul sonnet olorime qui ait jamais été écrit.

Léon Xanrof, l'un des plus féconds et des plus heureusement féconds des jeunes auteurs. A commencé dès le quartier latin, par l'*Hôtel du N° 3*, sa carrière si bien remplie. Fondateur de l'Association des Étudiants, en fut acclamé d'emblée le chansonnier ordinaire. C'est à ce titre qu'il parut dans toutes les fêtes d'étudiants aux quatre coins de la France où il allait interpréter ses œuvres. Xanrof traversa le *Chat-Noir*, mais laissa bientôt à d'autres le soin de vulgariser ses chansons ; Félicia Mallet et Yvette Guilbert lui durent leurs premiers succès au concert. Collaborateur de nombreux journaux où il a fait des chroniques, la chanson du jour, de la critique, etc., etc., Xanrof s'est affirmé excellent revuiste et, mieux encore, auteur dramatique de talent. En librairie l'on a de lui : *Rive gauche, Chansons sans gêne, Chansons à Madame, Pochards et pochades, Chansons à rire, Paris qui*

*m'amuse, l'Amour et la Vie, Lettres d'hommes, Bébé
qui chante, Tout le théâtre,* etc...

Signe particulier : Montmartrois invétéré, naquit

Léon Xanrof.

rue des Acacias, habita longtemps un hôtel à lui
appartenant rue Tholozé et vient de se fixer tout
récemment (août 1897) rue Eugène-Flachat.

Jules Oudot, fonctionnaire de l'Assistance publique,
employait ses heures de bureau à tourner d'aimables

et ironiques chansons qui eurent un moment de
grande vogue, mais démissionna bientôt pour se consacrer presque exclusivement au théâtre, revuettes de
salon et grandes revues, en collaboration avec Henri
de Gorsse.

Hugues Delorme, c'est le grand, le grand, l'indéfini
Rouennais aux redingotes pâles et longues, au sourire
moqueur, à l'esprit subtil, au masque de pierrot en
goguette. Philosophe ayant une nature peu banale,
tournant le vers à ravir.

Delorme possède déjà une carrière bien remplie.
Ses écrits sont justes, mordants, profonds. Un
exemple :

REQUIEM

Mes chers amis, quand je mourrai
N'allez pas jusqu'au cimetière
Surtout si le soleil doré
Réchauffe la nature entière.

Abandonnez le trépassé
Pour bien vivre l'heure qui passe ;
La tombe attend le corps lassé,
Et l'âme appartient à l'espace ;

Vous n'y pouvez rien, bonnes gens,
Donc point de pleurs de crocodiles
Et point d'éloges affligeants :
Vaquez à vos chères idylles.

Des fleurs dans un gai renouveau
Germeront de mes chairs pourries.
Au lieu de charger mon tombeau
De fraîches aumônes fleuries,

Hugues Delorme. (Dessin de Hermann Paul.)

Laissez faire l'*Alma Mater*
Qui veut l'éternelle revanche
Du sol, du cerveau, de l'éther,
Du cadavre et de la pervenche !...

Avec des madrigaux coquets,
Des vers aux subtiles adresses,
Offrez de ma part vos bouquets
A Leurs Majestés vos Maîtresses...

Je sais combien le genre humain
Est heureux dès qu'il se dégante :
N'emprisonnez pas votre main
Dans des gants noirs à deux cinquante.

Qu'un emploi plus intelligent
Règle le produit de vos terres :
Dépensez votre pauvre argent
Avec des dames adultères.

Pour conjurer le froid qui mord,
L'ennui morne des solitudes,
Faites l'amour jusqu'à la mort,
En étreintes douces et rudes.

Quand le Trépas, ce bon larron,
S'emparera de nos corps pâles,
Nos veuves se consoleront
En dormant avec d'autres mâles ?

— Il faut laisser à nos Suzons
Un fier souvenir en partage ;
Que certaines comparaisons
Soient toutes à notre avantage !

Pour moi, je ne crains pas l'oubli.
Où sombre un mufle qui digère ;
Et sûr du devoir accompli,
La tombe me sera légère...

Delorme n'est pas que chansonnier, il est poète, qualité rare, auteur dramatique, revuiste même et très bon revuiste, et sa dernière revue, *Chacun sa Muse*, était certainement une des meilleures de la saison d'été; et, qu'est-il donc de plus encore? Mime! Mais oui, mime, parfait, ayant fait à Paris et en province, principalement à Rouen, qui accapare le plus possible son grand Hugues, des conférences sur la pantomime, qu'il écrit très bien et qu'il joue encore mieux. Pensionnaire de la *Roulotte*, nous aurons certainement l'occasion de l'applaudir personnellement encore longtemps dans l'établissement sélect de la rue de Douai, en attendant qu'une œuvre marquante vienne couronner son beau talent.

Et voici Jehan Rictus (Gabriel Randon), cette étrange révélation d'un poète vraiment personnel, profond et douloureux, « *long* comme une larme[1] », à la face pâlie, douce et résignée, disant des vers qui sont de purs chefs-d'œuvre avec la voix d'un Jésus.

Ses *Soliloques du Pauvre* (édition du *Mercure de France*) sont la plainte éloquente d'un miséreux qui serait bon, avide de pain et de tendresse et d'un foyer où reposer ses rancœurs. C'est peut-être, a dit Jean Lorrain, le plus beau poème d'argot et de douleur de ces temps.

Il faudrait tout citer dans ce merveilleux *Revenant*, où il évoque un Christ étrange et souffreteux :

1. Jules Lemaître.

L'Rouquin au cœur pus grand qu' la vie.

Si qu'y r'viendrait! si qu'y r'viendrait
L'Homm' Bleu qui marchait su' la mer
Et qu' était la Foi en ballade :

L' mec qu' était gobé par les femmes
(Au point qu' c'en était scandaleux)
L'Homme aux beaux yeux, l'Homme aux beaux rêves,
Eul' l' charpentier toujours en grève,
L'artiss', le meneur, l'anarcho,
L'entrelardé d' cambrioleurs
(Ça serait-y si paradoxal ?)
L' gas qu' a porté sur sa dorsale
Une aut' croix qu' la Légion d'Honneur.

Devant cett' figur' d'honnète homme
Quoi qu'y diraient nos négociants ?
(Lui qui buchait su' les marchands)
Et c'est l' Pap' qui s'rait affolé
Si des fois y pass'rait par Rome
(Le Pap', qu' est plus rich' que Crésus.)
J'en ai l' frisson rien qu' d'y penser
Si pourtant qu'y r'viendrait Jésus !

Lui, et sa gueul' de désolé !

Eh! ben moi... hier, j' l'ai rencontré
Après menuit, au coin d'eun' rue,..
. . . .
— Ous qu'il est ton ami Lazare ?
Et Simon Pierre? et tes copains...
Et Judas qui bouffait ton pain
Tout en t' vendant comme au bazar ?
Et tes frangins... et ta daronne
Et ton dab, qu' était ben jean-jean !
Te v'là, t' es seul! on t'abandonne!

— Et Mad'leine ? ousqu'elle est passée ?
(Ah! pauv' Mad'leine... pauv' défleurie,

Jehan Rictus. (Dessin de Léandre.)

Elle et ses beaux nénés tremblants,
Criant pitié, hurlant misère,
Ses pauv's tétons en pomm's d'amour
Qu' étaient aussi deux poir's d'angoisse
Qu'on s' s'rait ben foutu dans l' clapet.)

> — (C'était la paix, c'était la vie !)
> Ah ! tout fout l' camp et vrai, ma foi,
> T' aurais mieux fait d' te mett' en croix
> Contr' son ventr' nu... contr' sa poitrine.
> Ces dardés-là n' t'euss'nt pas blessé,
> Sûr t' aurais mieux fait... d' l'embrasser :
> A n'avait un pépin pour toi !
>
> Ah ! mes prièr's... ah ! mes croyances !
>
> — Mais ! gn' a donc plus rien dans le ciel !
> . . . . , ...
> Sûr ! gn'a pus rien, mêm' que peut-être
> Y gn'a jamais, jamais rien eu...

Souhaitons, avec Jules Lemaître, que le succès de ses *Soliloques du Pauvre* le mette bientôt dans le cas de ne pouvoir plus, en conscience, les continuer.

Le nez en trompette, de petite taille, d'une minceur diaphane, tout en cheveux, tel est Pierre Trimouillat, l'un des plus sympathiques chansonniers. A commencé tout jeune dans les salons par dire des vers et des monologues des autres, puis obtint un tel succès avec un monologue dont il se refusa à nommer l'auteur, qu'il ne récita plus, dès lors, que ses propres œuvres.

S'est produit à peu près dans toutes les sociétés, dans tous les cabarets artistiques et enfin au *Chat-Noir*, témoin de ses meilleurs succès avec *Le Bègue, Les Gras et les Maigres, A mon septième, l'Argent.*

Deux volumes ont déjà paru : *Dans la Vie* et *Contes à dire debout* qui obtinrent un gros succès de librairie.

Parisien de la Butte, Charles Quinel n'a jamais

délaissé ce quartier qu'il affectionne. Débuta par le journalisme au *Courrier Français*, puis au *Charivari;* collabora au *Journal amusant* et à la *Caricature.*

Montoja. (Dessin de Redon.)

Deux volumes de vers humoristiques, aujourd'hui introuvables. *Vers... de lampe* et la *Lyre... des reins* l'affirmèrent spirituellement caustique.

Comme chansonnier, Quinel a produit trois petits chefs-d'œuvre, les *Moutons*, la *Chanson des Rouliers* et le *Vent*; sa chanson de l'*Alouette* lui a valu la médaille d'or au concours de l'Eden-Théâtre.

Il fit aussi du théâtre et eut raison. En témoignent: *Petit ménage*, la *Main gauche*, *En son Hôtel*, la *Question du cœur*.

Quinel a comme collaborateur Dubreuil, un fin et spirituel littérateur. Signes particuliers : Musicien au régiment, a fricoté tant qu'il a pu. A quitté une administration pour ne plus vivre que de la littérature, phénomène étrange. Devrait jouer s'il touche au théâtre, l'un des trois mousquetaires, le physique, l'accoutrement et l'allure s'y prêtant à merveille.

Un grand et beau garçon, à la physionomie ouverte où se lisent l'enthousiasme et la franchise, tel est Gabriel Montoja, né à Alais, dans le Gard. Montoja commença à Lyon ses études de médecine, mais hanté par le démon de la plume, publia avec Boukay un volume de chansons, le *Bréviaire de l'Escholier lyonnais*, et fit jouer deux revues au Casino de Lyon. Venu à Paris, il remplaça Xanrof comme chansonnier à l'*Association des Étudiants* et se fit consacrer par le *Chat-Noir*. Une grave maladie qui mit ses jours en danger l'obligea de réintégrer le domicile familial. Rétabli, il se fit recevoir médecin à Montpellier, dédiant sa thèse inaugurale à Jean Coquelin, en un merveilleux sonnet, et se mit à voyager en Afrique et en Amérique, puis revint au *Chat-Noir* où il reconquit rapi-

Paul Daubry.

dement sa vogue. Citons parmi ses chansons les plus
célèbres : la *Machabée*, *Cantique d'amour*, la *Morgue*,
la *Mort du propre à rien*, *Tes pieds*, la *Berceuse
bleue*, etc., etc., etc.

A signaler encore trois ou quatre grands succès de librairie parmi lesquels fut le *Boul' Mich'*.

Paul Daubry sort du Conservatoire avec un prix de piano. S'est surtout spécialisé dans la chanson politique et y compte de nombreux et légitimes succès.

Daubry fait des revues, des pièces et, à ce moment, met au point un drame symbolique, en trois actes : *les Roses de Sang*, qu'il destine, excusez du peu ! à la *Comédie Française*.

Daubry tourne, il est vrai, admirablement le vers ; de plus, a des idées et de l'expérience, aussi sa pièce couronnée de succès dénoterait en lui le fin poète que nous croyons.

Il nous faut encore énumérer pour être complets, tout en nous excusant, faute de place, de ne donner que les noms : MM. Cellarius et Eug. Héros, les deux inséparables revuistes à qui nous devons des

Vincent Hyspa.

heures agréables, Mougel, A. Lindex, Hyspa, Hauton, Edmond Teulet, Charton, fondateur de la *Roulotte*, Henri d'Erville, le colonel, doyen des chansonniers,

Blédord du *Coup de Gueule*, actuellement gérant de la *Boîte à musique*.

Botrel, le chansonnier breton, dont l'éditeur Georges

Victor Sainbault. (Dessin de Léandre.)

Ondet publie en ce moment : *Chansons de chez nous*, un gros succès en perspective.

Parmi ses chansons bretonnes se trouve celle des

pêcheurs d'Islande : *la Paimpolaise*, dont nous
extrayons le premier couplet :

Quittant ses genets et sa lande
Quand le Breton se fait marin,
En allant aux pêches d'Islande,
Voici quel est le doux refrain
Que le pauvre gas
Fredonne tout bas :
« J'aime Paimpole et sa falaise,
« Son église et son grand Pardon.
« J'aime surtout la Paimpolaise
« Qui m'attend au pays breton. »

André Joyeux.

Numa Blès, Brun, André Joyeux, le fin poète Chezelle,
Jacotot, Georges Richard, Poncin, l'un des plus sympathiques chansonniers, compositeur et chef d'orchestre,

Marcel Mouton, Varney, Marcel Lefebvre, Zamacoïs, Armand Masson, Paul Paillette, Durocher, Boutique, Zévacco, Delau, Émile Defrance, Baltha, Meudrot tout à fait lancé maintenant par de jolies revuettes à la *Bodinière* et ailleurs et aussi par des chansons d'une facture peu

Armand Masson.

originale, aux tournures trop cherchées et bien prétentieuses, Jehan Sarrazin, ex-directeur du *Divan japonais* justement appelé Temple du Tumulte, et devenu légendaire. Le poète aux *olives* n'est-il pas connu de tout Paris. Travailleur, bon garçon, que le *baquet* lui soit léger !

Victor Sainbault, le poète *purée*, qui vend d'ailleurs

aux terrasses des cafés une chansonnette réaliste dont il est l'auteur, intitulée : *Ah! qué purée!!!*

Il nous reste maintenant à parler des cafés, des

Boutique.

brasseries à physionomie spéciale et décoration malsaine que l'on a pu trouver à Montmartre. Presque tous ont disparu devant l'indifférence du public et, après une éphémère vogue de curiosité, ont dû fermer leurs portes.

Ainsi fut-il pour la *Truie qui file*, rue Notre-Dame de-Lorette, pour la *Taverne du Lapin*, devenu rue Pigalle le... lesbien... *Hanneton*. L'ex-*Cabaret de Rabelais* fut un moment la *Grenouille en Goguette*.

Zévacco.

Une physionomie très parisienne, si parisienne qu'elle se peut revendiquer par tous les quartiers où il a promené sa dévorante activité, le colonel communard Maxime Lisbonne, aujourd'hui receveur-buraliste en province, a eu à Montmartre de nombreux avatars.

On le vit d'abord à la tête du *Bagne*, boulevard de

Clichy, initier ses clients aux douceurs de la chiourme,
en un décor *ad hoc*; puis il fit grésiller dans la poèle
les *Frites révolutionnaires*, enfourna au faubourg

Jehan Sarrazin [1].

Montmartre les *Brioches politiques*, créa, rue Pigalle,
pour les chevaliers du cordon, le *Casino des concierges*

1. Cliché prêté gracieusement par le journal *la Muse*.

(devenu le *cabaret Bruyant*, d'Alexandre), dirigea, au
Divan Japonais, le concert Lisbonne, palais des Huis-
siers, et, Sagan de la bohème révolutionnaire, installa
dans le local de l'ancienne *Truie qui file*, le *Jockey-
Club de Montmartre*.

Lisbonne. (Dessin de G. Tichon.)

Sur la Butte, le *Lapin agile* de Chartran a été fermé
comme tant d'autres, mais subsiste encore le *Cabaret
des Assassins* dont les murailles sont décorées des
portaits de tous les grands bouchers humains, des
chourineurs célèbres.

Au *Bon vivant*, à la *Vache enragée*, à la *Côtelette*

est mis le couvert de tous les artistes de plume, de crayon ou de pinceau que compte Macropolis, suivant la pittoresque expression de l'un de nos confrères. Le chiffre de la clientèle de ces établissements varie en raison inverse de la faculté de crédit. C'est ainsi que beaucoup ont émigré de la *Côtelette* à la *Vache*, et *vice versa*, pour à la fin ne plus aller ni dans l'un ni dans l'autre. Citer des noms serait faire tort à des jeunes devant qui s'ouvre l'avenir et qui, les poches remplies par le succès assuré, se retrouveront un jour chez Paillard, Durand, Noël quand ils n'auront plus le bel appétit et la gaie insouciance de leurs vingt ans.

La Cigale reconstruite est aujourd'hui un des cafés-concerts les plus cotés et les plus fréquentés de Paris. Ses directeurs-propriétaires, MM. Flateau et Nunès, sont très sympathiques à tous ; il n'en est malheureusement pas de même du secrétaire de cet établissement, M. Forestier, dont l'antipathie légendaire ne saurait être trop constatée — même ici.

Le *café de la Cigale*, tenu par l'aimable M. Tribout, est le rendez-vous des artistes et aussi un établissement des mieux cotés et des plus anciens du boulevard Rochechouart.

Trianon, ex-Élysée-Montmartre, a passé, depuis M. Desprez, dans d'innombrables mains, pour enfin être complètement transformé et aussi agrandi par M. Chauvin, bien connu des sportsmen.

Nous souhaitons bonne chance au nouveau directeur de cet établissement montmartrois qui, bien dirigé, doit retrouver sans peine ses beaux jours d'antan.

Le cirque *Fernando* n'est guère alimenté que par la clientèle locale, de même que le théâtre de Montmartre.

Enfin le *Rat-Mort*, la *Nouvelle Athènes*, le café de la

Delau.

Place-Blanche, qui sont tous trois la propriété de l'ami Catelin, une des figures montmartroises les plus sympathiques, constituent les Baratte, Prévot, etc., de Montmartre.

L'*Abbaye de Thélème* qui fut jadis de l'acabit des

Truie, Bagne, etc., est devenue aujourd'hui le Durand ou le Larue de Montmartre. Pour y pénétrer de nuit, il faut montrer patte blanche. *Non licet omnibus.*

Quant à une maison, sise rue Pigalle, qui s'intitule à tort *Petit Maxim's,* il ne faut pas la confondre avec le grand bar américain Maxim's de la rue Royale universellement connu. D'ailleurs qui pourrait s'y tromper et cette réclame, pour le *café Frédéric,* nous paraît dénuée de sens commun tout en étant ridicule.

Et maintenant... chez Lajunie, 58, rue Pigalle ! Les plus jolies montmartroises s'y donnent rendez-vous et le monde le plus select connaît cet établissement qui reste ouvert toute la nuit. Pour rire, s'amuser en bonne compagnie, cocher, au café restaurant de Tabarin !

CHAPITRE X

LE SACRÉ-CŒUR

« L'histoire du Sacré-Cœur, a dit Em. Fouquet, plonge ses racines dans les entrailles du Christianisme. » Nous passerons sur cette histoire dont ce n'est point ici la place, nous contentant de mentionner, pour faire de suite un grand pas, le vœu de Louis XVI, écrit dans sa prison, et faisant acte de consécration au cœur de Jésus. Il demandait que le royaume de France fut mis sous son vocable, mais plus tard Louis XVIII ne prit en aucune considération les recommandations *in-extremis* de son frère, malgré l'exemple qu'avaient donné, dans cet ordre d'idées, les Bonchamps, Cathelineau, Lescure, La Rochejaquelein qui, lors des guerres de Vendée, combattirent sous l'emblème du Sacré-Cœur.

A l'occasion du baptême du prince impérial, Pie IX,

par un décret en date du 23 août 1856, réalisa le désir de l'épiscopat français, en déclarant universelle la fête du Sacré-Cœur. De là le projet qui fut conçu d'ériger une chapelle en cet honneur, de là l'origine du vœu qualifié « national. »

Aux sanglants combats de Patay et du Mans, les zouaves pontificaux commandés par Sonis et Charette déployèrent dans ces batailles mémorables l'étendard du Sacré-Cœur. Cinq mois plus tard, le général Charette prononçait d'une voix vibrante les paroles suivantes : « A l'ombre de ce drapeau, teint du sang de nos plus chères victimes, moi, général, baron de Charette, qui ai l'insigne honneur de vous commander, je consacre la légion des volontaires de l'Ouest, les zouaves pontificaux, au Sacré-Cœur de Jésus ; et, avec ma foi de soldat, je dis de toute mon âme et je vous demande de dire avec moi : *Cœur de Jésus, sauvez la France !* »

MM. Legentil et Rohault de Fleury, réfugiés en Poitou, furent les deux véritables fondateurs de l'Œuvre.

Mais laissons maintenant parler le Père Em. Jonquet[1] :

« Les Lyonnais, dit-il, avaient promis de reconstruire le sanctuaire de Fourvières, s'ils étaient préservés de l'ennemi. M. Beluze, fondateur du cercle catholique du Luxembourg, à Paris, annonçant ce vœu

---

1. *Montmartre autrefois et aujourd'hui.*

(Dessin de Léandre.)

à M. Baudon, président général de la société de Saint-Vincent de Paul, lui demanda si les Parisiens ne devraient pas faire le même acte de foi. M. Legentil fit l'inspiration sienne en substituant le Sacré-Cœur à la Sainte Vierge. Le projet ne pouvait que sourire à M. Rohault de Fleury.

« M. Baudon, informé de la substitution du vocable, en fut charmé. « Nous sommes d'accord, écri-« vait-il, pour l'église votive à bâtir à Paris. Je pense « que le vocable du Sacré-Cœur serait le meilleur, « et que, sans soulever la question de l'emplace-« ment, il faudrait recueillir des adhésions. Nous « sommes, il est vrai, bien dispersés ; cela com-« plique, paralyse ; mais enfin on peut toujours « commencer. On est tenu d'essayer, et non de « réussir. »

« M. Léon Cornudet, qui bientôt allait devenir président du comité, fut mis dès le début dans la confidence et reçut communication du vœu. Nous avons sous les yeux sa réponse à M. Legentil. Tout en adhérant pleinement à la grande inspiration qui lui était soumise, M. Léon Cornudet faisait quelques remarques suggérées par son esprit pratique. Il insistait particulièrement pour qu'un évêque prît l'initiative de l'œuvre et adressât une circulaire à ses collègues dans l'épiscopat. Il signalait M. l'archevêque de Tours, disant : « qu'il « fallait obtenir cette recommandation expresse d'un « prélat autorisé dans l'Église de France et non com-« promis dans les discussions du dernier concile. »

« M. Léon Cornudet écrivit dans ce sens à M. Guibert. »

L'archevêque de Tours refusa, ainsi que M. Mermillod et M. l'évêque de Poitiers.

MM. Legentil et Rohault de Fleury n'en continuèrent pas moins leur œuvre — ils ne réussirent que trop bien. Escomptant les pusillanimités chrétiennes effrayées par nos récents désastres, ils recueillirent dans la France entière des adhésions nombreuses et surtout... de l'argent, beaucoup d'argent. Ils persuadèrent les âmes simples de l'opportunité du secours céleste que devaient favoriser leurs cotisations, oubliant que, dans ces circonstances et sans tenir compte de l'embarras possible d'un Dieu sollicité de l'un et de l'autre côté de la frontière, on doit tout attendre de soi et non du sort. Ce qui fait les victoires c'est le courage et l'amour du sol natal.

Braves gens ! — ce fut le mot de Guillaume Ier — braves gens qui combattiez à Reischoffen, qu'auriez-vous pensé de ces apôtres du Christ qui écrivirent plus tard en leurs feuilles catholiques que *la France était une nation coupable, durement, mais très justement châtiée !* Ah ! peut-être, devant la grande libératrice, ceux-là qui eurent le triste courage de cette appréciation, se fussent-ils montrés les indignes apôtres d'une religion que son fondateur eût voulu toute d'amour et de pardon.

Il faut le dire, et M. Sougnet en a fait lui-même l'aveu que « conçue sous l'empire de l'amertume causée

par la défaite et l'invasion, la première formule pro-
pagée (celle de M. Legentil) fut autant une protestation
qu'une amende honorable. »

Le 26 avril 1871, Pie IX patronna l'œuvre officiellement.

Vers la fin de cette même année, M. Guibert fut
transféré du siège de Tours à celui de Paris. Tout
d'abord peu enthousiaste, il finit par entrevoir les
effets lucratifs probables de l'œuvre du Sacré-Cœur et
la prit définitivement en main.

Constatons l'appui prêté en 1872 par le père Monsa-
bré du haut de la chaire de Notre-Dame et rappelons
le succès qu'obtint son fameux cri « Le Christ aime les
Francs » belle parole, que les événements récents
n'avaient pourtant pas prouvée.

On forma un comité d'action, et le 31 juillet 1872, un
bref du pape Pie IX donnait à l'œuvre son approbation.

L'emplacement de la future basilique restait à choisir. On pensa successivement à la rue de Rivoli, au
Trocadéro puis à Montmartre. Pressenti, le Ministre de
la guerre fit observer que c'était là plutôt l'emplacement d'un fort, mais des influences nombreuses
eurent raison de ses scrupules. Le Sacré-Cœur n'était-
il pas le défenseur par excellence ? Est-ce que des
prières et quelques aspersions d'eau bénite ne suffisaient pas à chasser l'ennemi ? Malgré de tels avis
toujours contredits par les faits, on passa outre. Avec
l'épithète de vœu national dont s'affubla le vœu de
Poitiers, la consécration officielle était chose accomplie.

Le 5 mars 1873, Jules Simon, ministre des cultes, mit à l'étude le projet qu'avait présenté M. Guibert. Quand vint la discussion, M. Batbie occupait la place de M. Jules Simon.

Présenté à la Chambre et renvoyé à une commission composée de MM. Baze, président; de la Bassetière, secrétaire ; Keller, le comte de Maillé, Riondel, Warnier (Alger), Delpit, le comte de Cornulier-Lucinière, le vicomte de Kermenguy, Lenoël, le baron Chaurand, Hamille, le vicomte de Bonald, de Belcastel, Arthur Legrand, membres de l'Assemblée nationale, le rapport fut déposé sur le bureau de l'Assemblée, le 11 juillet 1873, par M. Keller. Il tendait à déclarer d'utilité publique la construction du Sacré-Cœur. Le 23 juillet 1873, — on voit que les choses allèrent plus rondement que s'il s'était agi d'édifier une œuvre utile, quelque établissement scientifique, par exemple — l'Assemblée, à la majorité de 244 voix, déclara par la loi spéciale dont nous reproduisons le texte ci-après qu'il était d'utilité publique d'ériger le dit monument et qu'en conséquence, elle autorisait l'archevêque de Paris à acheter, même par voie d'expropriation, tous les terrains nécessaires, et qu'elle reconnaissait les archevêques de Paris comme propriétaires incommutables du monument.

LOI

ART. 1. — Est déclarée d'utilité publique la construction de l'église que, par souscription nationale, l'archevêque de Paris propose d'élever sur la colline de Montmartre.

Art. 2. — L'emplacement de cet édifice sera déterminé par l'archevêque de Paris de concert avec le préfet de la Seine, avant l'enquête prescrite par le titre II de la loi du 3 mai 1841.

Art. 3. — L'archevêque de Paris, tant en son nom qu'au nom de ses successeurs, est autorisé à acquérir le terrain nécessaire à cette construction, soit à l'amiable, soit, s'il y a lieu, par voie d'expropriation, à la charge par lui de payer le prix d'acquisition et tous les frais de construction au moyen des souscriptions et offrandes mises ou à mettre à sa disposition.

Art. 4. — Il sera procédé aux mesures prescrites par les titres II et suivants de la loi du 3 mai 1844, aussitôt après la promulgation de la présente loi.

Art. 5. — Le ministre des Cultes et le préfet de la Seine sont chargés, chacun en ce qui les concerne, de l'exécution de la présente loi.

Il serait peu intéressant de citer les noms des députés qui votèrent cette loi, mais il nous paraît bien de mentionner parmi ceux qui la combattirent MM. de Pressensé, Bertauld, Corbon, Tolain, Edouard Lockroy, etc.

Cette nouvelle invraisemblable : le vote d'une pareille loi stupéfia le monde ecclésiastique. Une telle aubaine était en effet inespérée. Dès lors, encouragés par un succès qui ne devait pas s'arrêter là, les chefs catholiques poussèrent l'audace jusqu'à vouloir faire reconnaître officiellement par la Chambre le règne social de Jésus-Christ. Inutile d'ajouter que la pétition n'eut aucune suite et qu'on en rit beaucoup dans les couloirs.

Aussitôt après le vote de l'Assemblée, les promoteurs de l'œuvre se démenèrent fiévreusement pour faire tomber l'argent dans leurs caisses. Ce fut un beau succès. Ils recueillirent un million en quelques mois.

Pour quelque grande œuvre capable d'avancer le progrès humain au lieu de le retarder, on eût sans doute réuni 25 fr. 50.

Un concours fut ouvert le 1er février 1874 devant se terminer le 30 juin. Tous les projets primés (les primes variaient de 1.500 à 12.000 francs pour les dix premiers plans) devaient appartenir à l'archevêché qui se réservait le droit de puiser dans chacun d'eux les éléments qui seraient à sa convenance.

Parmi les auteurs des soixante-dix-huit plans déposés, M. Abadie, qui devait plus tard entrer à l'Institut, fut déclaré lauréat et reçut l'ordre d'exécuter son plan. Sans entrer dans une discussion oiseuse sur la décision de la commission accordant le premier prix à M. Abadie, sans vouloir faire montre d'une compétence qui serait injustifiée, qu'il nous soit permis de constater aujourd'hui *de visu* l'aspect lourd et disgracieux d'un monument que sa position unique aurait dû faire un chef-d'œuvre d'architecture moderne.

Son style romano-byzantin ne convenait pas à pareille construction, le gothique semblait tout indiqué ; l'art ogival y avait sa place, renforcé par des coupoles dont les dômes auraient été exclus.

L'exécution est également mauvaise, et des artistes de valeur nous ont déclaré que les sculptures aujourd'hui terminées étaient en comparaison des belles œuvres de la statuaire moderne, ce que sont les sculptures des meubles de commerce mises en parallèle avec celles des meubles de style.

Plus élancé et doré comme une Sainte-Chapelle, cet édifice du Sacré-Cœur eût présenté un aspect gracieux. Avec une dépense moindre, l'art et le goût pouvaient être satisfaits. On a préféré cette masse informe narguant Paris et assez semblable à quelque mosquée, forteresse peut-être destinée à servir à ceux qui l'ont implantée en des circonstances que l'avenir apprendra. Le Sacré-Cœur aura ainsi deux fins, l'agréable et... l'utile ! *Utile dulci.*

Une description détaillée de l'édifice serait aujourd'hui incomplète; terminé même, les échafaudages en masqueront pour longtemps encore la plupart des faces.

Notons, quant à l'intérieur, le grand dôme, digne d'intérêt comme conception, et aussi la crypte aux larges dimensions et d'une grande élévation (9 mètres sous clef). Quand le Sacré-Cœur sera terminé, il ressemblera assez, en dimensions beaucoup plus énormes, à l'église Saint-Front de Périgueux.

Voici le procès-verbal *in extenso*, écrit sur parchemin, qui fut placé dans la cavité de la première pierre posée solennellement le 16 juin 1875 :

« L'an de Notre-Seigneur, mil huit cent soixante-quinze, le 16 juin, fête de saint François Régis, deux-centième anniversaire des révélations faites par Notre-Seigneur Jésus-Christ à la bienheureuse Marguerite-Marie Alacoque, jour indiqué par Notre Saint-Père le pape Pie IX pour la consécration de tous les enfants de l'Église catholique au Sacré-Cœur de Jésus, et vingt-neuvième anniversaire de l'élévation de Sa Sainteté au souverain pontificat;

« La première pierre de l'église à élever sur la colline de Montmartre, près du lieu du martyre de saint Denys et de ses compagnons, apôtres des Gaules, et dédiée au Sacré-Cœur de Jésus, pour l'accomplissement de l'œuvre du Vœu national au Sacré-Cœur de Jésus, pour la délivrance du Souverain Pontife et le salut de la France, et en exécution du vote de l'Assemblée nationale (loi du 25 juillet 1873),

« A été posée

par Son Éminence Mgr Joseph-Hippolyte Guibert, cardinal-prêtre de la sainte Église romaine, du titre de Saint-Jean devant la porte Latine, et archevêque de Paris; en présence de Son Excellence le nonce apostolique; de plusieurs archevêques et évêques; de MM. les membres du chapitre métropolitain de Paris; d'un grand nombre de membres de l'Assemblée nationale; de fonctionnaires de tous les ordres; d'un grand nombre d'ecclésiastiques et d'un concours immense de fidèles.

« M. le maréchal de Mac Mahon, duc de Magenta, étant président de la République;

« M. Henri Wallon étant ministre des Cultes;

« M. Ferdinand Duval étant préfet de la Seine;

« M. Léon Renault étant préfet de Police. »

Suivent les noms des membres du comité de l'œuvre; de l'architecte de l'église : M. Abadie, membre de l'Institut ; et des signataires du procès-verbal : MM. Baudon, Douchez, Legentil, Rohault de Fleury, F. Riant, P. Abadie.

Les fondations du Sacré-Cœur constituent un travail colossal, à cause des tendances au glissement que présente la Butte.

Les fouilles en tous sens des plâtriers, terrassiers et carriers avaient fait craindre que les couches diverses du sol ne présentassent une résistance suffisante pour le poids énorme de l'édifice.

Les travaux d'exploration commencèrent par un puits le 21 juillet 1873. Après avoir traversé des sables, des marnes, des bancs de gypse, on atteignit à 40 mètres environ, le banc exploité autrefois souterrainement. On continua les sondages de 5 mètres sans plus rien rencontrer ; les ingénieurs se déclarèrent satisfaits. M. Abbadie proposa d'abord de s'établir sur un banc de caillasse situé à 11 mètres du sol et d'étendre une forte couche de béton de 4 mètres d'épaisseur. On abandonna ce système comme insuffisant, et celui de M. Alphand prévalut. Chacun des piliers de l'église devait donc reposer sur des puits descendant jusqu'à la couche solide du terrain. Ces puits, comblés de maçonnerie, de meulière et de chaux hydraulique devaient représenter quatre-vingt-trois piliers de 33 mètres de profondeur dont vingt-cinq auraient 5 mètres de largeur et les autres une dimension moindre. Reliés entre eux par des arcatures, ces piliers soutiendraient les murs et les colonnes de l'édifice.

C'était là, comme on voit, une tâche considérable. Il s'agissait de remplacer 35.000 mètres cubes de terre par une quantité égale de maçonnerie.

Le 24 mai 1876, le projet définitif relatif à ce travail monstre fut adopté par M. le cardinal Guibert.

Le 5 juin, les travaux de fondation commencèrent; ils étaient confiés à M. Rifaut, entrepreneur des travaux du Louvre, des Tuileries, du Palais-Royal, de la Chambre des Députés (Versailles) et de l'Hôtel de Ville actuelle. Ils ne durèrent qu'un an.

On s'est demandé souvent si les fouilles de Montmartre n'avaient pas amené des découvertes intéressantes. Nous ne croyons pouvoir mieux répondre à cette légitime curiosité qu'en reproduisant la note envoyée par M. Abadie à l'Académie des inscriptions et belles-lettres (Institut de France), et lue par M. de Longpérier. La voici :

« En nivelant le terrain qui, dans l'enceinte de l'antique abbaye, s'étend à l'est du mur d'enclos de l'église actuelle, on a mis à découvert un grand nombre de sépultures. Dans la couche supérieure de terre meuble on trouve des squelettes dont les cercueils de bois ont été entièrement détruits, mais qui sont accompagnés chacun d'un vase de terre jaune, sans couverte, orné de stries rouges posées au pinceau, et dont la panse est percée de trous. Ces vases contiennent encore le charbon qui servait à brûler l'encens, suivant l'usage liturgique. Leur forme et leur décoration appartiennent aux XIIIe et XIVe siècles. Ils sont tout à fait semblables à ceux qu'on a recueillis dans les cimetières de Saint-Séverin, Saint-Jacques la Boucherie et autres. Des débris de vases vernissés à couverte métallifère, jaune ou verte, appartiennent bien probablement au XVe siècle. Le sol de Paris nous restitue fréquemment des poteries enduites de ce vernis que les Romains ont employé.

« Au dessous, on a rencontré, reposant sur le sable, une série de tombes de plâtre en forme de gaîne, ornées de croix de types divers et de monogrammes du Christ. Ces sarcophages offrent une frappante analogie avec ceux que l'on a recueillis dans les terrains de Saint-Marcel. Ils appartiennent indubitablement au temps des Mérovingiens. Les objets qu'ils contiennent confirment pleinement l'opinion que leur aspect extérieur fait concevoir. Ce sont des boucles et des agrafes de ceinturon, des bijoux, des colliers composés de grains d'ambre et de pâte de verre multicolore. Une des agrafes de ceinturon, en cuivre étamé, offre un système de décoration consistant en entre-lacs en relief, tellement élégants qu'on pourrait les croire de main scandinave, et supposer que l'agrafe a appartenu à quelque Normand faisant partie de ces armées qui, dans la seconde moitié du IXe siècle, menaçaient Paris du haut de Montmartre. Mais le style du sarcophage dans lequel cet objet a été trouvé s'oppose à la conjecture que nous venons d'indiquer. Il faut donc voir là une œuvre exceptionnellement avancée de l'époque des Mérovingiens.

« Dans la tombe qui renfermait la plus grande des agrafes, de style purement franc, pareille à celles qui ont été trouvées en si grand nombre, de ce côté-ci de la Loire (dans l'Ile-de-France, en Normandie, en Picardie, en Champagne), on a recueilli une monnaie de moyen bronze, portant l'effigie de Sabine, femme d'Adrien. Il ne faudrait pas inférer de ce fait que la sépulture remonte au IIe siècle. Les Mérovingiens ont fabriqué de la monnaie d'or et d'argent, usurpant en cela le droit personnel de l'empereur romain, mais en leur qualité de *cires romani*, ils ne se permirent pas d'empiéter sur les droits sénatoriaux, en fabriquant la monnaie de cuivre, la monnaie romaine par excellence. Sous leur domination, la monnaie de cuivre romaine continua à circuler par toute la Gaule, servant pour les petites transactions, à côté des monnaies d'or et d'argent des chefs francs, visigoths ou bourguignons.

« Jusqu'au 20 mai, on n'avait encore déterré que quinze tombes appartenant aux VIe et VIIe siècles. Mais le travail est à peine commencé, et plus on se rapprochera de l'église, plus on aura de chances de rencontrer des monuments importants. »

Les événements ne devaient pas confirmer cette espérance. Nous croyons que les fouilles pratiquées quelques années plus tard (1886), lors de la construction du réservoir dont nous parlons plus haut, n'ont pas mis à jour de grandes découvertes. Quelques coquillages, quelques substructions au sujet desquelles on

ne peut que se livrer à des conjectures, quelques chapiteaux, quelques fûts de colonne, et c'est tout.

A partir du 3 mars 1876, jour de la bénédiction de
la chapelle provisoire, les pèlerinages ont déroulé leur
banalité, l'étalage grossier des superstitions, la preuve
évidente qu'une fraction sociale tire en arrière sur le
progrès humain.

Le commerce des gargottiers et marchands de reliques a fait du coup un grand pas.

Depuis, les travaux ont marché lentement, — faute
d'argent, — les frais d'érection du Sacré-Cœur ayant
été estimés à près d'*un milliard!* La source la plus
abondante ne se tarit-elle pas? Ainsi, les dons et
offrandes pour l'achèvement de l'édifice ont subi un
ralentissement progressif. L'argent vient encore, mais
doucement et comme à regret.

Piliers, grosses pierres de tailles, briques même,
tout est offert par de généreux fidèles, des villes, des
diocèses, des congrégations, des particuliers, etc.

Sur chacune de ces parcelles s'étalent en lettres
plus ou moins grandes, noires, rouges ou dorées, les
noms des crédules donateurs poussés par quelque
orgueil bourgeois à cette offrande intéressée, s'imagi-
nant que leur nom peint ou gravé sur la pierre du
Sacré-Cœur les sauverait de l'oubli du temps. Ah! les
pauvres gens, quel bon billet sur l'immortalité! Peut-
être en effet les peuples futurs, si quelqu'un de ces
noms retrouvés pouvait un jour frapper leur vue, se
demanderont-ils, inquiets, le pourquoi de ces *ex-voto*

découverts. Mais ce sera le mépris aux lèvres qu'ils se diront, connaissant les motifs et le but : « Ceux-là étaient

Le Sacré-Cœur la nuit. Reproduction du tableau de Rib-Roy.

de cette race d'hommes qui, durant des siècles, purent entraver par la compression physique et morale de

30.

l'individu, par leurs tribunaux sacrés, par leur perni-
cieuse influence éducatrice, la marche du progrès et
du génie humains ! »

Pauvres et riches peuvent être là représentés. Voici
le cours des *ex-voto* à la Bourse du Sacré-Cœur :

« Une pierre elle-même représente une somme de
300, ou de 120 francs ; c'est encore trop pour le pauvre
ouvrier qui vit de son travail, c'est trop pour l'ap-
prenti, c'est trop pour l'humble paysan. La religion et
le patriotisme ont imaginé la *Carte du Sacré-Cœur*.
Qui n'en a entendu parler ? Cette carte divisée en
douze cent soixante-dix petits carrés valant chacun
10 centimes, représente une somme de 127 francs. »

Les tuiles sont également l'objet de dons ; elles ne
comportent pas d'inscriptions en lettres majuscules
fleuries, mais simplement les initiales du donateur.
Le prix en est de 20 francs. Avis aux amateurs friands
de collaboration pour bâtisses !

Nous ne voudrions pas alléguer qu'il peut être mauvais de faire argent de tout ; encore devrait-on pouvoir
en contrôler l'usage. Et, sans médire, n'a-t-on point
songé à demander des comptes ?

M. Abadie, architecte de la Basilique, mourut le
2 août 1884. M. Daumet, architecte du Palais de justice, fut d'abord appelé pour le remplacer ; mais, en
présence des refus opposés aux changements qu'il
désirait faire subir au premier projet adopté, il dut se
retirer. MM. Rauline, ancien inspecteur des travaux
sous M. Abadie, et Laisné, professeur à l'École des

Cliché Sescau.

Le Réservoir et le Sacré-Cœur.

Beaux-Arts, furent alors choisis pour continuer l'œuvre entreprise.

Dans l'intervalle moururent également M. Cornudet, promoteur de l'œuvre, M. l'archevêque Guibert (8 juillet 1886), puis, plus tard, M. Alex. Legentil (17 juin 1889).

Entre temps aussi, M. Delattre, député, déposa sur le bureau de la Chambre un projet tendant à l'abrogation de la loi de 25 juillet 1873. Le Conseil municipal s'émut également du déshonneur de Paris et, le 5 juillet 1880, adressa aux députés une pétition pour le retrait de ladite loi.

Il ne fut donné aucune suite à ces justes revendications qu'avaient combattues à outrance et, par tous les moyens, la gent cléricale. Marcherons-nous encore longtemps sous la férule des religieux?

Vingt ans se sont écoulés. Où en sont les travaux? Très avancés assurément, mais loin de leur achèvement. Cela n'offre rien d'extraordinaire si l'on songe qu'il a fallu plus d'un siècle pour construire Notre-Dame. Étant donné le ralentissement des offrandes, il est à craindre que longtemps encore les échafaudages ne couronnent les hauteurs de Montmartre. Verrons-nous jamais la fin de ces travaux gigantesques exécutés pour une œuvre aussi futile : l'érection d'un temple à quelque dieu d'il y a dix-neuf cents ans quand nous sourions tous les jours des foudres de Jupiter ou des menaces de Vulcain !

Mentionnons le bourdon *ex voto* offert au Sacré-Cœur par la Savoie. Cette fameuse *Savoyarde*, la plus grosse cloche de France, a coûté 70.000 francs; son poids est de 18.835 kilogrammes environ. Elle a 3^m,04 de diamètre et 3^m,05 de hauteur; sa circonférence est de 9^m,50, son épaisseur de 23 centimètres. Le battant pèse 850 kilogrammes ; ses accessoires 6.530 kilogrammes. Elle sort des fonderies Paccard à Annecy.

La *Savoyarde* donne le *contre ut*, c'est-à-dire une octave et un ton au-dessous de la note produite par le bourdon de Notre-Dame. Le joug sur lequel elle repose a été offert par M. le comte de Montbon, de Chauffaille (Haute-Vienne). C'est une pièce de chêne de 4 mètres de longueur sur 1ᵐ,50 d'équarrissage.

Quant à entendre la *Savoyarde* à de grandes distances, c'est une autre affaire. Les prévisions à ce sujet ont été fort exagérées. Les obstacles à la transmission du son consistent surtout dans l'abondance des hautes maisons de Paris et aussi dans la construction défectueuse du campanile.

Constatons en terminant ce chapitre combien peut devenir funeste cette invasion religieuse de Montmartre. Le cléricalisme y a construit une citadelle pour faire échec sans doute à l'offre de MM. de Rothschild qui, vers 1860, proposèrent de raser les Buttes, à la condition expresse que les terrains, une fois nivelés, deviendraient leur propriété. Nous avons échappé au péril juif pour tomber dans un autre. Nous avons un Sacré-Cœur là où se seraient édifiées une Bourse ou une synagogue.

Que deviendra-t-il, sous la menace religieuse, le cachet artistique qui fit si longtemps l'orgueil de notre vieille Butte !

« En 1534, un Espagnol, Ignace de Loyola, avait été blessé au siège de Pampelune et s'était converti. Il vint à Paris, monta à Montmartre et, avec deux de ses compatriotes, fonda l'ordre des Jésuites qui devait devenir si puissant par la suite. Si les chevaliers de l'ordre teutonique ont conquis l'Allemagne, c'est grâce à la sévérité et à la stricte discipline qui se maintenaient dans cette vaste association. C'est grâce aussi à cela que les Jésuites sont parvenus à dominer moralement le monde entier. Cette domination sur les esprits était tellement grande que tout pays libre a été et sera obligé de leur donner congé. »

« Le Sacré-Cœur, a dit Spuller dans un de ses discours, — et c'est par ce mot que nous croyons devoir terminer ce chapitre, — le Sacré-Cœur est un défi que les Jésuites jettent à Paris. Ils reviennent, malgré tout, à l'endroit même où ils sont nés. »

En admiration devant le Sacré-Cœur. (Dessin de Mignot.)

CHAPITRE XI

Bien que, consacrée à Montmartre, notre histoire du XVIIIe arrondissement doit embrasser également celle de la Chapelle qui en est une division administrative. Au surplus, il y aurait à dire sur la Chapelle des choses fort intéressantes, et c'est à regret que, dans l'obligation où nous sommes d'écourter ce qui n'est pas relatif au quartier même de Montmartre, nous ne pouvons lui consacrer que ce chapitre.

Un historiographe érudit, M. Firmin Leclerc, nous a, dans divers écrits, donné de très instructifs renseignements, des détails nombreux sur tout ce qui se rapporte à l'histoire de la Chapelle. Nous ferons à son œuvre de larges emprunts.

Issus de la fusion des Gaulois et des Kimris, les Parises formèrent bientôt deux classes distinctes vouées l'une à l'agriculture, la seconde à la navigation. Un petit nombre des Parises agricoles fixèrent leur demeure au point de bifurcation de deux sentiers situés en pleine forêt dont l'un conduisait à la capitale des Silvanectes (Senlis) en passant par le petit village de Catuliacum (Saint-Denis) et l'autre à la capitale celtique de Noviodunum (Soissons). Ces deux voies existent encore; la première porte aujourd'hui divers noms tels que rue et faubourg Saint-Denis, rue de la Chapelle, avenue de Paris, et est désignée sous le nom de route nationale n° 1; la seconde qui s'appelait, jusqu'à l'époque de l'annexion, rue d'Aubervilliers, est devenue rue de l'Évangile, par suite de l'établissement d'une autre rue ouverte en 1878, longeant le chemin de fer de l'Est et séparant les XVIIIe et XIXe arrondissements, à laquelle on a donné le nom de rue d'Aubervilliers, avec juste raison d'ailleurs, puisqu'elle conduit directement à ce village.

La nouvelle agglomération des Parises prit le nom de village des Roses. On y cultivait abondamment ces fleurs; de là son appellation. Intelligents et travailleurs, les Parises défrichèrent le sol, bâtirent des maisons, des édifices et s'adonnèrent aussi spécialement à la culture de la vigne.

Les vignerons des Roses élevèrent un temple à Bacchus sur un grand vignoble, placé à la rencontre des deux voies que nous avons déjà mentionnées sur l'emplacement occupé actuellement par l'église de la Chapelle. Dans un ouvrage de Dubreuil, édition de

1612, on lit ce qui suit, au sujet de cette église :
« Cette chapelle est double, savoir : la plus petite qui
« est presque en terre, et l'autre plus grande qui est
« érigée au-dessus d'icelle. Mais au-dessous de tout ce
« bastiment, il y a encore une chapelle ou caverne
« souterraine qui toutefois a demeuré incogneüe à nos
« pères jusqu'en l'an 1611. »

Cette dernière chapelle est l'ancien temple de Bac-chus sur lequel a été élevée l'église, de même que Notre-Dame est bâtie sur un autel dédié à Jupiter. Ce temple vit, une première fois, en 273, un empereur romain, Aurélien, qui séjourna à la Chapelle où les Nautes de Lutèce vinrent faire leur soumission et l'as-surer de leur fidélité ; il leur accorda le monopole du transit sur l'eau, et de ce jour date la formation de cette hanse des marchands de l'eau qui a été le ber-ceau de la municipalité Parisienne. C'est à ce même endroit que *Julien*, avec son épouse Hélène, vint au-devant des troupes qui arrivaient des bords du Rhin (360). Ces troupes reçurent l'ordre de camper autour du temple.

« C'est cet empereur qui concentra, dans la cité de Lutèce, l'administration centrale qui auparavant se trouvait à *Augustodunum* (Autun), et ordonna que tous les chefs-lieux non privilégiés prendraient le nom des peuples qui les habitaient. Loutouchezi, dont les Romains avaient fait Lutèce perdit ce nom et fut appelée du nom de ses nationaux : *Paris*.

« A ce moment, le temple de Bacchus du village des

Roses était, ainsi que nous venons de le dire et ce dont on ne se douterait pas aujourd'hui, entouré d'un vaste champ couvert de pampres, de figuiers et de rosiers, ce qui valut à la localité de voir les Romains ajouter à son nom, celui de *pampinus*, d'où le nom de Pamprerose. »

Après la chute de l'Empire romain, les Parises et les Arvernes furent les derniers d'entre les Gaulois à se séparer de Rome, les derniers aussi à accepter la religion de Jésus de Nazareth. Le temple de Bacchus fut voué à sainte Geneviève. Après la soumission des Parises aux Francs, la localité changea encore de nom et prit celui de la Chapelle Sainte-Geneviève qu'elle a conservé jusqu'en 1229. A cette époque, la Chapelle Sainte-Geneviève fut érigée en cure sous la dépendance de l'abbaye de Saint-Denis et le village prit le nom de Chapelle Saint-Denis conservé jusqu'en 1860 (si nous en exceptons une courte période, en 1792, où il fut alors appelé *Franciade*).

Sous Clovis, notamment, la Chapelle fut horriblement dévastée. En 629, Dagobert institua entre la Chapelle et Saint-Denis une foire royale qui fut appelée *landit*.

A partir de la troisième dynastie, chaque fois que l'un de nos rois montait sur le trône ou se préparait à une guerre, il allait à Saint-Denis déposer ou reprendre son oriflamme. Il s'y rendait encore si la mort frappait un des siens ou lorsque tintait son heure au cadran des probabilités. Toutes ces allées et venues se faisaient par la rue de la Chapelle.

Le philosophe Abailard (1079-1142) que sa passion pour Héloïse et ses infortunes rendirent célèbre, fit, pendant un certain temps, son cours à la Chapelle. Il y eut pour disciple Pierre Lombard (*le Maître des sentences*).

Saint Louis, qui mourut le 25 août 1270, sous Tunis, fut enterré à Saint-Denis, ainsi que tous les rois de sa race. Son fils Philippe-le-Hardi le transporta sur son dos et pieds nus, de Notre-Dame à Saint-Denis.

Cette longue rue de la Chapelle voyait passer, en outre, tous les ans, depuis l'année 1242 environ, le pèlerinage qui allait à la nouvelle chapelle de Notre-Dame des Vertus, qu'on avait élevée près de la ferme Albert Villare (Aubervilliers). Philippe-le-Hutin y avait conduit, après son mariage, sa jeune femme, Marguerite de Bourgogne, qui en rapporta cette sagesse qui nous a valu le drame de la Tour de Nesles.

Louis XII, qui venait d'épouser, à cinquante-deux ans, une jeune guilledrone, qui en avait seize, et avec laquelle il voulut faire du « gentil compagnon » dit Brantôme, la conduisit aussi à Notre-Dame-des-Vertus, ce qui ne l'empêcha pas de filer avec un Anglais quelques mois après.

Les gens du peuple, soit par imitation de leurs seigneurs, soit qu'ils en reconnussent le besoin, prirent aussi l'habitude d'y amener leurs femmes. Ce pèlerinage était devenu si fameux et les flambeaux qui se déroulaient sur le haut de Saint-Lazare et dans la rue de la Chapelle si nombreux chaque année, qu'en 1529, les habitants de Montlhéry crurent que le feu était à Paris et partirent en toute hâte pour aider à l'éteindre.

De nos jours, ce pèlerinage n'est plus connu que par un refrain de chansonnette.

> Dans la plaine des Vertus,
> Y a des femmes qui n'en ont guère;
> Dans la plaine des Vertus
> Y a des femmes qui n'en ont plus !

En 1814, les gardes nationaux de la Chapelle ne craignirent pas d'aller attaquer les Prussiens dans ce même Aubervilliers. Comme en 1870 au Bourget, le village fut pris et repris et devint le théâtre d'actions de courage. C'est le jour de cette bataille que fut tiré sur l'hôtel Sainte-Geneviève, où se trouvait le poste de secours, le boulet dont on voit encore la trace avec cette mention : 11 mars 1814.

« Ce malheureux village a subi les horreurs de toutes les guerres religieuses, civiles et étrangères.

« De furieux sicaires amenés du Midi par le comte d'Armagnac s'y rendirent célèbres par leurs crimes et atrocités sans nombre, sous le règne de ce roi dément Charles VI surnommé *le Bien-Aimé*. Chassés de Paris par une autre faction, celle des Bourguignons, ils occupèrent la Chapelle et « Dieu sait les tyrannies « qu'ils firent souffrir aux malheureux habitants. » L'église fut arse et détruite, les bonnes gens ars (brûlés) et dérompus (écrasés) dedans leurs maisons ; ceux qui fuyaient on les mettait en lieux ords (immondes). « On rôtit les uns, on leur arrache les dents, et les

« autres sont battus jusqu'à ce qu'ils aient indiqué
« l'endroit où était caché leur avoir. » Il y a des détails
si hideux, dans les chroniques de ces temps que la
plume se refuse à les produire. « Et ne prennent pas
« seulement hommes, mais femmes et filles, et...
« efforcent. Prennent les maris et pères, pendent les
« uns par les pieds, les autres par les pouces en pré-
« sence des femmes et filles. »

« Le village tout entier fut brûlé le 8 juillet 1418 ;
ajoutez à cela, qu'il y eut à la suite disette, famine et
maladies épidémiques. Ce malheureux état dura trente
ans et finit par le honteux traité qui donnait, au roi
d'Angleterre, la régence du royaume et la couronne,
après la mort de Charles VI.

« On lit dans les registres du Parlement, que le
lundi 5 juillet 1484, Charles VIII revenant de se faire
sacrer resta quelque temps à la Chapelle avant de faire
son entrée à Paris et que le Parlement vint au-devant
de lui jusque-là.

« Mais voici venir les temps des guerres religieuses
jointes aux guerres civiles et le village de la Chapelle
va encore, comme toujours, servir de champ de bataille.
C'est la fameuse lutte entre protestants et catholiques
avec le combat homérique entre les deux chefs d'armée
Condé et le connétable Anne de Montmorency. La nuit
mit fin à cette lutte sanglante qui ne changea rien à
l'état des choses : les catholiques rentrèrent dans Paris
et les protestants continuèrent d'occuper la Chapelle.

« Condé mourut deux ans après, en 1569, et Henri

de Navarre fut reconnu comme chef des protestants.

« Pendant qu'il guerroyait en Normandie, son aide de camp, Bellegarde, eut l'imprudence de lui faire connaître sa maîtresse, la belle Gabrielle d'Estrée, que Sainte-Beuve dépeint ainsi :

« Elle était blanche et blonde, elle avait les cheveux
« blonds et d'or fin relevés en masse ou mi-crêpés par
« les bords, le front beau, l'entre-œil, — comme on
« disait alors — large et noble, le nez droit et régu-
« lier, la bouche petite, souriante et purpurine, la
« physionomie engageante et tendre, un charme
« répandu sur les contours. Ses yeux étaient de cou-
« leur bleue et d'un mouvement prompt, doux et clair.
« Elle était complètement femme dans ses goûts, dans
« ses ambitions, dans ses défauts mêmes. »

La belle Gabrielle habitait le pavillon d'Estrée, situé rue Clignancourt. C'est là que se rendait souvent Henri de Navarre pour chanter à sa belle maîtresse, sur l'air d'un noël bien connu à cette époque, la romance qu'il venait de composer à son intention :

> Charmante Gabrielle
> Percé de mille dards
> Quand la gloire m'appelle
> A la suite de Mars !
> Cruelle départie
> Malheureux jours
> Que ne suis-je sans vie
> Ou sans amour !

« Pendant que le roi se rendait au pavillon d'Estrée, ses compagnons d'armes s'occupaient, en attendant de

pouvoir faire la conquête de Paris, de faire celle des
gentilles nonains de Montmartre. Le démon de la chair
avait un tel empire sur ces religieuses, qui tous les
ans recevaient cependant un tribut de 5.000 harengs
de Boulogne, qu'elles se prirent d'un goût tout particulier pour les officiers de l'armée assiégeante, tout
calvinistes qu'ils étaient. Le volage Henri rendit aussi
visite à ces vierges consacrées au Seigneur et c'est là
qu'il connut Marie de Beauvilliers, une jolie brune de
dix-sept ans, dont la figure était aussi belle que son
âge et qui faisait contraste avec Gabrielle : après la jolie
blonde, la piquante brune.

« Le roi lui fit construire un petit pavillon avec
galant oratoire, qui serait celui qu'on voit encore au
coin de la rue de la Chapelle et celle des Roses.

« C'est le quatorzième chastelet, dit un historien
« d'Henri IV, que le roi de France fait bâtir pour nonnes
« et gentilles dames en dehors de sa bonne ville de
« Paris. » Cette maison qui porte aujourd'hui le n° 125
de la rue de la Chapelle est connue des habitants, sous
le nom de *Rendez-vous de chasse d'Henri IV.* »

Elle aurait été donnée plus tard par Henri IV à
l'intègre Sully dont le désintéressement, s'il faut en
croire les insinuations d'un autre grand ministre,
Richelieu, était plus feint que réel.

« Voici une seconde anecdote qui se rapporte à cette
même maison. La fameuse Fillon, cette impure qui
avait dénoncé au cardinal Dubois la conspiration de
Cellamarre et que le régent avait baptisée du surnom

de *la Présidente*, à la suite d'une histoire drolatique,
s'était mise dans la tête d'avoir un bénéfice en rému-
nération des services de cour qu'on payait alors en
toute sorte de monnaie. Elle vint attendre, à cette
maison, l'abbé Dubois qui devait s'y arrêter en revenant de Saint-Denis. Ils étaient tous les deux à une
croisée donnant sur Montmartre, du côté du cloître de
cette religieuse « qui avait laissé un roi lire au fond
« de ses yeux », comme l'a dit M. Lamquet.

« Elle demanda tout à coup à l'abbé, s'il consentirait
à lui donner ce qu'elle désignerait ? « Oui. dit Dubois,
« à l'exception de deux choses : ma tête et l'abbaye.
« — Vieux singe, répliqua la Fillon, il est plus fin
« que fouine qui a faim. » C'était le langage familier
de l'époque, ajoute l'historien auquel nous empruntons
ce récit.

« La Fillon et la Desmarets furent l'objet de nombreuses satires. Entre autres couplets que les recueils
manuscrits leur consacrent, nous citerons celui-ci où
nous ferons une suppression nécessaire :

> On vit de la même façon
> Chez la Desmarets que chez Fillon.
> Plus..... qu'une louve
> Elle en prend par où elle en trouve.

Pour en revenir à Henri IV, rappelons que, sur les
instances de la belle Gabrielle, il consentit à se rendre chez le prieur de la Chapelle, et qu'il y entendit
la messe qui fut le prélude de son abjuration.

« Cette petite église a pour fondements la chapelle

Sainte-Geneviève qui était elle-même l'ancien temple de Bacchus. Il faut aujourd'hui descendre deux marches pour pouvoir y pénétrer.

« Le chœur de l'église semble dater du règne de Philippe-Auguste ; l'autre partie fut brûlée en 1358, rebâtie presque aussitôt, elle redevint la proie des flammes sous les Armagnacs, ainsi que toutes les autres maisons de la localité, le 8 juillet 1418 ; la nef fut reconstruite, ainsi que le porte une inscription en lettres capitales gothiques, en 1420.

« Cette malheureuse église qui a la même origine et la même ancienneté que Notre-Dame, a partagé, à toutes les époques, le triste sort des autres constructions ; seule elle survit cependant. Mais elle avait été si ruinée à la fin du XVIᵉ siècle que, pour pouvoir la faire réparer, le conseil de fabrique dut aliéner les quelques arpents de terre qui restaient de toute la grande dépendance de l'ancien temple de Bacchus où l'armée d'Aurélien et celle de Julien avaient campé.

« En 1644, un sieur Lescharrier fit bâtir la sacristie sur ce qui restait de terrain. La façade a été reconstruite en 1757 et la petite tour qui sert de clocher en 1771. »

En face l'église, au nᵒ 77 de la rue de la Chapelle, dans l'immeuble connu sous le nom d'auberge du *Petit-Trou*, on trouve en entrant à droite, une petite porte élevée d'une marche et donnant accès sur un escalier, conduisant au deuxième étage, à un petit appentis de forme et de construction anciennes. La rampe date du règne malheureux de Louis XIII, surnommé le Juste, uniquement pour avoir fait tuer un homme sans jugement.

« Les Armagnacs avaient fait, pour la banlieue de Paris, le même office que ce Martin, dont on a fait un saint « qui joncha la Gaule de ruines, renversant les « temples, brisant les simulacres, coupant les bois « sacrés, mais qui avait été aussi humain pour les « hommes qu'impitoyable pour les monuments con- « sacrés au démon ». (*Vie de saint Martin*, par Sulpice Sever). Plus cruels que saint Martin, les sicaires du Midi ne respectèrent rien ; ils enlevèrent jusqu'aux gonds et serrures des portes et fenêtres, de sorte qu'il ne resta que la trace de toutes ces maisons où avait séjourné l'empereur Aurélien, logé Charles IV, Charles VIII, l'évêque Sully, Abailard, etc.

« Tout ce qui se construisit après les Armagnacs, à la Chapelle prit un cachet provisoire qui se conçoit dans un pays continuellement ravagé. Le village ne se composa plus que de constructions basses, à destination d'auberges et remises, échelonnées le long de la route de Paris à Saint-Denis ; ensuite de quelques maisons bourgeoises protégées par l'église, puis de fermes cachées en arrière des rues de la Chapelle et d'Aubervilliers.

« La population comportait des aubergistes, garçons de ferme et d'écurie, toucheurs de bœufs et de moutons, maquignons, jardiniers, petits propriétaires et cultivateurs. Pour la garde des bestiaux et des fermes, ainsi que pour éloigner les loups qui rôdaient continuellement autour des gibets de Montfaucon et des détritus dont la Villette a toujours été le dépotoir, il fallait employer des chiens qui sont restés en grande réputation.

« Parmi les anciennes maisons qui restent encore à la Chapelle, et dont le nombre va tous les jours en diminuant, nous devons citer celle qui se trouve rue de Torcy n° 30, dont la construction semble remonter à Henri IV ; elle était autrefois entourée de fermes, et les bâtiments de l'une d'elles ont été photographiés par les soins de la Société du « Vieux-Montmartre ». Cette maison appartenait à M. Drouard de la Croisette ; elle a servi de caserne de gendarmerie et puis de mairie.

« Au commencement du règne de Louis XV, les habitants de la Chapelle firent tout ce qui était en leur pouvoir pour faire comprendre, dans leur rôle des tailles, les maisons situées entre la barrière et leur village, c'est-à-dire tout le faubourg Saint-Denis ; mais toutes les procédures furent cassées par arrêt du conseil d'État du 25 juin 1718. A cette époque déjà les habitants de la Chapelle voulaient être parisiens, pour ne plus dépendre de Saint-Denis.

« Les barrières de Paris furent établies en 1784, par le ministre Calonne. Les droits d'entrée furent abolis en 1791, rétablis plus tard par décret de Bonaparte, et appelés octrois de bienfaisance, à cause que la perception devait être faite en faveur des hôpitaux seulement. La foire du Landit avait été transportée, en 1444, dans la ville même de Saint-Denis où elle se tient toujours La Chapelle perdit à ce moment de son importance commerciale. Les bouchers de Paris ayant obtenu le droit de paccage, sur toute l'étendue des anciens marais des Poissonniers et de Clignancourt, utilisèrent les granges pour loger les bœufs, vaches et moutons qu'ils étaient obligés d'avoir en réserve pour l'approvisionnement de la capitale.

« Dans la suite, il s'établit à la Chapelle, d'abord une grande foire de moutons, qui se tenait le 11 juin, et qui, de même que celle du Landit, a été transportée à Saint-Denis, au moment de l'annexion. Il s'y vendait jusqu'à quatre-vingt-dix mille moutons. Puis se formèrent les marchés aux vaches et aux taureaux qui se tenaient les mardis, de sept à neuf heures et un autre, pour les vaches laitières, qui avait lieu, le même jour, de onze heures à trois heures. Le jeudi de dix à trois heures, c'était le marché aux porcs où tous les charcutiers de Paris venaient s'approvisionner et d'où ils ne repartaient, le plus souvent, qu'après avoir rendu visite au restaurant du Capucin. Ce restaurant, fondé en 1796, tirait son nom d'un hygromètre à cheveu, masqué derrière une figure de capucin dont il faisait mouvoir le capuchon, de façon à couvrir la tête du moine quand le temps était humide, et à la découvrir par un temps sec. A la place de l'ancienne maison, à deux étages, le propriétaire vient d'en élever une, à même destination, qui en a sept e dont on peut dire, sans crainte d'erreur : qu'elle est la *première* et la plus élevée... de Paris, à droite, dans la rue de la Chapelle.

« Le marché aux veaux avait lieu, le vendredi à six

heures du matin et il s'y vendait cent vingt mille veaux que Paris mettait en blanquette. Les autres jours, la grande rue servait de marché à la paille et aux fourrages : c'était, de l'ancienne barrière aux fortifications, une suite de voitures, dont le chargement artistement fait, s'élevait à la hauteur minimum d'un étage ; attelées de chevaux de ferme, toutes ces voitures partaient pour la destination qui leur était désignée aussitôt la vente opérée, sans que leur stationnement pût se prolonger plus tard que onze heures. Les habitants, ce jour-là, pouvaient se jeter de leur fenêtre sans risquer de tomber sur le pavé.

« Une fête, qui commençait le premier dimanche d'août, durait dix jours et dix *nuits* et se clôturait par le tournoi légendaire. »

En 1858, le conseil municipal décida l'érection d'une église dans le quartier de la Goutte-d'Or et choisit, comme emplacement, un terrain détaché de la butte Fauvet qu'il fallut déblayer. Deux projets de construction furent présentés par l'administration supérieure ; le conseil, guidé par M. Laval, choisit celui de M. H. Parfait, en quoi il fit bien ; car il est plus gracieux et moderne que l'autre, qui a servi à édifier Notre-Dame de Clignancourt. L'église de la place Stéphenson, commencée le 10 août de l'année 1858, fut livrée au culte, sous le vocable de saint Bernard, le 29 octobre 1861 ; deux grandes plaques, placées de chaque côté du portail, donnent les détails précis de ces deux cérémonies avec le nom des autorités de l'époque. Chose bizarre, l'église n'a plus de cloches. La première fois qu'on s'en servit, on s'aperçut aussitôt que le clocher ne pouvait résister à leurs vibrations. On dut les retirer pour prévenir tout accident. Elles ont été transportées à l'église Saint-Augustin. Le clocher est resté un peu incliné de cette épreuve. Mais les voisins n'en dorment que mieux !

Les autorités de la Chapelle, qui vivaient à l'heureux temps de cette construction, passeront comme elle à la postérité.

Il y a quatorze piliers, supportant une nef très élégante ; treize sont ornés du masque parfaitement ressemblant de l'un des membres de la municipalité. Sur la rangée de gauche, en entrant, ce sont, sur les piliers en commençant au maître-autel : MM. Hébert, *maire;* Merle, conducteur des travaux, agent-voyer de la commune ; Fège, Calla, Aubusson, Gautheron, Laval, conseillers municipaux ; sur la rangée de droite : MM. Christophe, curé ; D'heilly et Meau, *adjoints;* Tingot, Loustot et Legrain, conseillers. Le quatorzième pilier était destiné à l'architecte M. Magne, qui fit mettre un ornement au lieu de son masque.

Par une coïncidence qu'on retrouve, dit-on, dans d'autres églises, telles que Saint-Vincent-de-Paul, quelques saintes ont des airs de famille avec des personnes de cette époque et de la localité, qui a toujours eu la réputation bien méritée d'être le pays des jolies croqueuses de pommes. Il n'y aurait donc rien d'étonnant à ce que l'artiste, s'inspirant de modèles vivants, ait cherché à harmoniser la piété antique avec le charme contemporain.

« Je me souviens, ajoute plaisamment M. Firmin Leclerc, que dans une visite à cette église, j'y trouvai, en profonde contemplation, un ami... qui, pour toute explication me dit, en me désignant un groupe : je l'aimai ange, je l'adore en sainte...! Je ne m'aperçus, hélas! de son horrible jeu de mots, qu'après son départ précipité! »

Cette histoire de la Chapelle serait incomplète si nous ne disions quelques mots de cet aimable esprit qui en porte le nom. Claude-Emmanuel Lhuillier, dit Chapelle, fils naturel de François Lhuillier, maître des comptes, naquit en 1626 à la Chapelle, d'où il prit son nom et mourut à Paris en septembre 1686. Il connut Molière et Bernier au collége et ils reçurent avec lui les leçons de Gassendi, intime ami de son père. Dans sa jeunesse, ses tantes pour lesquelles « il était un sujet de haine » saisirent l'occasion d'une pièce de vers que nous donnons ci-dessous, pour le faire enfermer à Saint-Lazare. Cette pièce de vers, dédiée à un Chapellois, était ainsi conçue :

> Oui, Moreau, ma façon de vivre
> Est de voir peu d'honnêtes gens,
> Et prier Dieu qu'il me délivre
> Surtout de messieurs mes parents.
> — Ce que j'ai souffert avec eux
> Surpasse même la souffrance
> De celui qui, par sa constance,
> Dans l'Écriture est si fameux.
> — Hélas ! ce sage misérable

> N'eut jamais affaire qu'au diable.
> Qui le mit nu sur un fumier;
> Pour voir sa patience entière,
> Il fallait que Job eût affaire
> Aux deux sœurs de Monsieur Lhuillier.

De sa prison il écrivit à ce même Moreau une lettre pleine d'esprit que nous ne pouvons résister au désir de reproduire. Elle était accompagnée d'une longue poésie sur la maison de Saint-Lazare et la vie qu'on y menait.

« Monsieur Moreau,

« Je ne vous ferai point ici la description de la maison de Saint-Lazare où je suis, puisque je vous la vais faire en vers. Je me contenterai seulement de vous dire, pour vous exciter à compassion, que je suis dans un lieu où on me donne tout ce qui est inutile, et rien de ce qui est nécessaire. J'ai un bénitier et je n'ai point de pot de chambre auprès de mon lit. J'ai un prie Dieu et je n'ai point de chaise ni de table dans ma chambre. J'ai un surplis et je n'ai point de chemise. J'ai un bonnet pour le jour et je n'en ai point de nuit. J'ai une soutane et je n'ai point de robe de chambre. A table, j'ai des serviettes, des assiettes, des couteaux, des cuillères et je n'ai rien à manger. Enfin, monsieur, dans les conversations, je n'ai que des gens qui m'importunent et je n'en ai point qui me divertissent, car tous leurs entretiens ne sont que des invectives contre les vicieuses coutumes du siècle, et de s'emporter particulièrement contre ceux qui, au lieu de dire : « Je me recommande à vos bonnes grâces », disent quand ils se quittent : « Je suis votre serviteur. »

Il fit ensuite un voyage en Italie, arriva jusqu'à Rome, y vécut selon les préceptes d'Épicure que lui avait appris Gassendi, mais faillit faire connaissance avec le tribunal de la sainte Inquisition. Averti à temps il jeta au feu ses papiers et ses chansons. Il fréquentait chez les Vendôme, à Anet et à Paris : il y trouvait une compagnie à son gré.

Son père en mourant (1652) lui laissa une rente de 8.000 livres. Il put dès lors vivre à sa guise et ne recevoir de lois que de ses caprices.

Il écrivit beaucoup de vers, improvisés, négligés, où il y a de l'agrément et de l'esprit. On répétait ses mots, les saillies ou les fantaisies de son ivresse et il se fit, de son vivant même, une légende autour de son nom.

Sainte-Beuve a peut-être été un peu dur pour lui dans sa critique du *Voyage de Languedoc*, que Chapelle écrivit avec son ami Bachaumont (1656). Il le qualifie « un paresseux trop souvent ivre ». Voltaire avait été plus indulgent.

On a conté sur Chapelle tant d'anecdotes, vraies ou fausses, qu'il serait peu intéressant de les rééditer ici. Peut-être dut-il à l'amitié qui l'unissait à La Fontaine, Molière, Boileau beaucoup de sa réputation. Il est certain qu'il grisa au moins une fois le sévère auteur de l'*Art poétique*.

Nous terminerons ce chapitre en donnant l'épitaphe peu connue qui fut composée par Chapelle, lorsqu'on

lui apprit, à la mort de Molière (11 février 1673) que
M. Harlay de Champvalon, archevêque de Paris, et si
connu par ses intrigues galantes, refusait la sépulture
à la dépouille du grand comédien :

> Puisque à Paris on dénie
> La terre après le trépas,
> A ceux qui durant leur vie
> Ont joué la comédie,
> Pourquoi ne jette-t-on pas
> Les bigots à la voirie ?
> Ils sont dans le même cas !

Dessin de O' Galop.

CHAPITRE XII

CONCLUSION

Tel le voyageur fatigué se détourne — parvenu au sommet d'une colline — et, de là contemple la lóngue route déjà faite pour y puiser le courage de l'allonger encore, tels nous jetons un regard en arrière, inquiets du chemin parcouru, tracé à grand'peine parmi le fouillis de forèt vierge et parmi les lianes où sommeillait jadis Montmartre.

Nous avons essayé de montrer comment la Butte, simple excroissance géologique, riche autrefois de toutes ses parures naturelles, bois et sources, acquit, grâce à la fin tragique de ce malheureux explorateur, M. saint Denis, une éclatante célébrité ; comment elle joua, dès les premiers jours de notre histoire, un rôle fameux, continué d'étape en étape, *Invasion normande; Luttes Capétiennes, Armagnacs et Bourguignons, Siège de*

Paris, Traité de Montmartre, Désastres napoléoniens, Révolution de 1848, Commune. Nous avons relaté, du mieux qu'il nous a été possible, l'histoire de l'abbaye et celle de l'abbesse célèbre entre toutes, Marie de Beauvilliers, et les jours de haute liesse en ce couvent, puis les curiosités rattachées à l'intéressante abbaye, *le Chœur des Dames, l'église Saint-Pierre* et ses quatre monolithes de marbre. Une transition toute naturelle s'offrait ici. De ce que les gentilles nonnes aux XVIIe et XVIIIe siècles envoyèrent leurs guimpes par dessus les *moulins*, nous arrivâmes à parler de ces derniers autrefois nombreux, à peine aujourd'hui à l'état de souvenir. La *Mire du Nord*, l'histoire du quartier, de la porte et du faubourg Montmartre nous ont permis de compléter notre cinquième chapitre. Après l'énumération de toutes les rues de Montmartre et le développement relatif au nom porté par un grand nombre d'entre elles, nous avons fait l'historique des diverses mairies, des ateliers de charité (1789), des cimetières, du puits artésien, de la maison du docteur Blanche, de celle de la baronne de Trétaigne, nous avons mentionné les fouilles pratiquées lors de la construction du nouveau réservoir et leur résultat, et celles même qui attirèrent l'attention publique il y a quelques mois à peine.

Cette part accordée à la portion matérielle de l'histoire montmartroise, nous avons jeté un coup d'œil d'ensemble sur la vie artistique, sur les grands noms dont s'enorgueillit la Butte. Les amusements, les guinguettes, les bals, tout le passé et tout le présent ont été traités avec le développement que mérite cette partie intéressante — trop courte, hélas! — de la vie : le temps des joies. Et l'on aura trouvé sur les cabarets artistiques et les chansonniers, ces héros du jour, une monographie que nous pouvons dire complète de notre grande et pleine de vogue actualité.

Enfin, tel le Sacré-Cœur au sommet de la Butte, son histoire ici couronne Montmartre (et ce malgré l'adjonction d'un chapitre, le onzième, sur les quartiers de la Chapelle et de la Goutte-d'Or un peu en dehors de notre sujet). Certes, nous n'avons pas voulu dire par là que l'étendard religieux devait être le but et la fin de tout, mais il est bon de montrer une fois de plus comment, dans un pays libre, l'idée religieuse est encore forte et dominatrice. « Le monde a une ville : Paris! » On accourt des extrémités du globe pour voir cette ville : on a entassé des siècles de science pour arriver à édifier des merveilles et quand l'homme de Sakhalin ou de Samoa, errant en ce Paris unique, lève les yeux pour voir le soleil qui a inspiré toutes ces beautés, le phare de vérité qui a éclairé toutes ces intelligences, qu'aperçoit-il : un temple. Ce phare, c'est le Sacré-Cœur ; ce soleil, c'est l'oriflamme religieuse!

Voilà où nous en sommes à la fin du XIXe siècle. Et l'on a souri quand des hommes dépourvus de préjugés ont présenté à la Chambre, voici quelques mois, un projet tendant à l'abrogation de la loi honteuse du 25 juillet 1873, l'on a souri et l'on a passé outre. Il est bon, paraît-il, que les hommes libres marchent long-temps encore sous la férule jésuitique. C'est bien.

Et quand le philosophe, quand le penseur gravit les rues montueuses de la Butte par quelque après-midi ensoleillée, quel spectacle ! A chaque pas arrêté par les raccrocheurs en plein vent de la *sainte cause*, par les émissaires du *vœu national* offrant la médaille commémorative ou la photographie de *Marie-Françoise, la Savoyarde* — on dirait de quelque campagnarde devenue la courtisane à la mode — c'est à chaque pas aussi l'étalage des reliques, des chapelets et rosaires, des horribles polychromies qui constituent tout l'art des sectes religieuses. La photographie broche sur le tout, en des cadres de peluche ou sur fond de faïence à l'usage des réfectoires pieux. Ah ! les marchands du temple ont là beau jeu, dans l'exploitation de la crédulité imbécile et pèlerinante. Et derrière les comptoirs de bois peint, abritées sous le triple rideau des chapelets à gros grains, d'accortes filles, entre deux ventes de scapulaires, parfois opèrent la charnelle et délicieuse communion eucharistique, suivant en cela le précepte divin de Jésus : Aimez-vous les uns les autres.

Mais combien ces bazars d'Orient modernisés où se vendent Dieu et le Diable — c'est tout un — sont loin d'offrir le pittoresque des *soûqs* et *bezzâzistâns!* Il faut redescendre jusqu'à la rue Azaïs, jusqu'à la petite tonnelle de bistro en plein air pour retrouver la féerie superbe : Paris au pied de la Butte. Et la vision ici est belle et grande. Elle n'offre pas la sauvage majesté de la mer battant la falaise ; ce ne sont pas les sites charmeurs entrevus des monts ni les paysages coquets des plaines ; c'est quelque chose d'autre, c'est l'œuvre de milliers d'hommes agglomérés ; c'est l'effort des cerveaux et des muscles pour l'édification de cette chose monstrueuse : une ville et merveille à la fois : Paris.

Et le patient labeur d'humanités successives est résumé là. Sous ces toitures grises on a entassé l'effort cérébral des générations et cela s'appelle le livre. Et la pensée, émanée du livre, la pensée a engendré la force. Elle est là, tout entière, révélée par la fumée noire des usines. De formidables machines, aux dents puissantes, broient et déchirent tout le jour, accomplissant avec une aisance de monstre le travail impossible à l'homme. Qu'il est loin le silex grossier de l'anthropoïde primitif ! Et comme l'avenir est plein de promesses en face du chemin parcouru !

Paris gronde au pied de la Butte. C'est un bruit confus, c'est la ruche éveillée qui bourdonne. Demain verra peut-être éclore l'idée qui bouleversera le monde. Et peut-être enfin sera-ce dans une atmosphère d'art, parmi le travail devenu joyeux, parmi la bonté et la justice, que les humanités prochaines apporteront leur pierre à l'édifice grandiose du Progrès.

Et ce jour là, oubliant les luttes des anciens âges et tout le sang versé pour Paris, l'homme de l'avenir verra flamboyer sur Montmartre ce mot traîné tant de fois dans la boue : Fraternité !

TABLE DES MATIÉRES

IMPRIMERIE E. FLAMMARION, 26, RUE RACINE, PARIS.

66.
96
246
352